新編 下田歌子著作集

女子の心得

監修　実践女子大学下田歌子研究所
校注　湯浅茂雄

三元社

女子の心得　目次

緒言　11

上編　心のとゝのへと行為と

一　正実なるべきこと　13

正実の萌芽……14
我が皇祖姫大神の御遺訓……14
心は鏡の如くなれ……14
司馬温公が胡桃……15
彼の児は善良なる児……17
母は決して欺く可からず……18

二　仁慈なるべきこと　19

仁慈は天地の徳なり……19
汝の敵を愛せよ……19
婦人の仁といふこと……22
女子の同感性……22
女中の丈夫亦多涙多感なり……24
慈恩春の如く雪裡餓児を助く……25

郷民の慈母 …… 28
白衣の天使 …… 29

三 恭謙なるべきこと 30
恭謙の心を養ふべし …… 32
恭謙の容を偽ること勿れ …… 32
恭謙、遜譲なれ。恐懼卑屈なること勿れ …… 32
一の文字さへ知らざるが如し …… 34
三万石をお忘れなさるな …… 34
柴門深く扉して名誉の光彩を杜絶す …… 36
彼れは正直な善い児でありました …… 37

四 貞粛なるべきこと 38
女子は貞粛なれ。即ち是れ天の意 …… 39
赤白の毬能く善悪の心念を徴す …… 41
貞粛の徳能く瓦を化して玉とす …… 43

五 快濶なるべきこと 44
良人の健康をも増進せしむべき婦人 …… 45
天晴なり武人の妻女 …… 48
嬌舌花を生じ、温顔春に和す …… 49

六 勤倹なるべきこと 51
似て非なるは倹約と吝嗇となり …… 51
時は金 …… 52
勤勉は幸福の母 …… 54

慈母手中の糸……54
我れはこれ農家の老婦……59

七　堅忍なるべきこと　60

日本婦人が堅忍の力……60
雪中の梅……63
孝婦の賢忍不慈の舅をして慈たらしむ……66
積年の耐忍炭を雪と化す……68
至尊能く克己して好模を下民にしめす……68

八　沈着なるべきこと　69

深淵は静にして浅瀬は波躁がし……70
読経声裡、祝融形ちを収む……72
一婦よく二子を猛火の裡に救ふ……72
凛たり烈たり胸間の秋霜……74
虎穴に入りて虎児を獲たり……76

九　高潔なるべきこと　77

猛火贖財を燃きて賢母の氷心ますます潔し……79
君子は盗泉の水を飲まず……80
陰徳を積みて陽報を求めず……81

十　優雅なるべきこと　82

優雅の挙止暗に盗賊を走らす……84
鶯宿梅の下才媛あり……86
金殿に舞はんより茅屋に歌はん……88

一　座作進退の法　90

立ちやう……90
歩みやう……90
座しやう……91
拝しやう……92
人の前過ぎやう……92
行き遇ひの礼……92
戸、障子の開閉……92

二　物品薦撤の法　94

辞令書……96
文箱……97
書翰……98
書籍、画帖……98
巻物……98
扇、団扇……100
刃物……100
手拭、手巾、其他……100
傘、蝙蝠傘、杖……101
花卉類……102
煙草盆……102
火鉢……103

料紙、硯……104
色紙、短冊……106
三方……106
置物、卓……106
花瓶……106
燈類……107
掛物……108
屏風……111
茶菓……111
抹茶……113
果実……115
剛飯……116
麺類……116

三　対話に関する作法　117
談話に用ふべき詞……118
談話に避くべき詞……120
人の談話を聴く心得……120

四　訪問に就きての作法　121
訪問時間……122
案内を請ふ……122
訪問者の心得……123

五　接待に就きての作法　125
接待の用意　125
訪問者の取扱　126
送迎　126
六　贈与品に関する作法　127
贈与品の選択　127
吉事の贈与品　129
凶事の贈与品　130
病人への贈与品　130
罹災者への贈与品　131
歳暮、年玉の贈与品　131
暑寒中みまひの贈与品及び中元　132
進物の台　133
包み紙、水引　133
七　吉事に関する作法　136
結納　137
婚礼の式　137
里開き舅入披露　139
出産　140
年賀　140
新宅、其他　141
八　凶事に関する作法　142

忌服……142
訃音……143
名刺……143
葬儀……143
霊を拝す……145

九　食礼　146
座礼献酬……146
座礼の食事……147
立礼の食事……154
夜会、園遊会の立食……158

十　礼服　159
男子の礼服……159
女子の礼服公式……160
女子の礼服略式……168

解説　湯浅茂雄　171

凡例

一、本書の底本には、下田歌子研究所所蔵『女子の心得』（女子自修文庫　第一編　博文館　明治三十七年一月刊　初版）を用いた。

一、原文を尊重する方針をとり、句読点、踊り字、仮名遣い、ルビ（読み仮名）等は原文のままとしたが、旧漢字は基本的に新字体に改めた。また、「緒言」にはルビが付されていないので、校注者が現代仮名遣いで補った。

一、誤植やルビの脱字など、明らかな誤りであると校注者が判断したものは、適宜改めた。

一、注において、外来語の原語を示す必要がある時には、「英語：train」は原語は英語で「train」であること、「フランス語：Louis XVIII」は原語がフランス語で「Louis XVIII」（ルイ十八世）であることを表わす。

一、原本では、目次と本文とで、項目立てとその表現が異なる部分があるが、本書では本文の項目立てとその表現を目次に反映させた。

緒言

此書は、学校で習ふやうな極《きま》つた修身書でも無く、また、教場で授かるやうな、規則だつた、作法書でもあらぬ。たゞ、女子としての、心得かたは、斯《こ》うもしたら宜しからうか。女子としての立ち居ふるまひは、斯うもあつたならば、さして、見苦しうもあるまい。無作法ともいはれぬであらうかと、思ふまゝを述べたのである。

さうして、斯うもあれかしと思ふ折々、心に浮ぶ、古今東西の、賢き婦人達の、言行などを、挿んだのは、敢《あえ》て、自ら我が意の儘《まま》を、専らにした訳で無いことを、しめした迄《まで》である。毎年々々、学業を卒《お》へて、代る〳〵、別れて往く若き女子達の、斯う斯うの場合には、いかに心得て宜しきか。しかじかのをりには、いかにふるまひて可ならんかなと、問はるゝ儘に、答へた事などをかき集めたのが多いゆゑ、定めて、同じやうな繰《くり》言《ごと》もあらうから、読者に予《あらかじ》め謝し置く次第である。

上篇　心のとゝのへと行為と

心《こゝろ》のとゝのへとは、各自《めい〳〵》の心を正《たゞ》しく修《をさ》めとゝのふる事《こと》を云《い》ふので、心既《すで》に齊《とゝの》ふ時《とき》は、従《したが》つて、身《み》も修まり、身能《よ》く修まる時は、家《いへ》を齊《とゝの》ふるも亦容易《またようい》である。其《そ》れゆゑに、こゝにまづ、此条《このでう》を述《の》べて、然《しか》る上《うへ》に【1】、形《かたち》のとゝのへを云《い》はうとするものは、蓋《けだ》し【2】内《うち》を先《さき》にして、外《ほか》を後《のち》にしやうと欲《ほっ》するのである。

【1】その上で
【2】まさしく

正実《せいじつ》の萌芽《ほうが》

我《わ》が皇祖《くわうそ》姫大《ひめおほ》神《かみ》【6】の御遺訓《ごゐくん》

心は鏡《かゞみ》の如くなれ

一　正実《せいじつ》【3】なるべきこと

すべて人《ひと》は、男《をとこ》でも女《をんな》でも、まづ何《なに》より正実《せいじつ》なことが、最《もつと》も肝要《かんえう》である。けれども、女《をんな》は、殊《こと》に、この家《いへ》の血統《けつたう》を繋《つ》ぎ、この国《くに》の元気《げんき》を受《う》け嗣《つ》いで行《ゆ》かねばならぬ、子《こ》といふ者《もの》を胎内《たいない》より預《あづか》りそして、その子《こ》が、無我無邪気《むがむじやき》なる幼少《えうせう》の頃《ころ》に、一番親《ばんした》しく、一番多《ばんおほ》く接近《せつきん》して居《ゐ》るのであるから、どうしても、女親《をんなおや》が正直実着《しやうぢきじつちやく》【4】でなければ、決《けつ》して、正直実着《しやうぢきじつちやく》な子《こ》も出来《でき》ぬ。故《ゆゑ》に、女子《をんな》は、男子《をとこ》よりも、今一層正実《いまいつそうせいじつ》であらねばならぬのである。

さて、この正実《せいじつ》の萌芽《ほうが》は、幼少《えうせう》の時《とき》より培養《ばいやう》【5】せねば、なかなか大人《おとな》になる迄《まで》に、立派《りつぱ》な実《み》を結《むす》ぶやうに生長《せいちやう》し難《かた》いものである。

畏《かし》こけれども【7】、天照大明神《あまてらすおほみかみ》【8】が、皇孫瓊瓊岐尊《くわうそんにゝぎのみこと》【9】を我《わ》が日本《ひのもと》へ降《くだ》し給《たま》うた時《とき》「この鏡《かゞみ》をみる事、なほ朕《われ》をみるが如《ごと》くせよ」と仰《おほ》せられて、八咫鏡《やたのかゞみ》【10】を授《さづ》けさせられた。一体鏡《いつたいかゞみ》といふものは、曇《くも》りの無《な》い、明《あきら》かなもので、人が前《まへ》へ来《き》て向《むか》へば、その通《とほ》りの形《かたち》を写《うつ》し、美《うつく》しい顔《かほ》でも、醜《みにく》い貌《かたち》でも、また笑《わら》つて居《ゐ》れば笑《わら》つた顔《かほ》、怒《いか》つて居《ゐ》れば怒つた顔《かほ》を、決《けつ》して繕《つくろ》ひもせず、直《なほ》しもせず、其儘《まゝ》に写《うつ》すのである。縦令《たとひ》、それがいか程《ほど》、其機嫌《きげん》を取らねばならぬ人《ひと》であらうとも、無《な》からうとも、更《さら》に斟酌《しんしやく》【11】もせず、介意《かいい》【12】も

司馬《しば》温公《をんこう》【15】が胡桃《くるみ》

せぬ。人来《ひとき》たれば、直《たゞ》ちに影《かげ》あり。人去《ひとさ》れば其形《かた》ちをとゞめぬ。実《じつ》に、人《ひと》が若《も》し鏡《かゞみ》の如《ごと》き、立派《りつぱ》な心をもつて居《ゐ》たならば、真《しん》に、其人《ひと》の徳《とく》の光《ひかり》は、どれ程輝《ほどかゞや》き渡《わた》るかわからぬ。其れ故《ゆゑ》、我《わ》が国《くに》の、修身《しうしん》の徳《とく》のもとを真心《まごゝろ》といふものから割《わ》り出《だ》して説《と》くのである。真心《まごゝろ》は、即《すなは》ち正実《せいじつ》なる心《こゝろ》の謂《いひ》【13】であつて、丁《てう》ど、我《わ》が皇祖《くわうそ》の、鏡《かゞみ》とゝもに伝《つた》へさせられた教《をしへ》である。

それで、古今東西《ここんとうざい》、孰《いづ》れの国《くに》にても、幼少《えうせう》の時分《じぶん》から、正直着実《しやうぢきちやくじつ》の言行《げんかう》であつた人で無《な》ければ、決《けつ》して仁人賢者《じん〳〵けんしや》【14】となつた例《ため》しは無《な》い。

昔《むかし》、支那《しな》の宋《さう》の代《よ》に、司馬温公《しばをんこう》といふ賢人《けんじん》があつたが、その人《ひと》は、齢僅《よはひわづ》かに五歳《さい》ばか

【3】心がまっすぐでまことがあること
【4】実著とも書く。まじめで落ち着いていること
【5】養い育てる
【6】天照大神のこと
【7】恐れ多いことだが
【8】天照大神とも記す。古事記、日本書紀に見える皇室の祖神。イザナキノミコトの娘。弟のスサノオノミコトの乱暴なふるまいに怒って天の岩戸に隠れた神話が伝わる。伊勢神宮の祭神
【9】古事記、日本書紀に見える皇室の祖先神。天照大明神の孫にあたるので皇孫という
【10】三種の神器の一つ。天照大神が岩戸に隠れた時、石凝姥命《いしこりどめのみこと》が作ったと伝えられる鏡。伊勢神宮の御神体
【11】手加減すること
【12】気にかけること
【13】意味
【14】仁の徳を備えている人

りの時《とき》、姉《あね》と二人《ふたり》して遊《あそ》んで居《を》つた所へ下婢《ぢよちゆう》が、割《わ》つた胡桃《くるみ》を持《も》つて来《き》て、召《め》しあがれと云《い》つて、置《お》いて往《い》つた。それで、兄弟《きやうだい》は、せつせと、胡桃《くるみ》の渋皮《しぶかは》を剥《む》いては食《た》べたが、中々《なか〳〵》容易《たやす》く剥《む》けぬので困《こま》つて居《ゐ》た。姉《あね》は戻《もど》かしがつて、其所《そこ》に胡桃《くるみ》を置《お》いた儘《まゝ》でいづれへかたつて往《ゆ》つてしまつた。されども、弟《おとゝ》はなほ、骨折《ほねを》つて、胡桃《くるみ》の渋皮《しぶかは》を剥《む》く事《こと》を勉《つと》めて居《を》つた所《ところ》へ以前《いぜん》の下婢《ぢよちゆう》が来て「若様《わかさま》それは、左様《さやう》に遊《あそ》ばして【16】は、容易《ようい》に剥《む》けませぬから、剥《む》いてさし上《あげ》ませう」と言《い》つて、胡桃《くるみ》の外皮《そとかは》を取《と》り除《の》けたのを、熱湯《ねつたう》の中《なか》へつけて置《お》いて、宜《よ》い時分《じぶん》に出《で》しては、渋皮《しぶかは》を剥《む》いて皿《さら》に盛《も》つて、「サア召《め》しあがれ」とて、其所《そこ》を去《さ》つた。後に程無《ほどな》く、姉《あね》が来《き》て「オヤオヤマア、汝《おまへ》はどうして、左様《さやう》に、皮《かは》を綺麗《きれい》にお剥《む》きだ。どうも感心《かんしん》だ。」と褒《ほ》めた。弟《おとゝ》は褒《ほ》められたが嬉《うれ》しさに、私《わたし》は直《ぢき》に剥《む》ける事《こと》を覚《おぼ》えて、皆一人《みなひとり》で剥《む》きました。と答《こた》へた。すると姉《あね》は、一人《ひとり》で。「本当《ほんたう》、実《じつ》に感心《かんしん》だ。」とます〳〵褒《ほ》め立《た》つる顔《かほ》を、弟《おとゝ》はじつと見詰《みつ》めて居《ゐ》たが、忽《たちま》ちほろ〳〵と涙《なみだ》をこぼして、「姉様《ねいさま》、私《わたくし》の今言《いまい》つた事《こと》は偽言《うそ》です。下婢《ぢよちゆう》が剥《む》いたのです」、と言《い》ひながら、さめ〴〵と泣《な》いた。姉《あね》は弟の泣《な》き顔《がほ》を見《み》て「左様《さう》でせう。汝《おまへ》に剥《む》ける筈《はず》がありませぬ。が、よく偽言《うそ》であつたと云《い》つて、悪《わる》いと心づきました。もう再《ふたゝ》び偽言《うそ》を言《い》つてはなりませぬ。偽言《うそ》はどんな小さな事《こと》でも言《い》つてはなりませぬ。」と戒《いまし》むると弟《おとゝ》は「もう私《わたくし》は一生偽言《いつしやううそ》はつきませぬ」と誓《ちか》つたが、誠《まこと》に三つ児《ご》の魂百歳《たましひひやくさい》まで【17】ゝ、さすがに、宋《さう》の

彼《あ》の児《こ》は善良《ぜんりやう》なる児

明臣《めいしん》と云はるゝ程《ほど》の賢人《けんじん》だけあつて、司馬温公《しばをんこう》は、終身《しうしん》偽言《うそ》を云《い》はなかつたとの事であるが、これを二葉《ば》の中に摘《つ》み去《さ》つた姉《あね》も、実《じつ》に賢人《けんじん》の兄弟程《けうだいほど》あつて、感心《かんしん》である。かやうに、家庭教育《かていけういく》が行届《ゆきとど》いて居《ゐ》たから、かやうな賢人《けんじん》も出来《でき》たのであらう。丁《ちやう》ど、この咄《はな》しは、ワシントン【18】が父《ちゝ》の愛《あい》した桜樹《さくらのき》を切つた時《とき》の物語《ものがたり》によく似《に》て居《お》るのである。

ワシントンは、無論《むろん》父《ちゝ》の善《よ》き性質《せいしつ》をも受《う》け、正《たゞ》しき薫陶《くんたう》【19】にも預《あづか》つたには相違無《さうゐな》いが、不幸にして、父《ちゝ》は十歳《さい》の時《とき》に世《よ》を去《さ》り、それよりしては、母《はゝ》の手《て》一つで、教《をし》へ養《やしな》はれたのである、そして、ワシントンが、あのやうに傑《すぐ》れた大人物《だいじんぶつ》となつて、大《おほ》きなる功《こう》を立《た》てゝも、終身《しうしん》つゆばかりも誇《ほこ》り高《たか》ぶる心《こゝろ》無《な》く、たゞ謹慎恭謙《きんしんきやうけん》【20】の徳《とく》を全《まつた》うしたのは、決《けつ》して偶然《ぐうぜん》では無《な》い。単《ひと》へに、母の正実《せいじつ》な精神《せいしん》を移《うつ》して施《ほどこ》した、家庭教育《かていけういく》の結果《けつくわ》である。ワシントンの母《はゝ》は、さま〴〵の人々《ひと〴〵》が、たび〳〵その子《こ》の大偉勲《だいゐくん》を談《かた》りて褒《ほ》めそやしても、国家《こくか》に対《たい》しての功労《こうらう》は更《さら》に口《くち》にせず。そのしば〳〵口《くち》にした事《こと》は「彼《あ》の子《こ》は、善良《ぜんりやう》な子で御座《ざ》いました。彼《あ》れは正直者《しやうじきもの》であります。」と言《い》ふた。実《じつ》に立派《りつぱ》な詞《ことば》であつて、

【15】司馬光の異称。中国、北宋の人。学者、政治家
【16】そのようになさっては
【17】幼子の性格は、年をとっても変わらないということ
【18】ジョージ・ワシントン（英語：George Washington　一七三二年～一七九九年）。アメリカ合衆国初代大統領。アメリカ建国の父と言われる
【19】優れた人格で教え育てること
【20】控えめで慎み深く謙虚な様子

母《はゝ》は決《けつ》して欺《あざむ》く可《べ》からず

高尚《かうしやう》な心《こゝろ》もちひではあるまいか。善良《ぜんりやう》なる故《ゆゑ》に偉大《ゐだい》なり。着実《ちやくじつ》より出《で》た才智《さいち》で無《な》ければ、偉大《ゐだい》では無《な》い。正直《しやうじき》より打《う》ち立《た》てた行為《かうゐ》で無《な》ければ、善良《ぜんりやう》の果《み》は結《むす》ばぬ理屈《りくつ》である。

余《よ》があひ識《し》る某氏《ぼうし》の談《かた》つた事《こと》がある。英京倫敦《えいきやうろんどん》[21]に、二十歳《さい》ばかりの二人《ふたり》の少年《せうねん》が同《おな》じ学校《がくかう》へ通学《つうがく》して居《ゐ》た。ある時《とき》、甲《かふ》の少年《せうねん》が「どうです。今夜《こんや》ひとつ某倶楽部《ぼうくらぶ》へ往《い》つて、玉突《たまつき》をやつては」、と勧《すゝ》めた。すると、この少年《せうねん》が「左様《さう》往《い》つても善《よ》いけれど、賭事《かけごと》を勧《すゝ》めらるゝから、マア止《よ》さう。」と答《こた》へた。然《しか》るに甲《かふ》は、「だつて、真《ほん》の慰《なぐさ》みにやるのだから宜《よ》いぢや無《な》いか。」とそゝのかした。けれども、乙《おつ》は承知《しようち》しない。「でも母《はゝ》に叱《しか》らるゝもの」、と言《い》ふと甲《かふ》は「黙《だま》つてればわかりはしないよ。サア往《い》かう。」と言《い》へども、乙《おつ》はます／＼承知《しようち》をせぬ。「イ、エ、僕《ぼく》は父《ちゝ》には悪《わる》い事《こと》だが、拠無《よんどころな》い時《とき》の苦《くる》し紛《まぎ》れには、一寸《ちよつと》ごまかしを云《い》ふ事《こと》もあるが、母《はゝ》には決《けつ》して、云《い》ふことは出来《でき》ぬ。なぜと云《い》ふに、母《はゝ》は実《じつ》に神様《かみさま》のやうな清《きよ》い正《たゞ》しい人《ひと》ですから、僕《ぼく》はどうしても、母《はゝ》に偽言《うそ》をつく事《こと》は出来《でき》ぬ。母《はゝ》が親切《しんせつ》な正実《せいじつ》な顔《かほ》つきをして、愛情《あいじやう》の溢《あふ》るゝやうな眼《め》で、汝《おまへ》は昨夜《ゆふべ》倶楽部《くらぶ》へおいでださうだネ。面白《おもしろ》かつたカイ。けれど、賭事《かけごと》をしたりお酒《さけ》を飲《の》んだりしはしまひネ。と云《い》はるゝと、僕《ぼく》はもうどふ云《い》ふ事《こと》があつても一言《ひとこと》も偽《いつは》り飾《かざ》ることは出来《でき》ない。だから左様《さう》云《い》はれると、僕《ぼく》はもう包《つゝ》み隠《かく》す事《こと》が出来《でき》なくなつて、つい斯様《かう》々致《いた》しましたと白状《はくじやう》する。サア左様《さう》したものなら、母《はゝ》は僕《ぼく》の顔《かほ》をじつと見詰《みつ》めて居《ゐ》て潸然《さめ／＼》

と【22】泣《な》いて、私《わたくし》の可愛《かあい》い子供《こども》は、なぜ母《はゝ》の云《い》ふ事《こと》を聞《きい》てくれないのだらうつて、それつ切《き》り何《なん》にもえゝ【23】云《い》はないで、ほろり〳〵と涙《なみだ》をこぼしているんだもの、そして、食事《しよくじ》も碌々《ろく〳〵》【24】しないんだもの、僕《ぼく》は左様《さう》云《い》ふ目《め》にあつた事《こと》がある。もう、僕は母の事を考《かんが》へると、どんな面白《おもしろ》い遊戯《あそび》でも、母《はゝ》に隠《かく》してしなければならぬ遊戯なら、したくは無《な》い。嫌《いや》だ〳〵」、と云《い》つてぶる〳〵身慄《みぶる》ひをした。これを見《み》て、甲の少年《せうねん》も、何《なん》だか自分《じぶん》が叱《しか》られたやうな心持《こゝろもち》がして、興《きよう》も醒《さ》めてしまつて、無言《むごん》で居《ゐ》たが、それからは、甲少年《せうねん》も、決《けつ》して賭事《かけごと》をしなくなつたと云《い》ふ事《こと》である。実《じつ》に正直《しやうじき》ほど、貴《たつと》い気高《けだか》いものはあるまい。

二　仁慈《じんじ》なるべきこと

仁慈《じんじ》といふは、人《ひと》を憐《あはれ》み慈《いつくし》むことである。仁慈《じんじ》は、最《もつと》も貴《たつと》い徳《とく》であつて、男《をとこ》も女《をんな》も、

【21】イギリスの首都ロンドン
【22】しきりに涙を流して静かに泣くさま
【23】「ええ」は「え」に同じ。下に打ち消しを伴って、不可能の意を表す
【24】下に打ち消しを伴って、満足に物事をしないさまを表す

貴人《きにん》も賤者《せんしゃ》も、甚《はなは》だ大切《たいせつ》な人道《じんだう》の基《もと》ともいふべきものであるが、就中《なかんづく》【25】、女子《ぢょし》は同情《どうじゃう》に富《と》んで居《ゐ》るべき筈《はず》のもので、男子《だんし》よりも、一層《いっそう》他《た》を憐《あはれ》み慈《いつくし》む心《こゝろ》が深《ふか》くあらなければならぬ。

仁慈《じんじ》は天地《てんち》の徳《とく》なり

　仁慈《じんじ》の徳《とく》は、殆《ほとん》ど、天地《てんち》が、万物《ばんぶつ》の発生《はっせい》を助《たす》けて、長《ちゃう》ぜしむると同《おな》じで、其助《そのたす》け長《ちゃう》ぜしめた、動物《どうぶつ》や植物《しょくぶつ》が、よしや、其天地化育《そのてんちくわいく》【26】の真意《しんい》に違反《ゐはん》するものがあらうとも、其《そ》れは与《あづか》り問《と》ふ所《ところ》で無《な》い。その如《ごと》く、仁慈《じんじ》は、広《ひろ》い大《おお》きい、深い、高《たか》い徳《とく》である。故《ゆゑ》に、

汝《なんぢ》の敵《てき》を愛《あい》せよ

神聖《しんせい》なる訓言《くんげん》には、身《み》を殺《ころ》して仁《じん》を為《な》すといひ、汝《なんぢ》の敵《てき》を愛《あい》せよとも云《い》ふてある。自分《じぶん》が救《すく》ひ助《たす》け、恵《めぐ》み慈《いつく》しんでやつた者《もの》が、其恩《をん》に報《むく》いぬのみならず、なほ反対《はんたい》に仇《あだ》となつて、我《わ》れに刃向《はむ》かつて来《く》る其《そ》れをしも悪《にく》むな。愛《あい》せよ。と云《い》ふは、兎《と》ても出来《でき》ぬ事《こと》のやうに、一寸考《ちよつとかんが》ふると思《おも》はるゝやうなれど、決《けつ》してさうで無《な》い。古今東西《ここんとうざい》の哲人《てつじん》【27】は、みな、左様《さやう》な行《おこな》ひをして居《を》る。たゞ、其人々《ひとびと》の器《うつは》に従《したが》つて、小《ちい》さいと大《おお》きいとの差《さ》があるだけである。彼《か》の袴垂《はかまだれ》といふ盗人《ぬすびと》が保昌《やすまさ》【28】に畏服《ゐふく》【29】したり、安部宗任《あべのむねたう》【30】が、源義家《みなもとのよしいへ》【31】に心服《しんぷく》【32】したのも、みな、その敵《てき》を愛《あい》した結果《けつくわ》に外《ほか》ならぬのである。斯《か》くのごとき、広大《くわうだい》無辺《むへん》【33】の仁慈《じんじ》の徳《とく》は、いかなる種子《しゅし》からして生《しゃう》ずるかといふと、それは極《きは》めて小《ちひ》さい微《かす》かな、凡人《ぼんじん》でも、否《いな》、子供《こども》でも有《も》つて居《ゐ》る、同感同情性《どうかんどうじゃうせい》といふものから萌《めざ》して来《く》るので、孟子《もうし》【34】は、これを「惻隠《そくゐん》の心《こゝろ》」といひ、其惻隠《そのそくゐん》の心《こゝろ》は仁《じん》の端《はし》なりと説《と》かれた。即《すなは》ち、

他人《たにん》が、針仕事《はりしごと》をして居《ゐ》て、過《あやま》つて、其針《そのはり》の尖《さき》で一寸指《ちよつとゆび》を突《つ》いて、血《ち》がじく〳〵と出《で》る時《とき》、当人《たうにん》が「オオ痛《いた》」、と云《い》つて、顔《かほ》を皺《しか》めるを見《み》ては、此方《こちら》も「ア、痛《いた》からう」と云《い》ふ念《ねん》が咄嗟《とつさ》の間《あひだ》に起《おこ》る。又《また》、三四歳《さい》の愛《あい》らしい小児《こども》がちよこ〳〵と走《はし》つて、桁《けた》も朽《く》ちてる井《ゐど》の端《はし》に行《ゆ》く。今一歩《いまひとあし》で陥《おちい》らうとするのを見《み》ると、其知《そのし》ると知《し》らぬと、否《いな》、寧《むし》ろ、平素《へいそ》は己《おの》れが反対《はんたい》の輩《やから》の子《こ》だと思《おも》つてるにも関《かゝは》らず、覚《おぼ》えず、「危険《あぶない》ッ」と叫《さけ》んで、飛《と》んで往《い》つて抱《だ》き止《とめ》る。かやうな時《とき》に発《はつ》する情《じやう》を、惻隠《そくゐん》の心《こゝろ》と云《い》ふので、これは苟《いやし》くも【35】、人類《じんるゐ》なる以上《いじやう》は、必《かなら》ず有《あ》るべき性《せい》である。既《すで》に、仁《じん》の端《はし》、即《すなは》ち、至善《しぜん》【36】の萌芽《ほうが》が、各自《めい〳〵》の心《こゝろ》の裡《うち》に潜《ひそ》んで居《ゐ》るとすれば、これを培養《ばいやう》し、助長《じよちやう》すれば、いか程《ほど》迄も、生育《せいいく》し発展《はつてん》し、好果《かうくわ》を結《むす》ぶべき理屈《りくつ》であらねばならぬ。否《いな》、確《たしか》にそれを培養助長《ばいやうじよちやう》せしめて、生育《せいいく》

【25】特に
【26】自然が万物を生み育てること
【27】見識があり道理に通じた人
【28】『宇治拾遺物語』巻二の十「袴垂、保昌に逢ふこと」の物語に登場する人物
【29】おそれ従うこと
【30】平安時代中期の武将。鳥海三郎とも呼ばれる
【31】平安時代中期の武将。東国武士の信望を集め、源氏勢力の基礎を築いた
【32】心から従うこと
【33】限りなく広く大きいこと
【34】中国の紀元前四世紀後半（戦国時代）に活躍した儒学者。孔子と並んで孔孟と称される
【35】かりそめにも
【36】最高の善

婦人《ふじん》の仁《じん》といふこと

女子《じよし》の同感性《どうかんせい》

発展《はつてん》する事が出来《でく》る。彼《か》の印度《ゐんど》の釈迦如来《しやかによらい》は、八歳《さい》の時《とき》、野《の》に餓死《がし》せる人《ひと》を見《み》て、生老《しやうらう》病死《びやうし》の理《り》に心《こゝろ》を傾《かたむ》け、頓《やが》て、衆生済度《しゆじやうさいど》の大願《だいぐわん》を起《おこ》し、大《おほ》いに慈悲《じひ》の掌《たなぞこ》を開《ひら》いて、不義《ふぎ》不道《ふだう》に溺《おぼ》るゝ多《おほ》くの民《たみ》を救《すく》ひ得《え》た。又《また》、フロレンス、ナイチンゲール嬢《ぢやう》【37】は、其幼時《そのえうじ》、傷《きづゝ》ける犬《いぬ》を看護《かんご》した事《こと》に、其端《そのはし》を開《ひら》き、遂《つひ》に世界《せかい》の看護法《かんごはふ》に一大革新《いちだいかくしん》を与《あた》ふる偉業《ゐげふ》を成就《じやうじゆ》した。一閃《せん》の火《ひ》【38】も、これを点《てん》ずれば、大厦高楼《たいかかうらう》【39】を灰燼《くわいじん》となし【40】、塵《ちり》も積《つも》れば山《やま》となるものであるから、女子《ぢよし》は、最《もつと》も深《ふか》き仁慈《じんじ》の性情《せいじやう》を養《やしな》つて、温《あた》かい、和《やはら》かな、いつも、春風《はるかぜ》のそよ〳〵と吹《ふ》いて居《ゐ》る時《とき》の如《ごと》き、家庭《かてい》を作《つく》らねばならぬ。

然《しか》るに、その仁慈《じんじ》といふ結構《けつかう》な徳《とく》を積《つ》む事《こと》を、奨《す》めやうとするに当《あた》つて、又、能《よ》く注意《ちゆうい》して置《お》かねばならぬ事《こと》がある。かく、女子《ぢよし》には、最《もつと》もあらねばならぬ仁《じん》といふ文字《もじ》に冠《かんむ》らせるに、婦人《ふじん》といふ文字《もんじ》を以《もつ》てし、「婦人《ふじん》の仁《じん》」と云《い》ひて、悪《わる》い事《こと》に云《い》ひなすのは、どういふ訳《わけ》かと云《い》ふに、これは、いかにも宜《よろ》しく無《な》い方《はう》で、委《くわ》しく云《い》へば、理《り》も非《ひ》も区別《くべつ》せずに、無闇《むやみ》に感情《かんじやう》に制《せい》せられて、助《たす》くまじき人《ひと》をも助《たす》け、遣《や》るまじき物《もの》をも遣《や》る。これを婦人《ふじん》の仁《じん》と云《い》ふのである。成程《なるほど》、女子《ぢよし》は、同感同情《どうかんどうじやう》に富《と》んで居《ゐ》るのが宜《よ》い。他《た》を想《おもひや》り慈《めぐ》むは宜《よ》いが、其《そ》れも道理《だうり》に当《あた》らぬ同感同情《どうかんどうじやう》では、折角《せつかく》の良薬《りやうやく》も水《みづ》に流《なが》すやうなもので、其情《そのじやう》は、憐《あわ》れむべきも、仁《じん》を為《す》るに過《あやま》つ、咎《とが》めは逃《のが》れない。凡《およ》そ、仁慈《じんじ》の徳《とく》は、罪人《ざいにん》をも救《すく》ひ、悪人《あくにん》をも恕《ゆる》すべきである。所謂《いはゆる》、其罪《つみ》を悪《にく》んで、其人《ひと》を悪《にく》まずであらなければならぬが、若《も》しも悪《あく》を免《ゆる》して、彌《いよ/\》、社会《しやくわい》の罪悪《ざいあく》を長《ちやう》ぜしめたならば、其《そ》れは、仁慈《じんじ》では無《な》くて、罪悪《ざいあく》の方人《かたうど》【41】である。唯《たゞ》、責《せむ》ることは酷《こく》ならず、褒《ほむ》ることは、吝《りん》【42】ならぬやうにさへすれば可《よ》いと思《おも》はねばならぬ。道理無《だうりな》き仁慈《じんじ》は稍《やゝ》もすると、善《よ》い人《ひと》に迷惑《めいわく》をかけて、悪《わ》るい人《ひと》を助《たす》くるやうなことが無《な》いとも云《い》はれぬから、仁慈《じんじ》を行《おこな》ふにも、能《よ》く/\注意《ちうい》せねばならぬ。又《また》、貧《まづ》しい人《ひと》を恵《めぐ》み、困《こま》つた者《もの》を救《すく》ふは、誠《まこと》に結構《けつかう》な仁慈《じんじ》の行《おこな》ひであるけれども、其恵《そのめぐ》むが為《ため》に惰《なま》け者《もの》を作《つく》り、救《すく》へるが故《ゆゑ》に怠《おこた》る人《ひと》を出《いだ》すやうでは、これも、又《また》、仁《じん》が却《かへ》つて、不仁《ふじん》【43】を行《おこな》ふ様《やう》な結果《けつくわ》になるから、仁恵《じんけい》【44】、慈悲《じひ》も、能《よ》く道理《だうり》に適《かな》ふ様《やう》にせねばならぬ。即《すなは》ち救《すく》へば従《したが》つて、其救《すく》はれた人《ひと》に奮発心《ふんぱつしん》【45】を起《おこ》させる様《やう》な工夫《くふう》をすべきである。但《たゞ》し病《や》める人《ひと》、傷《きずつ》ける者《もの》、老衰幼稚《らうすゐえうち》の人《ひと》の如《ごと》き、又《また》は、凶年《きようねん》、火災《くわさい》、其他、不時《ふじ》の災厄《さいやく》に遇《あ》つた人々《ひと/\》の救助《きうじよ》は、此限《このかぎ》りでは無《な》い。縦令《たとひ》、其

【37】フローレンス・ナイチンゲール（英語：Florence Nightingale 一八二〇年～一九一〇年）。イギリスの看護師。クリミア戦争で多くの看護師を率いて野戦病院で傷病兵の看護にあたり、「クリミアの天使」と呼ばれた

【38】わずかに光る程度の火

【39】大きな建物と高層な建物

【40】建物などが焼け落ち灰になってしまうさまを言う

【41】仲間、味方

【42】吝は物惜しみをすること

【43】仁の道にそむくこと

【44】思いやりの心をもって情けをかけること

【45】ふるいたつ心

女中《ぢよちう》の丈夫《ぢやうふ》亦《また》多涙多感《たるゐたかん》なり

救助《きうじよ》の費金《ひきん》【46】は、溝《みぞ》の中《なか》に打《う》ち捨《す》つるやうなもので、何《なん》の好果《かうくわ》を得《え》ないにもせよ。焦眉《しやうび》の急《きふ》【47】は救《すく》ふが人類《じんるゐ》の天職《てんしよく》【48】である。

むかし、孝謙天皇《かうけんてんわう》【49】の朝《てう》に仕《つか》へた和気広虫《わげのひろむし》【50】（後剃髪《のちていはつ》して、法均尼《はふきんに》といふ）といふ夫人《ふじん》は、彼《か》の有名《いうめい》な忠心《ちうしん》、和気清麿《わげのきよまろ》【51】の姉《あね》であつて、其弟《おとうと》が大命《たいめい》を奉《ほう》じて、宇佐八幡宮《うさはちまんぐう》【52】へ使《つかひ》した時《とき》、弟《おとうと》を励《はげ》ました事蹟《じせき》などに就《つ》いては、誠《まこと》に感心《かんしん》すべき物語《ものがたり》が多《おほ》いが、こゝに説《と》く処《ところ》は、其仁慈《じんじ》の行《おこな》ひである。一年《あるとし》、京《きやう》に疫癘《ゐきれい》【53】が流行《はや》つて、多《おほ》くの人《ひと》が死《し》んだ。当時《たうじ》の事《こと》であつて見《み》れば、伝染病予防《でんせんびやうよぼう》の方法《はうはふ》も知《し》らぬ事故《ことゆゑ》に、其流行《りうかう》の勢《いきほひ》が凄《すさ》まじかつた。其《そ》れで、俄《には》かに、父母《ふぼ》を失《うしな》つて、街《ちまた》に捨《す》てられ、飢《うゑ》に泣《な》く小児《せうに》のありさまは、実《じつ》に眼《め》も当《あ》てられぬやうであつた。慈《いつくしみ》の情《じやう》の深《ふか》い広虫《ひろむし》は、いかにもこれを見過《みすご》すことが出来《でき》ぬので、見《み》つかり次第《しだい》、奴婢《ぬひ》【54】に命《めい》じて、拾《ひろ》ひとつて、我《わ》が家《や》に養《やしな》はれた。遂《つひ》に其拾《ひろ》ひ上《あ》げた児《こ》どもの数《かず》が、八十余人《よにん》の多《おほ》きに達《たつ》したので、家中《うちぢゆう》、赤児《あかご》の泣《な》き声《ごゑ》に耳《みゝ》も潰《つぶ》るやうであつたが、広虫《ひろむし》は少《すこ》しもこれを懶《ものうし》とせず【55】、この憐《あは》れな児《こ》どもを養育《やういく》して、それぞれ生活《せいくわつ》の出来《でく》るまで、世話致《せわいた》されたと云《い》ふ事である。忠儀《ちうぎ》の為《ため》には、その実弟《じつてい》を励《はげ》まして、身《み》の危急《ききふ》に陥《おちゐ》るを、物《もの》の数《かず》ともせられなかつた、剛気《がうき》の女性広虫《ぢよしやうひろむし》は、呱々《こゝ》として【56】泣《な》く、可憐《かれん》の幼児《えうじ》は、外《よそ》に見《み》るに忍《しの》びず、公務《こうむ》に暇無《いとまな》き、手《て》に懐《いだ》き、王事《わうじ》に悩《なや》める懐《ふとこ》ろに眠《ねむ》らしめて、其喧噪《そのさわがしさ》と汚穢《きたなき》とをも忘《わす》れた、慈愛《じあい》の心《こゝろ》の美《うつく》しさは、花《はな》にも、玉《たま》にも比喩《たとへ》やう

慈恩《じおん》【57】春《はる》の如《ごと》く
雪裡《せつり》【58】餓児《がじ》を助《たす》く

も無《な》い程《ほど》である。

いぬる天明《てんめい》八年《ねん》【59】といふ年《ねん》に襲来《しうらい》した、飢饉《ききん》の悪魔《あくま》は、海内《かいない》【60】到《いた》る処《ところ》、その荒《あら》び【61】に罹《か》らぬは無《な》かつたが、分《わ》けても、出羽地方《ではちはう》【62】は、尤《もつと》も甚《はなはだ》しく、藩主《はんしゆ》の蔵庫《ざうこ》は早《はや》く其空《むな》しきを告《つ》げ、慈善家《じぜんか》の厨房《ちうばう》、また、一掬《きく》の【63】米《こめ》を余《あま》すこと無《な》きに至《いた》つた。こゝに、同国《どうこく》荘内《しやうない》の鶴岡《つるがをか》といふ処《ところ》の住人《ぢうにん》鈴木宇右衛門《すゞきうゑもん》といふ人《ひと》は、もと、小走役《こばしりやく》といふ、卑《ひく》き役《やく》を勤《つと》

【46】費用
【47】差し迫った事態
【48】天から授かった役目
【49】第四十六代天皇。在位期間は天平勝宝元年（七四九年）～天平宝字元年（七五七年）。後、再び即位し、称徳天皇となる
【50】和気広虫（七三〇年～七九九年）。奈良時代末から平安時代初めの女官で、和気清麻呂の姉。孝謙天皇の信任が厚かった
【51】和気清麻呂（七三三年～七九九年）。奈良時代末から平安時代初めの官人。姉の広虫とともに孝謙天皇の厚い信任を得た
【52】現在、大分県宇佐市南宇佐にある神宮。応神天皇、比売神、神功皇后をまつる。八幡造りの本殿は国宝に指定されている
【53】疫病
【54】奴は男、婢は女の召使い
【55】面倒に思わずに
【56】乳児の泣くさま
【57】あつい情け
【58】積雪の中
【59】一七八八年
【60】「かいだい」とも読む。国内
【61】飢饉の猛威
【62】現在の山形・秋田両県にまたがる地域
【63】両手でひとすくいするほどの量の

め た者《もの》であるが、至《いた》つて心《こゝろ》がけの善《よ》い人《ひと》で、多少《たせう》の貯《たくは》へもあつた故《ゆゑ》、この飢饉《ききん》のために、多《おほ》くの人《ひと》の餓死《がし》するを見《み》るに忍《しの》びず、貯蓄《ちよちく》せる金銭《きんせん》はもとより、家財什器《かざいじうき》【64】も売《う》り尽《つく》して、みな悉《こと〴〵》く、施行《せぎやう》に使用《しよう》した。然《しか》るに、妻《つま》も亦《また》、夫《をつと》に均《ひと》しき仁慈心《なさけごゝろ》の深《ふか》い婦人《ふじん》であつたから、これも自分《じぶん》の衣服《いふく》から、髪飾《かみかざり》までを売《う》り払《はら》つて、餓人《うゑびと》を許多救《あまたすく》つたのである。そして、今《いま》はゝや、僅《わづ》かに一襲《かさね》【65】の着替《きがへ》のみになつたが、妻《つま》は、ある日《ひ》また其《そ》れをも売《う》らうとしたので、夫《をつと》も余《あま》りに、気《き》の毒《どく》に思《おも》ひ「汝《おまへ》が此日頃《このひごろ》の志《こゝろざ》しと行《おこな》ひとには、私《わたし》も殆《ほとん》ど感心《かんしん》して嬉《うれ》しく思《おも》ふけれども、凡《およ》そ、女子《ぢよし》の大事《だいじ》がる品《しな》は、衣服《いふく》に上《うへ》こす物《もの》は無《な》いのに、いかに、慈善《じぜん》の為《ため》とは云《い》へ。所持《しよぢ》の衣装《いしやう》は悉《こと〴〵》く売《う》り尽《つく》して、たつた一襲残《かさねのこ》つた衣服《いふく》まで売《う》るとは、実《じつ》に殊勝《しゆしよう》な事《こと》ではあるが、女《をんな》は男《をとこ》とは違《ちが》つて、外《そと》へ出《で》るには、その衣装《なり》でも出《で》られまいから、其《そ》れだけは止《よ》したらよからう。」と云《い》ふと、妻《つま》はほゝ笑《ゑ》みて、「其《そ》れ故《ゆゑ》に、私《わたくし》はこれも売《う》らうと存《ぞん》じますのです。一襲《かさね》の衣服《いふく》が、却《かへ》つて残《のこ》つて居《ゐ》ればこそ、外《そと》へ出《で》やうと云《い》ふ心《こゝろ》も起《おこ》ります。されば、笄《かうがい》【66】が無《な》い、櫛《くし》が無いと不足《ふそく》も出《で》てまゐります。で、最早着替《もはやきがへ》も無《な》いと思《おも》へば、出《で》たいと云《い》ふ念《ねん》の起《おこ》ることもありませぬ。今《いま》この多《おほ》くの人《ひと》が、枕《まくら》を並《なら》べて死《し》ぬのに飢《う》ゑ寒《こゞ》えさへ致《いた》さねば、それで有難《ありがた》いと思《おも》はねばなりませぬから、無用《むよう》の品《しな》は一つでも貯《たくは》へて置《お》くべき時《とき》で無《な》いと存《ぞん》じます。これを売《う》りますれば、まだ余程《よほど》の人命《じんめい》が救《すく》はれますから、どうぞ御止《おと》め下《くだ》さりますな」とて、悉《ことごと》くその代価《だいか》を施《ほどこ》しに使《つか》うた。さて、その惨憺《さんたん》たる年《とし》も暮《く》れて、翌年《よくねん》の春《はる》の始《はじ》めとなつたが、寒国《かんごく》の事《こと》とて、雪《ゆき》も、なほ深《ふか》く、寒《さむ》さも未《ま》だ少《すこ》しもゆるまぬ。ある日《ひ》の夕方《ゆふがた》、吹雪《ふぶき》の殊《こと》に烈《はげ》しき門口《かどぐち》に、年《とし》の頃《ころ》十一二歳《さい》ばかりの少女《せうぢよ》が、飢《う》ゑ労《つか》れた身体《からだ》は、麻《あさ》がらの如《ごと》く痩《や》せ、破《やぶ》れ垢《あか》ついた衣服《きもの》は、海松《みる》【67】の如《ごと》く搔《か》き垂《た》れて、肌《はだ》もあらはなる有様《ありさま》、眼《め》も当《あ》てられぬ容子《ようす》で、細《ほそ》くふるへた声《こゑ》で「何《なん》なりとも食物《たべもの》を下《くだ》さい。」と云《い》ふのである。鈴木《すゞき》の妻《つま》はこれを見《み》て、ヤレマア、痛《いた》はしや。とて、まづ肌《はだ》を被《おほ》ふ物《もの》もがな【68】と考《かんが》へたが、最早何《もはやなに》も遣《や》るべき衣服《いふく》が無《な》く。其所《そこ》で傍《かたは》らに在《あ》る、今年《ことし》十二歳《さい》の少女《むすめ》を顧《かへり》みて「汝《おまへ》は、まだ綿入《わたいれ》を二つ着《き》て居《ゐ》るが、アレ御覧《ごらん》なさい。彼《か》の児《こ》は、モウあの様《やう》に衣服《いふく》が破《やぶ》れて寒《こゞ》えて居《ゐ》ます。今日《けふ》は此様《このやう》に寒《さむ》いけれど、此雪《このゆき》が晴《は》れたら、めつきりと暖《あた》ゝかに成《な》るであらうから、綿入《わたいれ》一つで凌《しの》がれぬ事《こと》もあるまい。それを一つ脱《ぬ》いで彼《か》の児《こ》に遣《や》つてはくれまいか。」と問《と》ふと、少女《むすめ》は、さも嬉《うれ》しさうに、母《は》ゝの詞《ことば》の終《をは》るもまたず、自《みづか》ら衣《い》服《ふく》を脱《ぬ》いで、好《よ》い方《はう》をさし出《だ》して「本当《ほんたう》に憫然《かあいそう》です。早《はや》くそれをやつて下《した》さい。私《わたくし》はちつとも寒《さむ》くはありませぬ。」と健気《けなげ》に答《こた》へたから、母《は》ゝも大《おほ》きに悦《よろこ》んで、早速《さつそく》其衣服《いふく》を憐《あは》

【64】日常使う器具や家具
【65】ひとそろえ
【66】女性用の髪飾りで、髷などにさすもの
【67】海藻
【68】「もがな」は終助詞。願望の意を表す

郷民《きやうみん》の慈母《じぼ》

れなる少女《せうぢよ》に与へた。実《じつ》に、此母《このはゝ》にして此女《むすめ》ありで、かやうな仁慈《じんじ》の徳《とく》の波《なみ》が溢《あふ》れて、居《ゐ》るやうな、立派《りつぱ》な家庭《かてい》が沢山《たくさん》あつたならば、この国《くに》は真《しん》に極楽浄土《ごくらくじやうど》、天上《てんじやう》の楽園《らくゑん》になるであらう。

また、陳堂前《ちんだうぜん》と云《い》ふ婦人《ふじん》の慈善家《じぜんか》は、むかし、支那《しな》の宋《さう》の世《よ》【69】の人《ひと》で、漢州雒県《かんしうらくけん》【70】と云《い》ふ所《ところ》の王氏《わうし》の女《むすめ》であった。堂前《だうぜん》が十八歳《さい》の時《とき》に、同《おな》じ所《ところ》の陳氏《ちんし》に嫁《か》して、一男子《ひとりのをとこのこ》を生《う》んだが、程《ほど》もなく、其良人《りやうじん》は病死《びやうし》した。舅姑《きうこ》【71】は年老《としお》いて、杖《つゑ》と頼《たの》む一人《ひとり》の子息《しそく》を先立《さきだ》てたる事故《ことゆゑ》、物狂《ものぐる》はしき迄《まで》、泣《な》き悲《かな》んだ。堂前《だうぜん》はこれを慰《なぐさ》めて、己《おの》れは、亡夫《ばうふ》に代《かは》つて、二人前《ふたりまへ》の孝行《かうかう》をしませうから、決《けつ》して御心配遊《ごしんぱいあそ》ばすな。と誓《ちか》つたが、其詞《ことば》の如《ごと》く、内政《ないせい》【72】一切《いつさい》を引《ひき》受《う》けて、少《すこ》しも家名《かめい》を落《おと》さず、遺《わす》れ形見《がたみ》の一子《し》は、師《し》を選《えら》びて学文《がくもん》を励《はげ》ましたがら、早《はや》く、令名《れいめい》【73】を世《よ》に挙《あ》げた。されど、これも三十歳《さい》で死亡《しばう》したので、堂前《だうぜん》はまた其二人《そのふたり》の孫《まご》を教養《けうやう》【74】し、心得違《こゝろえちが》ひをした夫《をつと》の妹《いもと》をも救《すく》ひ、親族《しんぞく》一門《もん》の困難《こんなん》なる者《もの》は、みな其《そ》れ〳〵に助《たす》け恵《めぐ》んで、遣《つか》はした数《かず》が四十人《にん》ばかりにも達《たつ》した。其《そ》れのみならず、一郷《きやう》の貧窮人《ひんきうにん》【75】を救《すく》ひ、奴隷《どれい》を購《あがな》ひ等《など》、種々《さま〴〵》の慈善《じぜん》をしたから、郷中《きやうちゆう》の民《たみ》は其名《な》を呼《よ》ばずして、たゞ慈母《じぼ》とのみ呼《よ》んで尊敬《そんけい》した。其《そ》れ故《ゆゑ》、朝廷《てうてい》よりも、堂前《だうぜん》の徳《とく》を旌表《せいへう》【76】せられて、婦人《ふじん》の鑑《かゞみ》と賞賛《しやうさん》せられたのである。

西洋諸州《せいやうしよしう》にては、夙《つと》に女子教育進歩《ぢよしけういくしんぽ》の結果《けつくわ》により、天然《てんねん》に同感性《どうかんせい》に富《と》みたる女子《ぢよし》

白衣《はくい》の天使《てんし》

は、殊《こと》に又《また》、人《ひと》たる義務《ぎむ》としても、他《た》の乏《とぼ》しく苦《くる》しめるを救《すく》はねばならぬと云《い》ふ道理《だうり》を、能《よ》く理解《りかい》してゐる。且《かつ》は、婦人《ふじん》に、私有《しいう》の財産《ざいさん》がある等《とう》の点《てん》よりして、仁慈《じんじ》の善行《ぜんかう》をなした人《ひと》が極《きは》めて少《すく》なく無《な》いが、就中《なかんづく》、近世《きんせい》に於《お》いて、最《もつと》も有名《いうめい》なるは、英国《えいこく》の、フロレンス、ナイチンゲール嬢《ぢやう》【77】である。彼《か》れは、既《すで》に年少《ねんせう》の時《とき》に、まづ世界最大《せかいさいだい》不幸《ふかう》の者《もの》より救《すく》ふべし、この希望《きぼう》を懐《いだ》いて、そして、貧民《ひんみん》の病気《びやうき》を助《たす》くべく、看護法《かんごはふ》の改良《かいりやう》と、看護婦《かんごふ》の養成《やうせい》とに力《ちから》を尽《つく》し、彼《か》の残酷《ざんこく》なる、クリミヤの戦場《せんぢやう》【78】には、奮《ふる》つて、特志看護婦隊《とくしかんごふたい》を組織《そしき》して、自《みづか》ら出張《しゆつちやう》し、一万《まん》の病兵負傷者《びやうへいふしやうしや》を看護《かんご》した時《とき》、其将卒《しやうそつ》をして「白衣《はくい》の天使《てんし》来《き》たる。」と唱仰歓呼《しやうぎやうくわんこ》【79】せしむるに至《いた》つた。また、伊太利《イタリー》のベリ

【69】中国の九六〇年～一二七九年に存在した中国の王朝の一つ
【70】現在の中華人民共和国四川省徳陽市の南西部にあった地名
【71】舅《しゅうと》と姑《しゅうとめ》
【72】一家のきりもり
【73】名声
【74】教え育てる
【75】貧しさで生活に困っている人
【76】善行をほめて、世に広く伝えること
【77】注37参照
【78】クリミヤ戦争（一八五三年～一八五六年）。南下政策をとるロシアと、オスマン＝トルコ、フランス、イギリス、プロイセン、サルデーニャの四カ国連合軍との間の戦争。クリミア半島を主戦場として戦われ、ロシアの敗北で終わった
【79】喜びのあまり口を揃えて声をあげること

ニー伯爵夫人《はくしゃくふじん》【80】が「貧民《ひんみん》を助《たす》くる最良《さいりやう》の方法《はうはふ》は、彼《か》れらに、自活《じくわつ》の道《みち》を授《さづ》くるに在《あ》り。」この亡夫《ばうふ》の金言《きんげん》を実行《じつかう》した事、英国《えいこく》のアレン、アプスレー子爵夫人《ししやくふじん》【81】が、能《よ》く家《いへ》を齊《とゝの》へ、能《よ》く子《こ》を教《をし》へ、また能《よ》く病夫《びやうふ》を看護《かんご》しつゝある余暇《よか》を以《もつ》て、軍人《ぐんじん》の遺孤《ゐこ》【82】を助《たす》け、囚人《しうじん》を教《をし》へ、なほ能《よ》く、一族故旧《ぞくこきう》の貧困患難《ひんこんくわんなん》を救《すく》ふをもて、最大《さいだい》の楽《たのし》みとした事、仏国《ふつこく》のアン、フランセスカ、フーゲレー夫人《ふじん》【83】が、我《わ》が児《こ》の愛《あい》に感《かん》じて、苦心百端《くしんひやくたん》【84】、能《よ》く貧児救済《ひんじきうさい》の方法《はうはふ》を講《かう》じた事等《ことなど》は、誠《まこと》に、敬慕尊崇《けいぼそんすう》すべき、婦人《ふじん》の美徳《びとく》であるから、希《ねがは》くは、我等同胞姉妹《われらどうはうしまい》の、仰《あふ》ぎ習《なら》はれんことを希望《きばう》するのである。

三　恭謙《きやうけん》【85】なるべきこと

温和貞粛《をんわていしゆく》【86】を以《もつ》て貴《たつと》しとする女子《ぢよし》は、殊更《ことさら》に、恭謙《きやうけん》の徳《とく》を養《やしな》はねばならぬ事《こと》は勿論《もちろん》である。いか程《ほど》、怜悧《かしこ》くても、いか程物《ほどもの》が出来《でき》ても、傲慢無礼《がうまんぶれい》【87】で、そして、差《さ》し出《で》がましき容子《ようす》があつては、千百《せんひやく》の長処《ちやうしよ》も隠《かく》れてしまうから、心《こゝろ》は慎《つゝし》み深《ふか》く、容《かたち》は恭々《うや〳〵》しく【88】、人《ひと》には譲《ゆづ》り謙《へりくだ》りて、我《わ》れは控《ひか》へ目《め》に、物事《ものごと》をふるまはねばならぬ。まづ、初対面《しよたいめん》の人《ひと》など、ふと打《う》ち向《むか》つて、其相対《あひたい》した時《とき》の感《かん》じに、いかにも丁寧《ていねい》な慎《つゝし》み深《ぶか》さうな人《ひと》と思《おも》ふのと、何《なん》だか、小憎《こにく》らしさうな、横柄《わうへい》【89】な人《ひと》だと思《おも》ふのとは、大層《たいそう》な違《ちが》ひで、咄《はな》しを始《はじ》めぬ中《うち》に、既《すで》に嫌悪《けんを》の念《ねん》をも生《しやう》じ、尊敬《そんけい》の心《こゝろ》をも起《おこ》さしむるものである。勿論《もちろん》、優《すぐ》れた人物《じんぶつ》であれば、容易《ようい》に、かやうな感《かん》じにも左右《さいう》せられまいが、まづ大抵《たいてい》の人《ひと》は、最初《さいしよ》の感《かん》じに動《うご》かさるゝ事《こと》が多《おほ》い。で、兼好法師《けんかうはふし》【90】も「人《ひと》は機嫌《きげん》を見《み》るべし。」と云《い》うた。そうして、談話《だんわ》にかゝつた時《とき》も、慎《つゝし》みて、まづ能《よ》く他《た》の言《ことば》を聞《き》き、恭々《うや〳〵》しく其答《そのこた》へをもし、自《みづか》らの考《かんが》へをも言《い》へば、他《むかう》でも亦《また》、決《けつ》して、軽蔑《けいべつ》し、侮慢《ぶまん》【91】する心《こゝろ》は出《で》ぬ筈《はず》である。然《しか》るに、これと反対《はんたい》に、始《はじ》めから、傍若無人《ばうじやくぶじん》【92】に、自分《じぶん》の言《い》ひたい事《こと》ばかり云《い》つて、他《むかう》の言《ことば》は、碌々《ろく〳〵》聞《き》かず、また聞《き》けばとて、頭《あたま》からけなすやうな事《こと》をすれば、忽《たちま》ちに、他《むかう》に

【80】伝記不詳
【81】伝記不詳
【82】孤児
【83】伝記不詳
【84】あれこれ苦労することが種々様々あること
【85】慎み深く、へりくだった態度であること、またそのさま
【86】おとなしくやさしいさま（温和）、操がかたく慎み深いさま（貞粛）
【87】おごりたかぶって、人を見下すこと（傲慢）、礼儀にはずれること（無礼）
【88】相手をうやまい、行動をつつましくするさま
【89】おごりたかぶって、人を見下げた態度をとるさま
【90】吉田兼好。鎌倉後期から南北朝時代の歌人。随筆『徒然草』を著した
【91】人をばかにすること
【92】人前をはばからずに勝手気ままな言動をすること

恭謙《きやうけん》の心《こゝろ》を養《やしな》ふべし

恭謙《きやうけん》の容《かたち》を偽《いつは》ること勿れ

恭謙《きやうけん》、遜譲《そんじやう》なれ。恐懼《きやうく》卑屈《ひくつ》【95】なること勿《なか》れ

悪感情《あくかんじやう》を惹《ひ》き起《おこ》させてしまふ。故《ゆゑ》に、女子《ぢよし》は、殊《こと》に、詞《ことば》も挙動《きよどう》も、十分《ぶん》恭謙《きやうけん》慎重《しんちよう》で無《な》ければならぬ。されども、こゝに一つ、わが国《くに》の女子《ぢよし》が、最《もつと》も、この恭謙《きやうけん》と云《い》ふ意味《いみ》を取《と》り違《ちが》へぬやうに、心得《こゝろえ》ねばならぬ事《こと》がある。其《そ》れは外《ほか》でも無《な》いが、一言《げん》すれば、女子《ぢよし》は、稍《やゝ》もすれば、形《かたち》は恭謙《きやうけん》であつて、心《こゝろ》の、存外《ぞんぐわい》に傲慢《がうまん》なといふ一事《じ》である。縦令《たとへ》ば「私《わたくし》は何《なに》も存《ぞん》じませぬ。私《わたくし》は愚《おろ》かで御座《ござ》いますから、何卒貴姉宜《なにとぞあなたよろし》いやうに」などと云《い》ふのを、真正直《まつしやうじき》に受《う》けて、「其《そ》れはかやう〳〵です。」と説明《せつめい》したり。又《また》は「左様《さやう》に被為仰《おつしや》るならば、余儀無《よぎな》い故《ゆゑ》、私《わたくし》が致《いた》しませう」などと云《い》つて、一人《ひとり》で為《し》やうものなら、サア、蔭《かげ》で、却《かへ》つて彼《か》れ是《こ》れと悪口《あくこう》を云《い》ふ輩《やから》も無《な》いでも無《な》い。其《そ》れなら、寧《むし》ろ、表面《へうめん》から、傲慢《がうまん》に見《み》えもし、尊大《そんだい》な挙動《きよどう》をした方《はう》が、淡白《たんぱく》で宜《よろ》しいと云《い》はなければならぬ。表面《へうめん》に顕《あらは》れて居《ゐ》る欠点《けつてん》ならば、これを忠告《ちうこく》し、矯正《けうせい》することが容易《たやす》い。又《また》、憚《はゞか》るべき人《ひと》や、務《つと》めねばならぬ所《ところ》では、至《いた》つて、恭謙遜譲《きやうけんそんじやう》【93】に見《み》ゆる人《ひと》が侮《あなど》り易《やす》い者《もの》、我儘《わがまゝ》を云《い》はれる方《はう》に向《むか》つては、反対《はんたい》の言行《げんかう》をなし、所謂《いはゆる》、猫《ねこ》をかぶる【94】事《こと》を巧《たく》みにする者《もの》がある。これらは皆《みな》、寧《むし》ろ真正《しんせい》なる恭謙者《きやうけんしや》の敵《てき》と云《い》は無《な》ければならぬ。然《しか》るにまた、真《しん》から、恭謙《きやうけん》な人《ひと》もある。女子《ぢよし》などには随分少《ずゐぶんすく》なく無《な》い。これは、前者《ぜんしや》の表《おもて》が恭謙《きやうけん》であつて、裏《うら》に傲慢《がうまん》を潜《ひそ》ませて居《ゐ》る人《ひと》に比《くら》ぶれば、宜《よろ》しいけれど、余《あま》りに、恭謙《きやうけん》が過《す》ぐると恐懼《きやうく》【96】となり、卑屈《ひくつ》となり、遂《つひ》に、其品格《ひんかく》を傷《きずつ》くるものである。何《なに》も、人《ひと》の前《まへ》に立《た》ちて、少《すこ》しも恐《おそ》

れる筈《はず》の無《な》い、晴天白日《せいてんはくじつ》の身《み》を有《も》ちながら、恰《あた》かも、罪人《ざいにん》が法廷《はふてい》へでも引《ひ》き出《いだ》されたかの如《ごと》く、或《ある》ひは、入《い》るまじき場所《ばしよ》へでも忍《しの》び入《い》つたかの如《ごと》く、其容安《かたちやす》からず、其詞低《そのことばひく》く、挙止動作《きよしどうさ》【97】、何《なに》と無《な》く恐《おそ》れ疑《うたが》ふ者《もの》のやうな容子《ようす》に見《み》ゆるなどは、決《けつ》してまだ恭謙《きやうけん》の徳《とく》の全《まつた》き人《ひと》と云《い》ふことは出来《でき》ぬ。孔子《こうし》も、恭《きやう》を過《すご》すは不敬《ふけい》と同《おな》じく不可事《よからぬこと》と戒《いまし》められた。其《そ》れで、容《かたち》は泰然《たいぜん》【98】たる中《うち》に恭々《うや〳〵》しき所《ところ》あり。心《こゝろ》は確乎平然《かくこへいぜん》たる中《うち》に、慎《つゝし》み謙《へりくだ》りて、苟《いやしく》も【99】せぬ覚悟《かくご》がなければならぬ。よしや、詞《ことば》はいかほど丁寧《ていねい》で、容《かたち》はいかほど遜譲《そんじやう》【100】であつても、おのれの過失《くわしつ》は人《ひと》に嫁《か》し、又《また》は隠蔽《いんぺい》し、人《ひと》の功《こう》を盗《ぬす》み、或《あるひ》は嫉《ねた》み傷《そこな》はうとするやうな曲《まが》つた心《こゝろ》や、正《たゞ》しからぬ行《おこな》ひがあつては、其詞《ことば》や容《かたち》の善《よ》いのは何《なん》にもならぬ。寧《むし》ろ奸佞《かんねい》【101】の小人《せうじん》【102】と云《い》はるゝことになるのである。これらの点《てん》を能《よ》く〳〵心得《こゝろえ》て、取違《とりちが》ひをせぬやうにありたいものである。

【93】慎み深く、へりくだった態度であること。またそのさま（恭謙）。へりくだってゆずること（遜譲）
【94】本性を隠しておとなしそうに見せかける
【95】おそれてちぢこまり（恐懼）、自分を卑しめて相手にへつらうこと（卑屈）
【96】おそれてちぢこまること
【97】たちいふるまい
【98】落ち着いていて、物事に動じないさま
【99】かりそめにも
【100】へりくだって人にゆずること
【101】心がまがっていること
【102】徳がなく品格のない人

一の文字《もじ》さへ知《し》らざるが如《ごと》し

三万石《まんごく》をお忘《わす》れなさるな

我《わ》が国《くに》の文章家《ぶんしやうか》の泰斗《たいと》【103】と仰《あふ》がれた、紫式部《むらさきしきぶ》【104】は、漢学《かんがく》にも仏書《ぶつしよ》にも通暁《つうぎやう》して居《ゐ》たから、日本紀《にほんき》の局《つぼね》【105】と云《い》ふ綽名《あだな》さへ呼《よ》ばれた程《ほど》であつて、一条天皇《いつでうてんわう》【106】の中宮《ちうぐう》、上東門院《じやうとうもんゐん》【107】に仕《つか》へ奉《たてま》つたが、門院《もんゐん》は、単《ひと》へに式部《しきぶ》が補導《ほだう》によつて賢明《けんめい》なる后《きさき》と仰《あふ》がれ給《たま》ふやうにお成《な》り遊《あそ》ばしたのである。けれども、打《う》ち向《むか》つて咄《はな》しなどする時《とき》の、恭謙《きやうけん》の容子《ようす》は、一といふ文字《もじ》さへ知《し》らざる者《もの》の如《ごと》し。と云《い》はれた。恰《あた》かも同《おな》じ時代《じだい》に出《で》た、清少納言《せいせうなごん》【108】は、学力《がくりき》才識《さいしき》に於《お》いては、決《けつ》して、式部《しきぶ》に譲《ゆづ》らなかつたけれど、其恭謙貞粛《そのきやうけんていしゆく》の徳《とく》が、遙《はるか》に及《およ》ばなかつた故《ゆゑ》、後世迄《かうせいまで》の人《ひと》の尊敬《そんけい》の度《ど》が違《ちが》ふのである

又《また》、徳川将軍《とくがはしやうぐん》十五代《だい》の中《うち》で、最《もつと》も、賢明《けんめい》の聞《きこ》えある、吉宗《よしむね》【109】の母《はゝ》巨勢氏《こせし》は、もと紀伊国《きいのくに》巨勢《こせ》といふ所《ところ》の農家《のうか》の女《むすめ》で、吉宗《よしむね》の父《ちゝ》、徳川光貞《とくがはみつさだ》【110】に仕《つか》へ、和歌山《わかやま》の城内《じやうない》に吉宗《よしむね》を生《う》んだのであるが、吉宗《よしむね》の賢《かし》こかつたのは、単《ひと》へに、其母《そのはゝ》の遺伝薫陶《ゐでんくんたう》【111】によつたのであらうと云《い》ふ事《こと》である。徳川《とくがは》七代将軍家継《だいしやうぐんいへつぐ》【112】に子《こ》が無《な》かつたので、親藩《しんはん》の紀伊候《きいこう》【113】より、吉宗《よしむね》が宗家《さうけ》へ入《い》つて、其後《のち》を嗣《つ》がれた。然《しか》るに浄円院《じやうゑんゐん》（吉宗《よしむね》の母《はゝ》の法号《はふがう》）は、其子《こ》の意外《いぐわい》なる迄《まで》の出世《しゆつせ》を、更《さら》に悦《よろこ》べる色《いろ》も無《な》うて、吉宗《よしむね》がしば〳〵、其起居《そのききよ》を訪《と》はれて、辞《じ》して還《かへ》らるゝ時《とき》には、必《かなら》ず、「三万石《まんごく》をお忘《わす》れ成《な》されますなよ。」と戒《いまし》められた。これは吉宗《よしむね》が嘗《かつ》て、里方《さとかた》に居《を》られた時《とき》、越前《ゑちぜん》の丹生《にぶ》に三万石《まんごく》に封《ほう》ぜられた事《こと》があつたからである。さて程《ほど》なく、其生母《せいぼ》の二人《ふたり》の弟《おとうと》を召《め》し出《だ》して、各《おの〳〵》五千石《ごく》を授《さづ》けられたと聞《き》いて、

浄円院《じやうゑんゐん》は吉宗《よしむね》に遇《あ》ひ、「お里方《さとがた》の紀伊家《きいけ》、及《およ》び其家臣《かしん》をお取《と》り立《た》てに相成《あいな》るのは、然《しか》るべき事《こと》で御座《ござ》りますが、私《わたくし》の生家《せいか》は、もと卑賤《ひせん》の者《もの》であるのに、其《そ》れらに大禄《たいろく》をお与《あた》へ遊《あそ》ばされたのは、所謂《いはゆる》贔屓《ひいき》の沙汰《さた》【114】で、御政道《ごせいだう》の上《うへ》に於《お》いていかゞと懸念致《けねんいた》しまするが、既《すで》に、其事《こと》をお行《おこな》ひ遊《あそ》ばした後《のち》であるから、致《いた》し方《かた》が御座《ござ》りませぬ。唯此上《たゞこのうへ》は、彼《か》れらには、決《けつ》して職《しよく》をお授《さづ》け下《くだ》さりますな。職《しよく》を得《え》ますれば、自《おのづか》ら権力《けんりよく》が附《つ》いてまゐります。

【103】ある分野で最も高い位置にある人

【104】紫式部（九七八年～一〇一四年頃）。平安時代中期の女流物語作者、歌人。『源氏物語』の作者。一条天皇の中宮彰子に仕えた

【105】天皇から「この人は日本紀をこそ読みたるべけれ。まことに才あるべし」との言葉をいただいたことから。日本紀は『日本書紀』のこと

【106】一条天皇（九九〇年～一〇一一年）。第六十六代の天皇。寛和二年（九八六年）に即位。そこから二十五年間の在位は、藤原道長を中心とする公家文化の最盛期にあたる

【107】藤原道長の長女。一条天皇の中宮彰子の院号

【108】平安時代中期の女流随筆家。『枕草子』の作者。一条天皇の皇后定子に仕えた

【109】徳川吉宗（一六八四年～一七五一年）。江戸幕府第八代将軍。享保の改革を行い、幕府中興の英主と称される

【110】徳川光貞（一六六五年～一七〇五年）。紀州藩の第二代藩主。徳川家康の孫。第八代将軍徳川吉宗の父

【111】その人の優れた徳や人格で教え育てること

【112】徳川家継（一七〇九年～一七一六年）。江戸幕府第七代将軍

【113】徳川御三家の一つ。徳川家康の第十子、頼宣を祖とし、紀州五十五万五千石を領した

【114】自分の気に入った者を引き立てる行為、仕業

柴門《さいもん》【121】深《ふか》く扉《とぎ》して名誉《めいよ》の光彩《くわうさい》を杜絶《とぜつ》【122】す

凡《およ》そ、外戚《ぐわいせき》に権力《けんりよく》があるのは、乃《すなは》ち、国《くに》の乱《みだ》れのもとで御座《ござ》りますから、呉々《くれぐ》も、彼《かれ》らを御重用遊《ごちようようあそ》ばさぬやう願《ねが》ひます。」と云《いふ》たので、吉宗《よしむね》も、遂《つひ》に、此二人《このふたり》は、一生非職《しやうひしよく》で置《おか》れた。浄円院《じやうゑんゐん》は、終始恭謙《しうしきやうけん》の徳《とく》を守《まもつ》て、露《つゆ》ばかりも、将軍《しやうぐん》の生母《せいぼ》らしい挙動《きよどう》をしなかつたと云《い》ふ事《こと》である。これが、真《まこと》に心《こゝろ》から恭謙《きやうけん》なる婦人《ふじん》と云《い》ふべきであらう。

前章《ぜんしやう》の仁慈《じんじ》の所《ところ》にも説《と》いた、近代《きんだい》の大慈善家《だいじぜんか》、フロレンス、ナイチンゲール嬢《ぢやう》は、恭謙《きやうけん》の徳《とく》も亦《また》、甚《はなは》だ高い人《ひと》であつた。彼《か》のクリミヤの戦場《せんぢやう》に、数多《あまた》の将卒《しやうそつ》【115】の死《し》を起《おこ》し生《せい》に回《かへ》して、全軍《ぜんぐん》が、英京倫敦《えいきやうろんどん》に凱旋《がいせん》【116】せうとした時《とき》、与論《よろん》【117】の大半《たいはん》は、皆斯《みなか》うであつた。「今度《こんど》の戦争《せんそう》が、アハヤ敗北《はいぼく》に帰《き》さうとした時《とき》、将卒《しやうそつ》の勇気《ゆうき》と健康《けんかう》とを挽回《ばんくわい》して、今日《こんにち》の凱旋《がいせん》を見《み》らるゝやうにしなされたのは、全《まつた》く嬢《ぢやう》の功績《こうせき》であるから、何人《なんびと》よりも、まづ嬢《ぢやう》を歓迎《くわんげい》せねばならぬ。」と云《い》ひ囃《はや》した。そして、盛《さか》んなる歓迎準備《くわんげいじゆんび》をしようとした。……すると、嬢《ぢやう》は、道中《だうちう》で、此事《このこと》を伝《つた》へ聞《き》いて、恰《あた》かも【118】常人《じやうにん》が、反対運動《はんたいうんどう》を試《こゝろ》みらるゝのを聞《き》いた時《とき》のやうに、驚《おどろ》き恐《おそ》れて、顔色《がんしよく》を変《か》へ、「其《そ》れは、とんでも無《な》い事《こと》である。死生《しせい》の間《あいだ》を出入《しゆつにふ》して、千患万難《せんくわんばんなん》【119】を凌《しの》いで、やう／＼愛《めで》たく凱旋《がいせん》せらるゝ将校方《しやうかうがた》や兵卒《へいそつ》を措《お》き【120】、まづ、私《わたくし》などの歓迎《くわんげい》を先《さき》にせらるゝとは、余《あま》りと云《い》へば、心得違《こゝろえちが》ひの事《こと》である。マアどうしたら宜《よ》からう。」と心配《しんぱい》して、中途《ちうと》から、逃《に》ぐるが如《ごと》くに故郷《こきやう》へ忍《しの》び還《かへ》り、固《かた》く門《もん》を閉《と》ぢて、病気《びやうき》を云《い》ひまへ【123】にして、更《さら》に何人《なんびと》が来《き》ても、面会《めんくわい》を許《ゆる》され

彼《か》れは正直《しやうじき》な善《よ》い児《こ》でありました

なかつた。程立《ほどた》つて、やう〱其取沙汰《そのとりざた》の薄《うす》らいだ頃《ころ》、人中《ひとなか》へ出《で》て来《こ》られたが、誰《た》れか、嬢《ぢやう》に向《む》かつて其功績《こうせき》を褒《ほ》めようとすると、嬢《ぢやう》はぱつと顔《かほ》を赤《あか》めて、咄《はな》しを他事《よそごと》に転《てん》じた。其《そ》れを猶《なほ》、強《し》いて云《い》はうとすると、嬢《ぢやう》は、誠《まこと》に不愉快《ふゆかい》らしく、さも心《こゝろ》に憂《うれ》ふる所《ところ》のあるかの如《ごと》き容子《ようす》であつた故《ゆゑ》、遂《つひ》には、何人《なんびと》も嬢《ぢやう》に向《むか》つては、其事《こと》を云《い》は無《な》くなつたと云《い》ふ事《こと》であるが、何《なん》と恭謙《きやうけん》の徳《とく》は貴《たつと》い慕《した》はしいものではあるまいか。

又《また》、北米合衆国《ほくべいがつしうこく》の元首《げんしゆ》華聖頓《ワシントン》の母《はゝ》は、其子《そのこ》が、七年《ねん》の苦戦《くせん》に、遂《つひ》に能《よ》く自由《じゆう》の光明《くわうみやう》を輝《かゞやか》して、久《ひさ》しぶりにて、母《はゝ》が茅屋《ばうをく》【124】を尋《たづ》ねられた時《とき》、其黒《くろ》める顔《かほ》、皺《しわ》める額《ひたひ》を見詰《みつ》めて、「大層《たいそう》、年《とし》が寄《よ》つたやうである。長々《なが〱》の苦労《くらう》の程《ほど》も、さぞと察《さつ》し入《い》るが、健康《けんかう》は非常《ひじやう》に損《そこな》はれはせぬか。」と問《と》うた。其余《よ》は、唯《たゞ》、知人《ちじん》の安否《あんぴ》を問《と》ひ、昔咄《むかしはな》しをしたばかりで、子息《しそく》の功績《こうせき》に就《つ》いては、一言《ひとこと》も云《い》はなかつた。其後《のち》も、誰《たれ》が華聖頓《ワシントン》の事《こと》を褒《ほ》め立《た》てゝも、更《さら》に取《と》り合《あ》つた事が無《な》い。唯《たゞ》其時《とき》の答《こた》へは、「彼《か》れは正直《しやうじき》な善《よ》い児《こ》でありました。」と、

【115】将校と兵士
【116】戦いに勝利し帰ること
【117】世論
【118】まるで
【119】多くの困難
【120】ほうっておく
【121】柴で編んだ門、転じて粗末な住まい
【122】とだえること
【123】言い訳
【124】粗末な住まい

これだけであつた。これも亦《また》、心《こゝろ》の恭謙《きやうけん》なる婦人《ふじん》と云《い》ふべきである。なる程《ほど》、華聖頓《ワシントン》が、恭謙遜譲《きやうけんそんじやう》な大賢人《だいけんじん》であつたのは、偶然《ぐうぜん》ではないのである。

四　貞粛《ていしゆく》なるべきこと

貞粛《ていしゆく》とは、節操《みさを》正《たゞ》しく慎《つゝし》み深《ふか》く沈着《おちつ》きたる心《こゝろ》ざま、ふるまひを云《い》ふのである。貞《てい》の徳《とく》は、雪《ゆき》の嶺《みね》に孤松《ひとつのまつ》の常盤《ときは》【125】の色《いろ》の秀《ひい》でたるが如《ごと》く、粛《つゝし》める形《かたち》は、なよ竹《たけ》【126】の直《なほ》く正《たゞ》しく立《た》ち並《なら》んで居《ゐ》るやうにあらねばならぬ。内剛《うちがう》にして外柔《ほかじゆう》なれ。とは、女徳《ぢよとく》の骨子《こつし》を云《い》うたのである。女子《ぢよし》は、常常物柔《つねづねものやはら》かにたを／＼しく【127】あるべきなれども、柳《やなぎ》の枝《えだ》の折《を》れ難《がた》きやうに、確乎《しつかり》とした所《ところ》がなくてはならぬ。其《そ》れで、女子《ぢよし》には、貞《てい》なれと教《をし》へた。其貞《てい》といふ文字《もじ》は、方正《はうせい》【128】を意味《いみ》する。そして、方正《はうせい》は、堅固《けんご》の義《ぎ》を含《ふく》んで居《ゐ》る。で、女子《ぢよし》は、大抵《たいてい》の時《とき》は柔《やさ》しく、か弱《よわ》いものであつても、いざと云《い》ふ場合《ばあい》に、心《こゝろ》の据《すわ》つた時《とき》は、とても、男子《だんし》も及《およ》ばぬ程《ほど》の確《たし》かな覚悟《かくご》があるもので、これが即《すなは》ち、大切《たいせつ》な世嗣《よつぎ》【129】の子《こ》を、胎内《たいない》に預《あづか》つて養育《やういく》すべき、天職《てんしよく》を授《さづ》けらるゝ所以《ゆゑん》であるから、何《なに》が足《た》らずとも、女《をんな》は、不折不撓《ふせつふたう》【130】の貞操《ていさう》がなければならぬ。して、其操行《さうかう》【131】を論《ろん》ぜらるゝに当つて、

女子《ぢよし》は貞粛《ていしゆく》なれ。即《すなは》ち是《こ》れ天《てん》の意《こゝろ》

男子《だんし》に比《ひ》して、社会《しやくわい》の批難《ひなん》が殆《ほとん》ど苛酷《かこく》に亘《わた》る、片手打《かたてうち》であると思《おも》ふ程《ほど》であつても、其《そ》れは、女子《ぢよし》が、天分《てんぶん》の上《うへ》から、甘《あま》んじて受《う》けねばならぬ次第《しだい》ではあるまいか。否《いな》、名誉《めいよ》と思《おも》つて、肯《がゑん》じ【132】なければならぬ理屈《りくつ》である。さて、斯《か》く貞操《ていそう》なる女子《ぢよし》は、苟且《かりそめ》にも【133】、浮々《うはく〵》としたやうな挙動《きよどう》があつてはならぬ。物《もの》しとやかに、慎《つゝし》み深《ふか》く、我身《わがみ》の廻《まは》りの物《もの》から、我《わ》が管理《かんり》に属《ぞく》する所《ところ》の一切《さい》は、みな悉《ことごと》く方正《はうせい》に清潔《せいけつ》にあらねばならぬ。決《けつ》して、乱雑《らんざつ》に取《と》りしまり無《な》いやうな事《こと》をして置《お》いてはならぬ。古語《こご》に、善《ぜん》は小《せう》なりと雖《いへど》も、為《な》さざること勿《なか》れ。悪《あく》は小《せう》なりと雖《いへど》も、すること勿《なか》れ。とあるが、誠《まこと》に左様《さやう》で、貞粛《ていしゆく》なるべき女子《ぢよし》は、小細《せうさい》の事《こと》まで、方正《はうせい》に慎粛《しんしゆく》【134】であらなければならぬ。それは、小《ちひ》さい事《こと》だからとて、許《ゆる》せば、遂《つひ》に大事《だいじ》にまでも及《およ》ぶものである。偶《たま》ま希有《けう》【135】の女傑《ぢよけつ》などが、豪壮《がうさう》放逸《はういつ》【136】な言行《げんかう》の跡《あと》を見《み》て、苟且《かりそめ》にも、其《そ》れに習《なら》はうとしてはならぬ。これは、誠《まこと》に、虎《とら》を画《ゑが》いて、狗《いぬ》に類《るゐ》する、類《たぐ》ひで、常規《じやうき》に合《あ》はぬ行為《かうゐ》などを、己《おの》れが、器量《きりやう》も計《はか》らずして、

【125】年中、色を変えないこと
【126】細くしなやかな竹
【127】しなやかなさま
【128】心や行いが正しいこと、またそのさま
【129】その家を継ぐこと
【130】困難に出会ってもくじけないこと
【131】日ごろの行い
【132】承諾する
【133】少しでも
【134】慎み深くおごそかなこと、またそのさま
【135】めったにいない
【136】勢いがあり強く、勝手にふるまうこと、またそのさま

為《な》す時《とき》は、遂《つひ》に身《み》を亡《ほろ》ぼす基《もとゐ》となるから、恐《おそ》れ慎《つゝし》みて、貞実慎粛《ていじつしんしゆく》【137】な、真面目《まじめ》な女子《ぢよし》とならうと、心《こゝろ》がくべきである。

徳川将軍治世《とくがはしやうぐんちせい》の頃《ころ》、長門国萩《ながとのくにはぎ》【138】の藩士《はんし》に、瀧長愷《たきちやうがい》【139】といふ人《ひと》があつた。號《がう》を鶴台《かくだい》と呼《よ》びて、其当時《たうじ》、有名《いうめい》の学者《がくしや》と称《しよう》せられて居《ゐ》た。然《しか》るに、其妻《つま》は、元《もと》、容貌《ようばう》の醜《みにく》きにより、年頃《としごろ》になるまで、更《さら》に娶《めと》らうと云《い》ふ者《もの》も無《な》かつたが、自《みづか》らは、一向《かふ》に、これを意《い》とせず、我《わ》れは、鶴台先生《かくだいせんせい》の如《ごと》き人物《じんぶつ》で無《な》ければ、嫁《か》したく無《な》いと云《い》うて居《ゐ》るとの評判《ひやうばん》を、鶴台伝《かくだいつた》へ聞《き》いて、「其女子《ぢよし》は、屹度賢《きつとかしこ》い人《ひと》に違《ちが》ひ無《な》いから、妻《つま》に申受《もうしう》けたい。」とて、此方《こなた》より懇望《こんぼう》【140】して娶《めと》つた【141】。果《はた》して、眼識《めがね》に違《たが》はず、妻《つま》は能《よ》く貞粛《ていしゆく》の徳《とく》を守《まも》つて、一家《か》を整理《せいり》したから、実《じつ》に、一藩《ぱん》の模範《もはん》となるやうな立派《りつぱ》な家庭《かてい》を形《かた》ち作《づく》つたのみならず、密《ひそか》に夫《をつと》の職務《しよくむ》をも助《たす》けて、少《すく》なからぬ功《こう》があつた故《ゆゑ》、鶴台《かくだい》は、己《おの》れが職務《しよくむ》の上《うへ》に就《つ》いても、大抵《たいてい》、妻《つま》に相談《さうだん》して、行《おこな》ふに至《いた》つた。けれども妻《つま》は決《けつ》して其《そ》れに誇《ほこ》るやうな素振《そぶり》は、露計《つゆばか》りも無《な》くて、益々《ます〳〵》、貞順《ていじゆん》【142】の道《みち》を踏《ふ》んで、家政《かせい》に務《つと》めて居《ゐ》た。ある日《ひ》、妻《つま》は夫《をつと》の傍《かたはら》に在《あ》つて、席《せき》を立《た》たうとした時《とき》、其袖《そで》の中《なか》から赤《あか》い糸《いと》を巻《ま》いた小《ちひ》さい鞠《まり》がごろ〳〵と転《ころ》げ出した。鶴台《かくだい》は何《なん》であるかと怪《あやし》んで、其《そ》れを問《と》うた。妻《つま》は、夫《をつと》に小鞠《こまり》を認《みと》められて、さも恥《はづ》かしげに、さし俯伏《うつむ》いて、「私《わたくし》は御当家《ごたうけ》へ参《まゐ》りましてから、善事《ぜんじ》を行《おこな》ふと迄《まで》は出来《でき》ず共《とも》、せめて、過失《くわしつ》を少《すく》なくしたいと、心《こゝろ》がけ、二つの鞠《まり》を造《つく》りまして、悪念《あくねん》の

赤白《せきはく》の毬《まり》【143】能《よ》く
善悪《ぜんあく》の心念《しんねん》【144】を
徴《ちょう》す【145】

起《おこ》つた時《とき》には鞠《まり》に赤《あか》い糸《いと》を巻《ま》き、善念《ぜんねん》の起《おこ》つた時《とき》には鞠《まり》に白《しろ》い糸《いと》を巻《ま》きましたが、始《はじ》めの程《ほど》は、赤鞠計《あかまりばか》りが大《おほ》きくなりまして、白鞠《しろまり》は何時迄《いつまで》も、小《ちひ》さい儘《まゝ》で居《を》りましたから、是《こ》れではならぬと存《ぞん》じまして、勉《つと》めて、謹慎《きんしん》を加《くは》へましたら、近頃漸《ちかごろやうや》く赤白《あかしろ》の鞠《まり》の大《おほ》きさが同《おな》じ程《ほど》になりました。」と言《い》ひ乍《なが》ら、片方《かたかた》の袖《そで》の中《なか》より白《しろ》の小毬《こまり》を取《と》り出《いだ》して、夫《をつと》に見《しめ》しましたので、鶴台《かくだい》も深《ふか》く其妻《つま》の心《こゝろ》がけに感心《かんしん》したのである。此婦人《このふじん》の如《ごと》きは、貞粛《ていしゆく》の婦徳《ふとく》【146】に富《と》める人《ひと》と云《い》ふて宜《よろ》しい。

仏国《ふつこく》【147】の聖徒《セン》オ、ガスチン【148】といふ人《ひと》は、中年《ちうねん》【149】より、布教《ふけう》のために、心《こゝろ》を焦《こが》して、大《おほ》いに当時《たうじ》の風教《ふうけう》【150】を益《ゑき》した人《ひと》であつたが、これは、全《まつた》く、其母《はゝ》のモニカといふ賢婦人《けんぷじん》の

【137】節操があり誠実なさま
【138】現在の山口県萩市
【139】瀧長愷（一七〇九年～一七七三年）。江戸中期の医師。長門《ながと》の人。儒学を山県周南・服部南郭に学び、医学を山脇東洋らに学んだ。広く和歌、国史にも通じた
【140】強く望むこと
【141】妻を迎えた
【142】女性が貞淑で素直なこと
【143】赤い毬と白い毬
【144】一途な思い
【145】あらわす
【146】婦人が修めるべき徳義
【147】フランス
【148】聖アウグスティヌス（三五四年～四三〇年）のこと。古代キリスト教の神学者。西洋のキリスト教、西洋思想に大きな影響を与えた
【149】青年と老年の間の年頃
【150】徳行によって教え導くこと

感化《かんくわ》によつて、放蕩無頼《はうたうぶらい》の子息《しそく》が、斯《か》くの如《ごと》き、君子《くんし》となつたのである。モニカの夫《をつと》は、異教《いけう》の人《ひと》で疳癖《かんぺき》【151】強《つよ》く、思慮浅《しりよあさ》く、常《つね》に、妻《つま》のモニカに対《たい》しても、残酷凶暴《ざんこくきやうぼう》の行《おこな》ひをしたが、モニカは、一度《ど》も、悪《わる》い顔《かほ》をした事《こと》も、詞《ことば》を返《かへ》した事《こと》も無《な》い。如何《いか》なる無理《むり》でも、常《つね》に、「私《わたくし》が悪《わる》う御座《ござ》いました。何卒《どうぞ》お許《ゆる》し下《くだ》さいまし。」と反対《はんたい》に詫《わ》び言《ごと》して粛然《しゆくぜん》【152】と形《かた》ちを正《たゞ》し、莞爾《くわんじ》として【153】、其機嫌《きげん》を取《と》りつゝ、たゞ単《ひと》へに、己《おの》れの言行《げんかう》を慎《つゝし》み勉《つと》めて聊《いさゝ》かも不平《ふへい》の色《いろ》を洩《も》らした事《こと》が無《な》いのみならず、女友《ともだち》などが、夫《をつと》のむづかしい事《こと》を咄《はな》したり何《なに》かして、愚痴《ぐち》を云《い》ふ時《とき》には、モニカは却《かへ》って、其《そ》れらを宥《なだ》めて、これに教《をし》ふるに、貞順《ていじゆん》の道《みち》を以《もつ》てした。其《そ》れのみでなくて、姑母《しうとめ》といふがまた、世《よ》に鬼婆《おにばゝ》の綽名《あだな》を取《と》つた程《ほど》の意地《いぢ》の悪《わる》い婦人《ふじん》で、朝《あさ》から晩《ばん》まで、口喧《くちやか》ましく罵《のゝし》り立《た》てゝ、他《よそ》の見《み》る目《め》も気《き》の毒《どく》のやうであつたが、これにも逆《さか》らはず、いつも温顔《をんがん》【154】をもて、丁寧親切《ていねいしんせつ》に事《つか》へたので、遂《つひ》に鬼婆《おにばゝ》も、全《まつた》く仏《ほとけ》のやうな善《よ》い人《ひと》になつた。然《しか》るに、其子息《しそく》は、学文《がくもん》は幼少《えうせう》の頃《ころ》より、能《よ》く出来《でき》たが、其我儘《わがまゝ》を父《ちゝ》は少《すこ》しも咎《とが》めず、却《かへ》つて、モニカが、何《なに》かと心配《しんぱい》すると叱《しか》りつけて「何、男《をとこ》の児《こ》は、どんなに我儘《わがまゝ》でも狂暴者《あばれもの》でも、学術《わざ》さへ出来《でき》れば宜《よ》い。」と云《い》うた。で、子息《しそく》は宜《よ》い事《こと》にして、更《さら》に母親《はゝおや》の訓戒《くんかい》を聴《き》かず、丁年《としごろ》になつては、品行《ひんかう》がます〱悪《わる》くなつて、世間《せけん》の人《ひと》からも、歯《よはひ》せられぬ【155】までになつたのである。唯《たゞ》一つ、モニカが、憂《うれ》への中《なか》にも慰《なぐさめ》の事《こと》があつた。夫《をつと》は、飲酒《いんしゆ》を過《すご》した結果《けつくわ》、まだ老年《らうねん》にも及《およ》ばな

貞粛《ていしゅく》の徳《とく》能《よ》く瓦《かはら》を化《くわ》して玉《たま》とす

いで、病死《びやうし》したが、其臨終《りんじう》に及《およ》び深《ふか》く妻《つま》が忠告《ちうこく》を忝《かたじけな》く【156】思《おも》ひ、しば〳〵、後悔《こうくわい》の語《ご》を発《はっ》し、神《かみ》に祈《いの》り、洗礼《せんれい》を受《う》けて、心静《こゝろしづ》かに永眠《えいみん》した故《ゆゑ》、モニカは、他年《たねん》の宿望《しゅくばう》【157】の空《むな》しからなかつた事《こと》を感謝《かんしゃ》した。其後《のち》も、数年間《すうねんかん》、子息《しそく》の品行《ひんかう》は悛《あらたま》らなかつたが、母《はゝ》は少《すこ》しもこれに倦《う》まず、或《ある》ひは諫《いまし》め或《ある》ひは敏《さと》し、十年実《ねんじつ》に一日《にち》の如《ごと》く、真心《まごゝろ》を尽《つく》して、導《みちび》いたので、遂《つひ》に放逸《はういつ》【158】の子息《しそく》も全《まつた》く、其性行《そのせいかう》を一変《ぺん》し、後《のち》には、有名《いうめい》なる女子教育《ぢょしけういく》の主唱者《しゅしゃうしゃ》と、今《いま》の世《よ》にも尊敬《そんけい》さるゝ、フェネロン【159】と云ふ博士《はかせ》の、著書中《ちよしよちう》にさへ、時々《とき〴〵》、セン、オーガスチンが斯《か》く曰《い》へり。斯《か》く行《おこな》へり。と云《い》ふ事《こと》をも引用《いんよう》してある程《ほど》の人物《じんぶつ》となつた。実《じつ》に、貞粛《ていしゅく》、正実《せいじつ》の言行《げんかう》は全《まつた》く悪《あく》を変《へん》じて善《ぜん》となし、瓦《かはら》を化《くわ》して玉《たま》とする妙智力《めうちりき》【160】があるから、道徳《だうとく》の淵源《ゑんげん》たるべき女子《ぢょし》は、殊更《ことさら》にこゝに心《こゝろ》を用《もち》ひねばならぬ。

【151】怒りっぽい性格
【152】恐れ入って慎むさま
【153】にっこりとして
【154】おだやかな顔
【155】仲間に入れられなくなる
【156】ありがたく思い
【157】長い間思い続けた願い
【158】勝手気ままにふるまうさま
【159】フェヌロン（フランス語：François de Salignac de La Mothe Fénelon 一六五一年～一七一五年）フランスの聖職者、思想家、文学者、教育者。著書の『女子教育論』（一六八七年）は、女子の天性を伸ばすように説いている
【160】不思議な力

五　快濶《くわいくわつ》なるべきこと

前条《さき》には、恭謙《きやうけん》と云《い》ひ、貞粛《ていしゆく》と云ひ、まづ、大率《おほむね》【161】静《しづ》かに沈着《おちつ》きて、しとやかに内輪《うちわ》なるべきやうの事《こと》を述《の》べたから、其静粛沈着《せいしゆくちんちやく》などの意味《いみ》を過《あやま》りて、陰鬱卑屈《いんうつひくつ》などに流《なが》れてはならぬ故《ゆゑ》、此度《このたび》は快活《くわいくわつ》と云《い》ふ事《こと》を説《と》くであらう。快活《くわいくわつ》とは、常《つね》に、顔色《かほいろ》、容姿《かたち》、言詞《ことば》、挙動《ふるまひ》の、いかにも愉快《ゆくわい》らしく、心地《こゝち》の晴々《はれ〴〵》しく、活々《いき〴〵》したやうな事《こと》をいふのである。子《こ》の親《おや》に事《つか》へ、妻《つま》の夫《をつと》を助《たす》くるには、この心《こゝろ》ばへと容子《ようす》とが無《な》くてはならぬのみならず、親《おや》の子《こ》に対《たい》するにも、友達《ともだち》や親戚《しんせき》や、尚且《なほかつ》、社会《しやくわい》の一般《ぱん》に対《たい》するにも、快活《くわいくわつ》な意気《いき》が無《な》ければならぬのである。孔子《こうし》の孝《かう》を説《と》いて、「色難《いろがた》し。」【162】と云《い》はれたのも、この意味《いみ》が籠《こも》つて居《ゐ》ると云《い》はなければならぬ。顔色《かほいろ》の麗《うるは》しく爽《さわや》かに晴々《はれ〴〵》としたのは、打《う》ち向《むか》ふ人《ひと》にも、まづ、愉快《ゆくわい》の念《ねん》を起《おこ》さするものであるが、これに反《はん》して、湿《しめ》りがちに沈《しづ》み入《い》つて、いつも憂鬱《いううつ》な色《いろ》が見《み》ゆる時《とき》は、此方《こなた》も其《そ》れに引《ひ》き込《こ》まれて、滅入《めい》つてしまうやうな心地《こゝち》がする。左様《さう》かと云《い》つて、快活《くわいくわつ》と云《い》ふのは、たゞ、がら〳〵して、飛《と》び跳《はね》るやうなのを云《い》ふのでは無《な》い。極《きは》めて静《しづ》かにしとやかではあつて、而《そ》して、活々《いき〴〵》とした、爽《さわや》かな容子《ようす》であるやうにと云《い》ふのである。

西洋《せいやう》の某医博士《ばういはかせ》に、結婚《けつこん》の約束《やくそく》をしようと云《い》ふ、男女《だんぢよ》二人の若者《わかもの》が、双方《さうはう》の親々《おや〴〵》と

良人《をっと》の健康《けんかう》をも増進《ぞうしん》せしむべき婦人《ふじん》

も協議《きやうぎ》の上《うへ》、男《をとこ》も女《をんな》も、其博士《はかせ》に身体強弱《しんたいきやうじやく》の検査《けんさ》を依頼《いらい》した。……して、其後《のち》、当人《たうにん》の男子《だんし》と、其親《おや》とが博士《はかせ》に問《と》うて、「いかがでせう。彼《あ》の女《をんな》の体格《たいかく》は、健全《けんぜん》でありませうか。先生《せんせい》は然《しか》るべき縁《えん》と思召《おぼしめ》しますか。」と尋《たづ》ぬると、博士《はかせ》はほく〲と笑《え》んで、「イヤどうも、立派《りつぱ》な夫人《ふじん》をお見出《みだ》し成《な》されましたナ。」私《わたくし》は彼女《あのひと》の体格《たいかく》が健全《けんぜん》であると云《い》ふ事《こと》を、証拠立《しようこだ》て得《う》るのみならず、確《たし》かに、其良人《をっと》たる人《ひと》の健康《けんかう》をも、増進《ぞうしん》せしむる人《ひと》だと信《しん》じます。」と答《こた》へたから、男《をとこ》は不思議《ふしぎ》に思《おも》つて、其《そ》れは又《また》どう云《い》ふ訳《わけ》です。と問ひ返したらば、博士《はかせ》は斯《か》う云《い》うた。「彼《あ》の女《ひと》は、誠《まこと》に快活《くわいくわつ》な性質《せいしつ》で、晴々《はれ〲》とした顔《かほ》つき、活々《いき〲》とした挙動《きよどう》が、まづ、打《う》ち向《むか》ふ人《ひと》の気《き》を引《ひ》き立《た》つる力《ちから》があります。」と云《い》はれた。これは甚《はなは》だ近《ちか》い頃《ころ》の咄《はな》しであるが、実《じつ》に、左様《さう》云《い》ふ事《こと》がある。彼《あ》の人《ひと》と面白《おもしろ》い咄《はな》しをしたので、気分《きぶん》が好《よ》くなつた。と思《おも》ふ時《とき》と、彼《あ》んな人《ひと》に遇《あ》つたものだから、心持《こゝろもち》が悪《わる》くなつた。などゝ考《かんが》ふる時《とき》もある。是《こ》れは、其談話《はなし》の事柄《ことがら》にもよるけれど、何《なん》の子細《しさい》も無《な》いのに、不快《ふくわい》をも感《かん》じ、愉快《ゆくわい》をも感《かん》ずるのは、多《おほ》くは、其相対《あひたい》する人柄《ひとがら》によつて然《しか》るのである。……であるから、外《そと》に出《いで》て、心配《しんぱい》をもし、労苦《らうく》を凌《しの》いで、内《うち》に還《かへ》つた時《とき》、其妻《つま》や女《むすめ》がこれを慰《なぐさ》め楽《たのし》ましむることの出来《でき》ると否《いな》とは、其外《ほか》に向《む》つての働《はたら》きに於《お》い

【161】おおよそ　【162】孔子『論語』為政第二にある言葉

て、非常《ひじやう》の影響《えいきやう》あるべきは言《こと》を待《ま》たぬ次第《しだい》である。又《また》、快活《くわいくわつ》の挙動《きよどう》ある人《ひと》は、多《おほ》くは、心広《こゝろひろ》く、気剛《きがう》【163】なるものである。臆病《おくびやう》な陰険《いんけん》な性質《せいしつ》の人《ひと》には、まづすくないと云《い》うて宜《よろ》しい。其《そ》れは、人《ひと》の性質《せいしつ》ばかりでは無《な》い。技術《ぎじゆつ》の上《うへ》でも左様《さやう》であつて、絵画《くわいぐわ》でも習字《しふじ》でも、詩歌《しか》でも、文章《ぶんしやう》でも、溌剌《はつらつ》として、鼓動《こどう》するやうな活気《くわつき》のないものは、更《さら》に皆《み》な人《ひと》の注意《ちうい》を引《ひ》く力《ちから》も無《な》く、同情《どうじやう》を動《うご》かす事《こと》も出来《でき》ぬものである。然《しか》るに、我《わ》が国《くに》の、是《こ》れまでの女《をんな》の教《をしへ》は、やゝもすれば、静粛《せいしゆく》、幽嫻《いうかん》【164】などゝ云《い》ふ事《こと》にのみ、重《おも》きを置《お》いた為《ため》に、其静粛《せいしゆく》、幽嫻《いうかん》の善《よ》き徳《とく》とゝもに、発達《はつたつ》せしめねばならぬ活発闊達《くわつぱつくわつたつ》の気象《きしやう》を抑《おさ》へて、遂《つひ》に、沈鬱陰険《ちんうついんけん》な性情《せいじやう》をさへ養成《やうせい》したやうな、傾《かたむ》きが無《な》いとも云《い》はれぬ。其《そ》れ故《ゆゑ》、この辺《へん》に能《よ》く注意《ちゆうい》して、縦令《たとへ》ば、いか程不平《ほどふへい》な事《こと》、心配《しんぱい》な事《こと》があらうとも、又《また》は、病気《びやうき》などで、多少苦痛《たせうくつう》を感《かん》じやうとも、親《おや》に対《たい》し、夫《をつと》に対《たい》し、殊《こと》に他人《たにん》に対《たい》しては、なるべく憂鬱《いううつ》なる状《さま》を見《しめ》さず、与《あた》ふべきだけ、爽《さわ》やかなる、容子《ようす》にあらん事《こと》を勉《つと》めたいものである。是《こ》れはまた、一つは、身体《しんたい》の健康不健康《けんかうふけんかう》にもよることであるが、殊《こと》に最《もつと》も、耐忍《たいにん》【165】の力《ちから》を養《やしな》はなければ為《な》し難《がた》いもの故《ゆゑ》、其れは、別条《べつでう》に述《の》ぶるであらう。

むかし、豊臣《とよとみ》の臣《しん》に、毛利豊前守勝永《もうりぶぜんのかみかつなが》【166】といふ人《ひと》があつた。此人《このひと》は、関原《せきがはら》の役《えき》に、西軍《せいぐん》に属《ぞく》し、徳川氏《とくがはし》と戦《たたか》ひ負《ま》けて、土佐《とさ》の国《くに》に流《なが》された。然《しか》るに、勝永《かつなが》の夫人《ふじん》は貞実《ていじつ》なる上《うへ》に快活《くわいくわつ》な剛気《がうき》な性質《せいしつ》を備《そな》へた人《ひと》であつたから、少《すこ》しも、かゝる苦境《くきやう》に陥《おちい》つた事《こと》を、徒《いたづ》らに悲《かなし》み歎《なげ》くことをせず、常《つね》に、夫《をつと》を慰《なぐさ》め励《はげ》まして居《ゐ》た。ある日《ひ》の事《こと》、勝永《かつなが》は妻《つま》に対《むか》つて、「近頃世《ちかごろよ》の風評《ふうひやう》を伝《つた》へ聞《き》けば、大阪城内《おほさかじやうない》には、専《もつぱ》ら、戦《いくさ》の御用意《ごようい》ある由《よし》である。我《わ》れは、御身《おんみ》の知《し》る如《ごと》く、豊臣恩顧《とよとみおんこ》の家臣《かしん》として、徒《いたづら》に配流《はいる》の身《み》となつて、此儘《このまゝ》朽《く》ち果《は》つるは、甚《はなは》だ残念《ざんねん》であるから、成敗《せいばい》を天《てん》に任《まか》せ、今《いま》一度《たび》、大阪御陣《おほさかごぢん》に馳《は》せ加《くは》はりて、武士《ぶし》の名誉《めいよ》を輝《かゞや》かしたいと思《おも》ふが、我《わ》れ今《いま》、此所《このところ》を逃《のが》れ去《さ》つたならば、定《さだ》めて、御身《おんみ》が辛《ひど》い目《め》に遇《あ》はうと思《おも》ふと、さすがに張《は》り詰《つ》めた勇気《ゆうき》も弱《よわ》るやうな心持《こゝろもち》がする。御身《おんみ》は何《なん》と考《かんが》ふるか。」と問《と》うた。妻《つま》は、例《れい》の、さも心地《こゝち》よさゝうな、爽《さわや》かな調子《てうし》で、「何事《なにごと》かと存《ぞん》じましたら、大阪御陣《おほさかごぢん》へお加《くは》はり遊《あそ》ばしたいとの思召《おぼしめし》、天晴《あつぱれ》で御座《ござ》ります。何卒《なにとぞ》、首尾《しゆび》よく此地《このち》を逃《のが》れて、お登《のぼ》り遊《あそ》ばされよ。私《わたくし》も不肖《ふせう》【167】ながら、武士《ぶし》の妻《つま》で御座《ござ》ります。縦令《たとひ》、事顕《ことあらは》れて、一命《めい》を召さるゝとも、悔《く》い歎《なげ》いて、良人《あなた》の御顔《おかほ》を汚《けが》すやうな事《こと》は致《いた》しませぬから、御安心遊《ごあんしんあそ》ばしませ、かやうに、御決心《ごけつしん》のついた上《うへ》は、一刻《こく》もお早《はや》いが宜《よろ》しう御座《ござ》います。返《かへ》す〲も、後《あと》の事《こと》には、露程《つゆほど》も【168】御心《おこゝろ》を留《とゞ》められぬやうに願《ねが》ひます。」

【163】心が強く勇ましい
【164】奥ゆかしいこと
【165】忍耐に同じ
【166】安土桃山時代から江戸時代初期にかけての武将。大阪の陣で活躍した
【167】未熟ではあるが
【168】少しも

天晴《あつぱれ》なり武人《ぶじん》の妻女《つま》

と勇《いさ》ましげに云《い》ひ放《はな》ち、夫《をつと》を促《うなが》し立《た》てゝ、遂《つひ》に、大阪《おほさか》へ旅立《たびだ》たせた。勝永《かつなが》も、妻《つま》の勇気《いうき》と、快活《くわいくわつ》なる挙動《きよどう》とに励《はげ》まされて、大阪城《おほさかじやう》に籠《こも》り、主家《しゆか》の滅亡《めつばう》とともに、名誉《めいよ》の戦死《せんし》をして、武名《ぶめい》を後世《こうせ》に残《のこ》した。さて後《のち》、徳川家《とくがはけ》にては、其妻《つま》の操行《さうかう》に感《かん》ぜられて、其身《み》を終《をは》るまで、国守《こくしゆ》の待遇《たいぐう》をもて、厚《あつ》き手当《てあて》をなし、其子供《こども》等も、亦罪《またつみ》を問《と》ふ所《ところ》が無《な》かつたと云《い》ふ事《こと》である。誠《まこと》に配所《はいしよ》【169】に、幽居《いうきよ》【170】する不幸《ふかう》の境遇《きやうぐう》などに在《あ》つては、妻《つま》が快活《くわいくわつ》なる、言動《げんどう》は、どれ程《ほど》、其良人《をつと》を慰籍《ゐせき》【171】して、且其気力《かつそのきりよく》を増進《ぞうしん》するかもわからぬのである。勝永《かつなが》の夫人《ふじん》の如《ごと》きは、実《じつ》に武士《ぶし》の妻女《さいぢよ》として、少《すこ》しも恥《はづ》かしからぬ人《ひと》と云《い》ふべきであらう。

また、倶《とも》に天《てん》を戴《いただ》かずと、叫《さけ》んだ政敵《せいてき》の鋭鋒《えいほう》をも挫《くじ》き、彼《か》れを斃《たふ》さずば、我《わ》れ生《いき》じと怒《いか》れる反対党《はんたいたう》も、打《う》ち対《むか》ひては、綿《わた》の如《ごと》く和《やはら》ぎ、詞《ことば》を交《まじ》へては、飴《あめ》の如《ごと》く溶《と》け、「夫人《ふじん》は、実《じつ》に平和《へいわ》の神《かみ》である。」と感嘆《かんたん》せしめた者《もの》は、北米合衆国第《ほくべいがつしうこくだい》四回《くわい》の大統領《だいとうりやう》マヂソン【172】夫人《ふじん》である。マヂソンは、孰《いづ》れかと云《い》ふと、剛直《がうちよく》な性質《せいしつ》で、冷淡《れいたん》らしい風采《ふうさい》の人《ひと》であつたのに、初選《しよせん》、再選《さいせん》、八年間就職《ねんかんしうしよく》【173】の中《うち》は、国事甚《こくじはなは》だ多端《たたん》の時《とき》で、政府《せいふ》と民間《みんかん》と、しば〳〵衝突《しようとつ》が起《おこ》つて、大統領《だいとうりやう》は、誠《まこと》に心配《しんぱい》が多《おほ》く、難局《なんきよく》に当《あた》つて苦悶《くもん》した事《こと》も度々《たび〳〵》であつたが、夫人《ふじん》は、常《つね》に温和《をんわ》な顔色《がんしよく》と快活《くわいくわつ》な容子《ようす》とを以《もつ》て、内《うち》には、夫《をつと》を慰《なぐさ》め助《たす》け、外《ほか》には、敵党《てきたう》を和《やはら》げ宥《なだ》め、いつも爽《さわや》かに元気《げんき》よく高尚《かうしやう》で面白《おもしろ》い談話《だんわ》をしかけらるゝので、

嬌舌《けうぜつ》【174】花《はな》を生《しやう》じ、温顔《おんがん》【175】春《はる》に和《わ》す

人々《ひと〴〵》みな笑坪《ゑつぼ》に入《い》り【176】、大抵《たいてい》の事《こと》は、平和《へいわ》に、好都合《かうつがふ》に搬《はこ》んだとの事《こと》である。夫人《ふじん》の如《ごと》きは、実《じつ》に、内助《ないじよ》の功《こう》の大《おほ》きなるものと云《い》はなければならぬ。

又《また》、其良人《そのをっと》をして、「いか程《ほど》の配慮《はいりよ》も、我《わ》が軒下《のきした》に入《い》れば、跡無《あとな》く消《き》ゆ。」と云《い》はしめたのは、英国《えいこく》の大政治家《だいせいぢか》、エドモンド、バルク【177】が夫人《ふじん》である。バルクの性癖《せいへき》は癇癪《かんしやく》であつた。時《とき》としては、殆《ほとん》ど前後《ぜんご》の見《み》さかいも無《な》い程《ほど》に、怒《いか》り狂《くる》ふ事《こと》もあつたけれど、夫人《ふじん》は、いつも、温和《をんわ》な顔《かほ》つきで、静《しづ》かに宥《なだ》めた。又時《またとき》としては、非常《ひじやう》に憂鬱《ゆううつ》に沈《しづ》んで、平生《へいせい》の鋭気《えいき》は影《かげ》も無《な》く、崩折《くづれを》る丶やうな事《こと》があつた。なれども、夫人《ふじん》は、活発《くわつぱつ》にして爽快《さうくわい》な言《ことば》と行《おこな》ひとを以《もつ》て、能《よ》く良人《をつと》の気《き》を引《ひ》き立《た》てたのである。又《また》、バルクが家計《かけい》は、甚《はなは》だ不如意《ふによい》【178】であつて、斯《か》くては、政海《せいかい》【179】に雄飛《いうひ》【180】することは、兎《と》ても出来《でき》まい

【169】罪によって流された場所
【170】引きこもって暮らすこと
【171】なぐさめいたわること
【172】ジェームズ・マディソン・ジュニア（英語：James Madison, Jr. 一七五一年～一八三六年）。アメリカ合衆国の政治家、政治学者で、第四代アメリカ合衆国大統領。「アメリカ合衆国憲法の父」と言われる
【173】その職にあること。在任
【174】にこやかでかわいらしい物言い
【175】やさしくおだやかな顔つき
【176】思わず笑顔になる
【177】エドマンド・バーク（英語：Edmund Burke 一七二九年～一七九七年）。アイルランド生まれのイギリスの政治家。「保守主義の父」と言われる
【178】金銭が乏しいさま
【179】政界に同じ

と、失望落胆《しつぼうらくたん》した時《とき》も、夫人《ふじん》は傍《かたは》らに在《あ》つて、更《さら》に、憂苦《いうく》【181】に悩《なや》める容子《ようす》を示《しめ》さず、却《かへ》つて、さま〴〵の面白《おもしろ》き談話《だんわ》をなし、或《ある》ひは、いろ〳〵と諫《いさ》め励《はげ》まし【182】て、慰《なぐさ》めたので、遂《つひ》に、バルクは、家《いへ》の内《うち》の事《こと》は一切捨《いっさいす》てゝ、問《と》はず、ただ一に外《ほか》に当《あた》つて、公務《こうむ》に従《したが》ふことが出来《でき》たのである。一体《いったい》、快活《くわいくわつ》にして、趣味《しゅみ》のある女子《ぢょし》は、やゝもすれば、交際《かうさい》を好《この》み、華侈《はで》なことを悦《よろこ》んで、又《また》、且《かつ》、己《おの》れが敏腕《びんわん》を、公《おほや》けにふるひたいと云《い》ふやうになり、夫《をつと》を措《さしお》いて、自《みづか》ら専《もっぱ》らにする者《もの》が少《すく》なく無《な》い。すなはち、彼《か》の有名《いうめい》なる、仏帝拿破倫《ふっていナポレオン》【183】の后《きさき》ジョセフキン【184】の如《ごと》き、賢明《けんめい》の聞《きこ》えある婦人《ふじん》でさへ、華侈《くわしや》と交際好《かうさいずき》とが遂《つひ》に夫婦間《ふうふかん》の隙《ひま》を生《しやう》ずる、導火線《どうくわせん》【185】となつたと伝《つた》へらるゝ程《ほど》であるのに、この、バルクの夫人《ふじん》は、反対《はんたい》であつて、他人《ひと》が「なぜ、あの位《くらゐ》の才貌《さいばう》があつて、交際場裡《かうさいぢやうり》【186】に花《はな》を咲《さ》かせぬのであらう」と、疑《うたが》つた程《ほど》であつたが、夫人《ふじん》は、唯《たゞ》一に、良人《をつと》を内助《ないじょ》【187】して、良人《をつと》の成功《せいこう》と名誉《めいよ》とのみを望《のぞ》んだので、自個《じこ》の名声《めいせい》などに就《つ》いては、露《つゆ》ばかりも望《のぞ》む所《ところ》で無《な》かつた。東洋《とうやう》の婦人《ふじん》には、かやうな徳《とく》ある人《ひと》が多《おほ》いが、西洋《せいやう》では、殊《こと》に珍《めづ》らしいやうに思《おも》はる。

似《に》て非《ひ》なるは倹約《けんやく》と吝嗇《りんしょく》【190】となり

六 勤倹《きんけん》なるべきこと

勤倹《きんけん》とは、勤勉《きんべん》にして倹約《けんやく》なるべきの謂《いひ》で、これも亦《また》、婦人《ふじん》の最深《もっともふか》く心《こゝろ》がけねばならぬ事《こと》である。勤倹《きんけん》は、何人《なんびと》も忽《ゆるが》せにす可《べ》からざるものであるが、女子《ぢょし》は殊《こと》に幼《をさな》きより、物事《ものごと》に熱心《ねっしん》に、親切《しんせつ》【188】に勤《つと》め行《おこな》ふことを学《まな》び、而《しか》して、万《よろ》づに油断《ゆだん》無《な》く、約《つゞまや》か【189】に、むだせぬやうに、細《こま》やかなる事《こと》の末《すゑ》まで、心《こゝろ》を用《もち》ふべきであるけれども、倹約《けんやく》と吝嗇《りんしょく》とは、似《に》て非《ひ》なるものであつて、倹約《けんやく》の人《ひと》は、家《いへ》を興《おこ》し、身《み》を立《た》て、吝嗇《りんしょく》の人《ひと》は家《いへ》を滅《ほろ》ぼし身をも亡《ほろ》ぼすに至《いた》る。其例《れい》少《すく》なく無《な》い。……で、倹約《けんやく》はいかにするかと云《い》ふに、これは、己《おの》れを約《つゞま》やかにし、冗費《じょうひ》【191】を省《はぶ》き、僅《わづ》かの金銭《きんせん》をも、能《よ》く積《つ》み蓄《たくは》へ、所謂《いはゆる》【192】、「三年《ねん》耕《たがや》し

【180】勢いよく活動すること
【181】憂いや苦しみ
【182】忠告し励ます
【183】ナポレオン・ボナパルト（フランス語：Napoléon Bonaparte 一七六九年～一八二一年）。フランスの軍人・政治家。ナポレオン一世（在位一八〇四年～一八一五年）としてフランス皇帝となった
【184】ナポレオン一世の妻。皇后ジョセフィーヌ（一七六三年～一八一四年）
【185】きっかけ
【186】社交界
【187】内側から助けること
【188】熱心に行うさま
【189】贅沢を省くさま
【190】物惜しみをすること
【191】無駄な費用

時《とき》は金《かね》

て一年《ねん》の食《しよく》あり」といふやうにし、却《かへ》つて、遣《や》るべき物《もの》、出《い》だすべき金《きん》は、出《い》だして惜《をし》まぬやうにするのが、本当《ほんたう》の倹約《けんやく》である。然《しか》るを【193】若《も》し、出《い》だすべき公益《こうえき》の事《こと》にも出《い》ださず、恵《めぐ》むべき憐然《あはれ》の人《ひと》にも恵《めぐ》まず、又《また》、贈《おく》るべき義理《ぎり》の所《ところ》へも贈《おく》らず、たゞ、己《おの》れが利《り》をのみ勉《つと》めて、約《つゞま》やかにしようとする時《とき》は、これが為《ため》に、幾多《いくた》の恨《うら》みをも買《か》ひ、悪《にく》みをも受《う》け、人望《じんばう》を失《うしな》つて、遂《つひ》には、自滅《じめつ》するやうな事《こと》にまで至《いた》らぬとも云《い》はれぬ。倹約《けんやく》は、決《けつ》して、左様《さやう》な、不徳《ふとく》のものでは無《な》く、たとへば、汚《よご》れた儘《まゝ》で、打捨《うちす》て、置《お》けば、色《いろ》も変《かは》り、地質《ぢしつ》も損《そこな》はれて、再《ふた》び用《もち》ふる事《こと》が出来《でき》なくなる半襟《はんえり》【194】でも、一寸汚《ちよつとよご》れた時《とき》に、気発油《きはつゆ》【195】で拭《ふ》き、尚《なほ》其上《うへ》に汚《よご》れて為方《しかた》が無《な》くなつたらば洗《あら》ひ張《は》り【196】をし、色《いろ》が褪《さ》めたらば、色揚《いろあげ》【197】をするといふやうにする。又少《またすこ》しばかりの紙《かみ》の端《はし》でも、白《しろ》いのは、札紙《ふだがみ》【198】や、物《もの》の印《しるし》を書《か》く為《ため》に集《あつ》め置《お》き、細《ほそ》き断《た》ち切《きれ》や、反古《ほぐ》【199】の端《はし》は、一寸《ちよつと》の隙《ひま》にこよりに造《つく》つて置《お》いて、物《もの》をくゝる料《れう》に用《もち》ひ、また金銭《きんせん》でも、一銭《せん》二銭《せん》の使《つか》ひみちでも、苟《いやし》くもせず【200】、且《かつ》、能《よ》く、これを貯蓄《ちよちく》すれば、塵《ちり》も積《つ》もつて山《やま》となるのである。斯《か》くの如《ごと》き方法《しかた》を倹約《けんやく》といふので、即《すなわ》ち、冗《むだ》をせず、廃物《はいぶつ》を利用《りよう》するのである。

尚又《なほまた》、倹約《けんやく》は、金銭《きんせん》や物品《ぶつぴん》ばかりで無《な》い。時間《じかん》の倹約《けんやく》も、亦甚《またはなは》だ大切《たいせつ》な事《こと》である。西洋《せいやう》には、「時《とき》は金《かね》である」といふ語《ご》もあり。東洋《とうやう》の古《いにしへ》の賢人《けんじん》は「寸陰《すんいん》を惜《をし》んだ」といふ事《こと》であるが、これは、何卒《なにとぞ》、幼《をさな》い時《とき》から、習慣《しふくわん》をつけて、まづ事《こと》に取《と》りかゝつたら、だら〳〵と惰《なま》けて居《ゐ》ず、さつ〳〵と、手早《てはや》くなし、物《もの》は秩序《ちつじよ》だて、正《たゞ》しく置《お》き、二重《ぢゆう》に冗《むだ》の手《て》をかけぬやうにすれば、短《みぢか》い時間《じかん》に、多《おほ》く物《もの》が搬《はこ》ぶのである。其《そ》れで、約束《やくそく》の時間《じかん》なども、正《たゞ》しく守《まも》つて、徒《いたづ》らに【201】人《ひと》を待《ま》たせぬやうに、すべきである。然《しか》し、社会《しやくわい》の一般《ぱん》が、左様《さう》ならぬ【202】時《とき》は、自分《じぶん》だけ守《まも》つても、つまらぬ様《やう》であるけれども、一人々々《ひとり〳〵》がこれを行《おこな》ひ始《はじ》むれば、段々《だん〳〵》左様《さやう》な良《よ》き風俗《ふうぞく》を形《かた》ち造《づく》つて行《ゆ》くものであるから、まづ、我《わ》れより源《みなもと》をなす積《つも》りでするが宜《よろ》しい。

又《また》、我《わ》が、国民《こくみん》の性質《せいしつ》は、淡泊《たんぱく》な代《かは》りに、兎角《とかく》、堅忍持重《けんにんぢちよう》【203】の志《こゝろざ》しが乏《とぼ》しい。其《そ》れで、細《こま》かな所《ところ》にまで注意《ちうい》して、少額《せうがく》の金銭《きんせん》をも、忽《ゆるが》せにせず【204】、気長《きなが》く積《つ》んで、大《おほ》きな貯《たくは》へをなすやうな事《こと》が甚《はなは》だ不得手《ふえて》【205】であるから、能《よ》く爰《こゝ》に心《こゝろ》をとゞめて、縦令《たとへ》ば寒《さむ》いとて、

【192】世間一般に言われている
【193】そうであるのに
【194】婦人の襦袢の襟の上に飾りとしてかけるもの
【195】揮発油。沸点が摂氏二十五～二〇〇度の範囲にあるガソリン・ベンジンなどの石油製品の総称
【196】着物をほどいて洗い、その布にのりをつけて干すこと。その後、着物に仕立て直すなど再利用する
【197】染め直して、色を鮮やかにすること
【198】紙で作る札
【199】不要となった紙。ほご
【200】いい加減にしない
【201】無駄に
【202】そうではない
【203】我慢強く耐え忍び、軽率に行動しないこと
【204】いい加減にしない
【205】不得意

勤勉《きんべん》は幸福《かうふく》の母《はゝ》

慈母手中《じぼしゆちう》の糸《いと》

火《ひ》を十分《じふぶん》に起《おこ》してあたるは宜《よ》いが、其儘《まゝ》にして立《た》つてしまつて、炭《すみ》が灰《はひ》になる迄《まで》、鉄瓶《てつびん》もかけずに置《お》くとか、又《また》は折《を》つて焚《た》けば、結構《けつかう》一朝《あさ》の湯《ゆ》が湧《わ》く程《ほど》の、箱《はこ》の毀《こは》れも、其儘《まゝ》に塵溜《ごみため》に投《な》げ込《こ》んでしまうとか云《い》ふやうな、冗《むだ》の事《こと》の無《な》いやうにして、少《すこ》しづゝから、積《つ》み貯《たくは》へて往《ゆ》く覚悟《かくご》が、大切《たいせつ》である。然《しか》し、これは、自《みづか》らを約《つゞま》やかにするので、人《ひと》が来《き》た時《とき》、寒《さむ》いのに、火鉢《ひばち》の火《ひ》は、灰《はひ》が深《ふか》くかゝつて居《ゐ》て、あらけやうともせず、空箱《あきばこ》一つを、下婢《ぢよちゆう》が下《くだ》さいと云《い》つても、嫌《いや》な顔《かほ》をすると云《い》ふのは、これは吝嗇《りんしよく》であつて、倹約《けんやく》では無《な》いから、能《よ》く注意《ちうい》して、間違《まちが》へぬやうにせねばならぬ。

又《また》、倹約《けんやく》であつても、勤勉《きんべん》で無《な》いと、兎角《とかく》、物事《ものごと》が消極的《せうきよくてき》になる。其《そ》れで、遊《あそ》ぶ時《とき》は遊《あそ》び、休《やす》む時《とき》は休《やす》むが宜《よ》いけれども、常《つね》に、気《き》まめに勉《つと》めて、惰《なま》けぬ癖《くせ》をつけて置《お》かねば、何事《なにごと》かあつて、急《きふ》に勉強《べんきやう》しようとしても、中々《なか〳〵》搬《はこ》ばぬ。且《かつ》、心身《しん〳〵》が直《すぐ》に労《つか》れてしまう。これに反《はん》して、日常《ふだん》、勉《つと》め励《はげ》みつゝ居《ゐ》る事《こと》に馴《な》れてる人《ひと》は、左様《さやう》の時《とき》にも、少《すこ》しも労《つか》れぬものである。……で、其能《よ》く勤勉倹約《きんべんけんやく》であつた、東西婦人《とうざいふじん》の例《れい》などに鑑《かんが》みて【206】、婦徳《ふとく》を養《やしな》ふべきである。

徳川将軍治世《とくがはしやうぐんちせい》の頃《ころ》、尾張《をはり》の附家老《つけからう》、成瀬家《なるせけ》【207】の臣《しん》に成田喜和《なりたよしかづ》といふ者《もの》があつた。其妻《つま》は、同藩《どうはん》の福島氏《ふくしまし》から嫁《よめ》つて来《き》た婦人《ふじん》であつたが、不幸《ふかう》にして、二十五歳《さい》の時《とき》、夫《をつと》を喪《うしな》ひ、たゞ一人《ひとり》の幼児喜起《えうじよしおき》といふ男子《だんし》を、忘《わす》れ形見《がたみ》と育《はぐ》み、老《お》ひたる舅《しうと》に能《よ》く孝養《かうやう》をつくした。然《しか》るに、当時《たうじ》の慣《なら》ひで、幼年《えうねん》の間《あひだ》は、家禄《かろく》が大層減《たいそうげん》ずるのであるから、喜起《よしおき》の母《はゝ》は、夙《つと》に【208】起《お》き、夜《よは》に寝《いね》て、紡《う》み績《つむ》ぎ【209】や、針仕事《はりしごと》や何《なに》かを勉《つと》めつゝも、一子《し》の学問武術修行《がくもんぶじゆつしゆぎやう》の為《ため》には、毫《すこし》も費《つひえ》を惜《をし》まず、良師《りやうし》【210】につけて、勉強《べんきやう》させたので、喜起《よしおき》も、至《いた》つて評判《ひやうばん》よく、二十歳《さい》といふ年《とし》、始《はじ》めて召《め》し出《い》だされ、使番《つかひばん》といふ役《やく》になつて、江《え》戸表《どおもて》【211】へ出府《しゆつぷ》【212】を命《めい》せられた。けれども、喜起《よしおき》は家《いへ》が貧《まづ》しくて、とても、人並《ひとなみ》の仕度《したく》を整《とゝの》へて出立《しゆつたつ》する事《こと》は出来《でき》ぬ。さすれば、就職《しうしよく》の後《のち》も、定《さだ》めて、肩幅《かたはゞ》が狭《せま》い事《こと》であらうと、深《ふか》く屈託《くつたく》【213】に沈《しづ》んで居《ゐ》た。其容子《ようす》を見《み》て、母《はゝ》は、我《わ》が子《こ》を膝元《ひざもと》へ招《まね》き寄《よ》せ、「汝《おまへ》は父《ちゝ》に早《はや》く別《わか》れたので、母《はゝ》の手《て》一つで、やう〳〵成年《せいねん》になるまで育《そだ》て挙《あ》げ、今度《こんど》はやつと、御召《おめ》し出《い》だしに相成《あひな》つて、江戸《えど》へ下向《げかう》するといふ、愛《めで》たい門出《かどで》に、汝《おまへ》が、猶《なほ》、憂愁《うれひ》の色《いろ》のあるのは、定《さだ》めて、仕度《したく》に差《さ》し支《つか》へると思《おも》ふのであらうが、日頃《ひごろ》の、母《はゝ》が倹約《けんやく》は、かゝる時《とき》の役《やく》に立《た》てようと思《おも》ふからである。母《はゝ》は、此通《このとほ》り用意《ようい》して置《お》いたから、心置《こゝろお》

【206】先例などとくらべ合わせて考えて
【207】江戸時代を通じて尾張藩の御附家老を務めた家柄
【208】早朝に
【209】糸を作ること
【210】良い先生
【211】江戸のほう
【212】武家が江戸へ出ること
【213】あることを気にかけること

き無《な》く、出立《しゆつたつ》【214】致《いた》すやう。」とて、納戸《なんど》の内《うち》より取《と》り出《い》だされた、旅《たび》の調度《てうど》から、衣服《いふく》万端《ばんたん》、残《のこ》る所《ところ》も無《な》き母《はゝ》の賜物《たまもの》【215】に、喜起《よしおき》は、又《また》、今更《いまさら》の如《ごと》く、母《はゝ》の厚恩《かうおん》【216】に感泣《かんきう》【217】して、勇《いさ》み進《すゝ》んで旅立《たびだち》をした。これは、母《はゝ》が、聊《いさゝ》か【218】の貯《たくは》へだけで、兎《と》ても出来《でき》たのではない。自分《じぶん》の衣服《いふく》より、装飾具《さうしよくぐ》まで、一つも残《のこ》らず、売払《うりはら》つて、子息《しそく》の為《ため》に、餞《はなむけ》【219】したので、今《いま》は、一枚《まい》の着替《きがへ》も無《な》い。常《つね》に洗《あら》ひざらしの衣服《いふく》を身《み》に纏《まと》ひ、麁《そ》食《し》菜羹《さいかう》【220】に僅《わづ》かに飢《うゑ》を凌《しの》ぐばかりであつた。斯《か》くの如《ごと》く、母《はゝ》が熱誠《ねつせい》【221】を以《もつ》て、教育《けういく》した、喜起《よしおき》が、どうして凡庸《よのつね》の人《ひと》であるべき筈《はず》は無《な》い。幾程《いくほど》も無《な》く出世《しゆつせ》して、父祖《ふそ》の食禄《しよくろく》【222】四百石《こく》に復《ふく》した。喜起《よしおき》は、ます〳〵君《きみ》と親《おや》との恩《おん》に威奮《ゐふん》【223】して、恪勤怠《かくきんをこた》り無《な》かつた【224】ので、遂《つひ》に俸禄《はうろく》八百石《こく》を賜《たま》ひ、家《いへ》の重職《ぢゆうしよく》に進《すゝ》められた。こゝに於《お》いて、喜起《よしおき》は、ある日、恭《うや〳〵》しく母《はゝ》にむかひさま〳〵の物語《ものがたり》の序《ついで》に「誠《まこと》に、不肖《ふせう》なる私《わたくし》の、今日《こんにち》あるのは、全《まつた》く、母上様《はゝうへさま》の御丹精《ごたんせい》【225】による所《ところ》で御座《ござ》ります。幸《さいは》ひにして、唯今《たゞいま》では、食禄《しよくろく》も、結構《けつかう》に頂戴致《ちやうだいいた》す事《こと》ゆゑ、何卒《なにとぞ》、母上様《はゝうへさま》にも、今《いま》よりは、少《すこ》しく軽《かる》い衣服《めしもの》をも召《め》し、甘味《おいし》い食物《たべもの》をも召《め》しあがつて戴《いたゞ》きたいもので御座《ござ》ります。どうぞ、これを御許容下《おゆるしくだ》さりますやうに。」と云《い》ふと、母《はゝ》は頭《かしら》を打《う》ちふつて、「いや、其志《こゝろざし》は忝《かたじ》けないが、其請《こ》求《ひ》【226】を容《い》るゝ事《こと》は出来《でき》ませぬ。なぜと申《まう》すに、汝《おまへ》を養《やしな》ひ教《をし》へたのは、私《わたし》の助力《てつだひ》もありませうが、勤務《つとめ》をしてからの善悪《よしあし》は、汝《おまへ》の腕《うで》である。母《はゝ》の与《あづか》り知《し》る【227】所《ところ》で無《な》い。而《そ》して、其《そ》れを御覧《ごらん》じ分《わ》けさせられて、過分《くわぶん》の御引立《おひきたて》を為《な》し下《くだ》された、君《きみ》の恩《おん》をこそ、有難《ありがた》しと思《おも》ふべきである。凡《およ》そ、凡人《ぼんにん》の浅間《あさま》しさ【228】は、物足《ものた》らぬ時《とき》には、つい、不正《さも》しい【229】心《こゝろ》も起《おこ》るものであるから、汝《おまへ》は戴《いただ》いたゞけのものは、入《い》るだけは使用《つか》つて、随分《ずゐぶん》に交際《かうさい》にも、見苦《みくる》しからぬやうにせられよ。私《わたくし》は、最早《もはや》、世間《せけん》の交際《かうさい》も無《な》い身《み》で家《いへ》に引《ひ》き籠《こも》りがちであるのに、何の衣服《いふく》が入《い》らう。やはり、着馴《きな》れた木綿《もめん》が結句《けつく》【230】、肌心地《はだこゝち》【231】がよい。又《また》、食物《しよくもつ》も左様《さう》で、心《こゝろ》も使《つか》はず、身《み》も余《あま》り働《はたら》かさぬ者《もの》が、美食《びしよく》を過《すご》せば、却《かへ》つて、不養生《ふやうじやう》【232】になる。やはり、これも和《やは》らかな野菜《やさい》が、誠《まこと》に結構《けつかう》である。呉々《くれ〴〵》も、私《わたし》の事《こと》などに懸念《けねん》【233】しないで、ます〳〵御奉公《ごほうこう》

【214】出発
【215】贈り物
【216】あつい恩恵
【217】感激して泣くこと
【218】少し
【219】旅立ちを祝って金品などを贈ること
【220】粗末な食物、食事
【221】あつい真心
【222】主君からたまわる俸給、扶持
【223】ふるいたつこと
【224】任務を怠ることなく勤めること
【225】真心を込めて育てること
【226】こうしてほしいという願い
【227】関係する
【228】考えの浅さ
【229】いやしい
【230】結局
【231】着心地
【232】健康に悪い様子
【233】心配すること

を大切《たいせつ》にせられよ。」とて、少《すこ》しも、もとの志《こゝろざ》しを変《か》へず。綿衣粗食《めんいそしよく》【234】して、自《みづか》ら衣服《いふく》を洗《あら》ひ張《は》り、裁《た》ち縫《ぬ》ひつゝ、勤倹《きんけん》を守《まも》り、六十九歳《さい》の高齢《かうれい》を有《たも》ちて、安《やす》らかに永眠《えいみん》したが、其頃《ころ》まで、自身《じしん》の事《こと》は、余《あま》り人手《ひとで》を借《か》らなかつたと云《い》ふ事《こと》である。実《じつ》に、立派《りつぱ》な母儀《ぼぎ》【235】であつて、誠《まこと》に申分《まうしぶん》の無《な》い勤倹家《きんけんか》である。

母《は》ゝの子《こ》の為《ため》につくして、且勤倹《かつきんけん》の徳《とく》を守《まも》つた事《こと》は、前者《さき》の喜起《よしおき》が母《は》ゝと均《ひと》しいけれど、其子《こ》の性行《せいかう》の非凡《ひぼん》であつたのと、其功績《そのこうせき》の偉大《ゐだい》であつたのとで、賢母《けんぼ》なる名《な》の全世界《ぜんせかい》に轟《とゞろ》いた例《れい》の華聖頓《ワシントン》の母《は》ゝメーリーが言行《げんかう》には、婦人《ふじん》の模範《もはん》とすべきものが甚《はなは》だ多《おほ》いが、爰《こゝ》に摘《つ》み出《い》だして述《の》ぶる所《ところ》は、勤倹《きんけん》の行《おこな》ひである。メーリーは、子息華聖頓《しそくワシントン》が、大統領《だいとうりやう》の栄位《えいゐ》に在《あ》る間《あひだ》も、やはり、もとの田舎《ゐなか》の農家《のうか》に住《す》んで居《ゐ》て、作物《さくもつ》の世話《せわ》から、金銭《きんせん》の出納《すゐなふ》【236】から、すべて、一家《か》の政《まつりごと》【237】を一身《しん》に引《ひ》き受《う》け、あるときは、車《くるま》を駆《か》つて田園《でんゑん》に至《いた》り、ある時《とき》は、作男《さくをとこ》【238】を励《はげ》まして、収穫《とりいれ》にいそしみ、粗服《そふく》を着《き》て、質素《しつそ》な家《いへ》に、立《た》ち働《はたら》かるゝさまは、決《けつ》して、大統領《だいとうりやう》の母堂《はゝ》などとは思《おも》はれぬ。人《ひと》ありて、メーリーに、「貴婦《あなた》の御子息《ごしそく》は、一国《こく》の元首《かしら》であらつしやるのに、なぜ貴婦《あなた》は、左様《さやう》に少《すこ》しの楽《らく》もしないで、常《つね》に倹約《けんやく》を事《こと》として、かやうにお働《はたら》きになりますか。もう少《すこ》しは、お休《やす》みなされても宜《よ》さゝうなものです。」と云《い》へば、メーリーはほほ笑《ゑ》みて、「いや〳〵ジョージ（華聖頓《ワシントン》の幼名《えうめい》）は、大統領《だいとうりやう》でありますから、職務相当《しよくむさうたう》な生活《くらし》をしても宜《よろし》いが、私《わたくし》は、

我《わ》れはこれ農家《のうか》の老婦《らうふ》

これと、何も関係《くわんけい》する訳《わけ》はありませぬ。私《わたくし》は、依然《やはり》、農家《のうか》の老婦《ばゞ》です。田舎者《ゐなかもの》は田舎《ゐなか》者相応《ものさうおう》の動作《はたらき》も、生活《くらし》もせねばなりませぬ。其上《うへ》、ジョージも、永年《ながいあひだ》、難儀《なんぎ》な戦争《せんそう》をしたり、面倒《めんだう》な政治《せいぢ》に預《あづか》つたりして、居《ゐ》たのですから、首尾《しゆび》よく職《しよく》を辞《じ》して、今《いま》にも故郷《こきやう》へ帰《かへ》つて来《き》た時《とき》は、少《すこ》しは、休息《きうそく》もさせて遣《や》りたいです。其《そ》れで、食物《たべもの》や、衣服《きもの》に事欠《ことか》かぬやうに、貯《たくは》へて置《お》かねばなりませぬ。況《まし》て、この村《むら》から、大統領《だいとうりやう》が出《で》て居《ゐ》ると云《い》ふのに、貧乏《びんばふ》で、官《かみ》の厄介《やくかい》になるやうな、民《たみ》があつては済《す》まないと思《おも》ひまして、傍《かたは》ら、また、私《わたくし》の収納《ものなり》【239】のうちから、分《わ》けて恵《めぐ》んで遣《や》る必要《ひつえう》もありますゆゑ、中々《なか〳〵》、一日《にち》も遊《あそ》んでは居《ゐ》られませぬ。みなも能《よ》く働《はたら》いてはくれますが、やはり、老人《らうじん》の眼《め》が脱《ぬ》けますと、損失《そんしつ》が立《た》ちますから」と云《い》つて、働《はたら》きを続《つゞ》けられた。かくて、八十余《よ》の高齢《かうれい》に達《たつ》する迄《まで》も、猶勤倹《なほきんけん》を務《つと》められた、婦人《ふじん》であるが、実《じつ》に、敬服《けいふく》の至《いた》りでは無《な》いか。子息《しそく》が冠《くわん》を掛《か》けて、還《かへ》る早々《さう〳〵》、働《はたら》かするのも気《き》の毒《どく》であるから、少《すこ》しは貯蓄《ちよちく》して置《お》いてやらねばならぬとは、いかに、華聖頓《ワシントン》の廉潔《れんけつ》【240】なる官《くわん》を辞《じ》すれば、一物《もつ》の残《のこ》す所《ところ》も無《な》く、直《たゞち》に、鍬《くは》を

【234】木綿の着物を着て、質素な食事をすること
【235】母の模範
【236】現在は「すいとう」と読む。意味は同じで、金銭、物品の出し入れ
【237】家内を管理すること
【238】雇われて田畑を耕作する男
【239】その土地からあがる作物の出来高
【240】欲がなく行いがきれいなこと

取《と》つて、山野《さんや》に耕《たがや》さうと云《い》ふ気高《けだか》い志《こゝろざし》は、母《はゝ》これを教《をしへ》へて、母《はゝ》亦《また》能《よ》くこれあるを知《し》る。誠《まこと》に、かやうな賢母《けんぼ》の家庭《かてい》に、薫陶《くんたう》せられた人《ひと》で無《な》いければ、兎《と》ても、華聖頓《ワシントン》のやうな神聖《しんせい》な、俊傑《しゆんけつ》【241】が出来《でき》る筈《はず》は無《な》いのである。果《は》たして、華聖頓《ワシントン》は、職《しよく》を退《しりぞ》いた後《のち》は、この田舎屋《ゐなかや》に引《ひき》き籠《こも》つて、賢《けん》なる母《はゝ》、貞《てい》なる妻《つま》と共《とも》に、質素高潔《しつそかうけつ》な生活《せいくわつ》に、安《やす》く余生《よせい》を送られたのである。

七　堅忍《けんにん》なるべきこと

日本婦人《にほんふじん》が堅忍《けんにん》の力《ちから》

堅忍《けんにん》とは、文字《もじ》の如《ごと》く、堅《かた》く強《つよ》き、耐忍《たいにん》を云《い》ふのであつて、これは、男子《だんし》にも、甚《はなは》だ大切《たいせつ》な徳《とく》であるが、其男子《だんし》を内《うち》より助《たす》けて、家人《かじん》の平和《へいわ》を保《たも》たしめ、家庭《かてい》の快楽《くわいらく》を作《つく》るべき女子《ぢよし》は、殊《こと》に多《おほ》くこの力《ちから》を養《やしな》はねばならぬ。然《しか》るに、女子《ぢよし》は、兎角感情《とかくかんじやう》の強《つよ》いものであるから、これを抑《おさ》ふる事《こと》に勉《つと》めぬと、男子《だんし》よりも、一層我儘《そうわがまゝ》となり、強情《がうぢやう》と成《な》り、遂《つひ》には聊《いさゝ》かの事《こと》にも耐《た》へ忍《しの》ばれなくなつて、果《は》ては、狂人《きやうじん》の如《ごと》き態度《たいど》を為《な》すにも至《いた》るものである。然《しか》し、我《わ》が国《くに》の女子《ぢよし》は、昔《むかし》から堅忍《けんにん》の力《ちから》を強《つよ》く養《やしな》つた。この教《をしへ》は、尤《もつと》も能《よ》く行《ゆ》き渡つて居《ゐ》た。其《そ》れで、無情《むじやう》な夫《をつと》の酷《むご》き行《おこな》ひをも忍《しの》び、不悲《ふひ》な親《おや》の苛《から》きしむけをも耐《た》へて、実《じつ》に、立派《りっぱ》に道《みち》を踏《ふ》んだ例《ためし》も甚《はなは》だ少《すく》なくない。けれども、忍《しの》ぶといふ、意味《いみ》は、苦《くる》しさや腹立《はらだた》しさや、悲《かな》しさを包《つゝ》み隠《かく》すのでは無《な》くて、心《こゝろ》の底《そこ》から、打《う》ち砕《くだ》き、消《け》し尽《つく》くすのである。若《も》しも、これを取《と》り違《ちが》へて、唯《たゞ》一時《じ》、包《つゝ》み隠《かく》すのであると思《おも》ふと間違《まちが》ひである。縦令《たとへ》ば、夫《をつと》が無理《むり》な事《こと》を云《い》ひかけた時《とき》、余《あま》りの事《こと》であると腹《はら》が立《た》つても、いや〳〵、これは能《よ》く心《こゝろ》の収《をさ》まつた時《とき》を見計《みはか》つて、緩々《ゆる〳〵》【242】諫《いさ》めねばならぬ。其《そ》れを自分《じぶん》も、亦同《またおな》じやうに、怒《いか》るやうでは、兎《と》ても、内助《ないじよ》する【243】などと云《い》ふ事《こと》は出来《でき》ぬと思《おも》ひ、じつと耐《こ》らへてしまつて、色《いろ》にも出《い》ださず、人《ひと》にも云《い》はぬならば、則《すなは》ちこれ、堅忍《けんにん》の力強《ちからつよ》き人《ひと》と云《い》ふべきである。けれども、たゞ、夫《をつと》の怒《いか》りの烈《はげ》しい時《とき》、我慢《がまん》して、我《わ》が腹立《はらだ》たしさを忍《しの》んで居《ゐ》ても、蔭《かげ》で、苦情《くじやう》を他人《たにん》にもらしたり、又《また》は、心《こゝろ》で恨《うら》んだりするならば、其《そ》れは、我《わ》が怒《いか》りを包《つゝ》み隠《かく》すので、耐忍《たいにん》【244】では無《な》い。耐忍《たいにん》の力《ちから》は、積《つも》り〳〵ては、遂《つひ》に頑迷《ぐわんめい》なる人《ひと》の心《こゝろ》をも動《うご》かし、且《かつ》溶《と》いて善《ぜん》に化《くわ》する事《こと》も出来《でき》るけれども、若《も》し、これを隠匿《ゐんとく》する【245】のであれば、段々《だん〳〵》に、火《ひ》が下《した》へ廻《まは》るやうなもので、恐《おそ》るべき爆裂《ばくれつ》を見《み》

【241】才能が優れていること、またその人
【242】ゆっくり穏やかに
【243】夫が外で活躍できるように家庭内で助ける
【244】忍耐に同じ
【245】隠す

るも事《こと》もあり、嫌《きら》ふべき陰険《ゐんけん》な手段《しゅだん》を行《おこな》ふやうにもなるものであるから、こゝの区別《くべつ》を、能《よ》く能《よ》く弁《わきま》へて、取《と》り違《ちが》へぬやうにせねばならぬ。

むかし、ある心学《しんがく》【246】の先生《せんせい》の所《ところ》へ、講義《かうぎ》を聞《き》きに往《い》つた者《もの》が、先生《せんせい》の「勘忍《かんにん》を守《まも》れ」と教《をし》へられた時《とき》、「先生《せんせい》、其《そ》れならば、人《ひと》が故無《ゆゑな》きに、小石《こいし》を打《ぶ》つ附《つ》けて、頭《かしら》に当《あた》りましても、黙《だま》つて知《し》らぬ顔《かほ》をして行《ゆ》くのですか。私《わたくし》はどうも左様《そん》な時《とき》には、つい、むか〳〵と腹《はら》が立《た》たうと思《おも》ひますが。」と云《い》ふと、先生《せんせい》「でも、軒下《のきした》を汝《おまへ》が通《とほ》つた時《とき》、屋根《やね》の上《うへ》の小石《こいし》が転《ころ》げ落《お》ちて当《あた》つたらどうする。其《そ》れも、人《ひと》でも住《す》んで居《ゐ》るなら、主人《しゅじん》に取《と》つてかゝると云《い》ふ事《こと》も出来《でき》ようが、空屋《あきや》ならば仕方《しかた》があるまい。まさか、屋根《やね》に取《と》つてかゝる事《こと》も出来《でき》まい。罪《つみ》も無《な》く、仇《あだ》でも無《な》い人《ひと》に、小石《こいし》を打《ぶ》つ附《つ》けるやうな馬鹿者《ばかもの》なら、非情《ひじやう》の木《き》の端《はし》にも劣《おと》る人間《にんげん》である。左様《さう》で無《な》ければ、まだ常識《じやうしき》の発達《はつたつ》しない子供《こども》であらう。其様者《そんなもの》を相手《あひて》すればする程《ほど》、愚《おろ》かでは無《な》いか。」と云《い》はれた。……すると、今一人《いまひとり》が「先生《せんせい》其《そ》れならば、人《ひと》が唾《つばき》を顔《かほ》に吐《は》きかけても、そつと拭《ふ》ひて、黙《だま》つて居《ゐ》れば宜《よろ》しう御座《ござ》いませうか。」と問《と》ふと、先生《せんせい》は「いや〳〵、其《そ》れは、まだ拭《ふ》くだけがいけない。其儘《まゝ》にして、心《こゝろ》にかけないで、乾《かわ》くに任《まか》せて置《お》け。」と教《をし》へられた。これは余《あま》りなる迄《まで》の言《ことば》ではあるけれど、其《そ》れ程《ほど》までに、世《よ》の中《なか》の事《こと》に、我慢《がまん》が出来《でき》れば、何事《なにごと》か成《な》らざるべきである。学文技芸《がくもんぎげい》を修《をさ》めて、遂《つひ》に業《わざ》の成《な》るのも堅忍《けんにん》、幾多世人《いくたせじん》の批評攻撃《ひひやうかうげき》を切《き》り抜《ぬ》けて、希望《きばう》の岸《きし》に達《たつ》するのも堅忍《けんにん》、舅姑《きうこ》の心《こゝろ》をとり、良人《をつと》の意《い》にかなひて、一家団欒《かだんらん》の幸福《かうふく》を得《う》るに至《いた》るも堅忍《けんにん》である。いかなる事《こと》でも、堅《かた》く耐《た》へ、能《よ》く忍《しの》びさへすれば、恰《あた》かも【247】梅花《ばいくわ》の雪《ゆき》を凌《しの》いで、春《はる》の光《ひかり》に遇《あ》ふやうなもので、必《かなら》ず、幸福《かうふく》の栄光《えいくわう》に浴《よく》する時《とき》が来《く》るものであるから、呉呉《くれぐれ》も、女子《ぢよし》は、深《ふか》くこの堅忍《けんにん》の力《ちから》を養《やしな》ふことに勉《つと》むべきである。

然《しか》るに、この堅忍《けんにん》といふ事《こと》は、俗《ぞく》に云《い》ふ、我慢《がまん》をする。の意味《いみ》なる故《ゆゑ》に、其《そ》れを今《いま》一つ通《とほ》り過《す》ぐると、情《じやう》を矯《た》め性《せい》に逆《さか》ひ、遂《つひ》に、天真爛漫《てんしんらんまん》【248】の誠《まこと》を失《うしな》ふことが無《な》いとも云《い》はれぬ。其《そ》れならば、寧《むし》ろ、ありのまゝの方《はう》が宜《よ》いと云《い》はなければならぬ次第《しだい》である。故《ゆゑ》に、近来《きんらい》は、其情《じやう》を矯《た》め、性《せい》に逆《さか》ふは悪《わる》いと云《い》ふ説《せつ》が行《おこな》はれて、而《そ》してまた、其《そ》れも中庸《ちゆうよう》【249】を失《うしな》つて、段々《だん〳〵》、我儘《わがまゝ》に傾《かたむ》くやうに思《おも》はるゝから、能《よ》く注意《ちゆうい》せねばならぬ。世界中《せかいぢう》で、尤《もつと》も、自由《じゆう》が行《おこな》はれつゝあると、我《わ》れ〳〵が信《しん》じて居《ゐ》る米国《べいこく》でも、決《けつ》して、未丁年者《みていねんしや》【250】に、濫《みだ》りに【251】自由《じゆう》は許《ゆる》さぬ。中学以下《ちゆうがくいか》の学校《がくかう》では、近頃《ちかごろ》我儘《わがまゝ》の風《ふう》に馴《な》れた、

【246】神道や仏教の教えをやさしい言葉や喩えで解き広めることを目的とした流派。京都で石田梅巌が始め、手島堵庵、中沢道二が続いた

【247】まるで

【248】飾り気がなく、ありのままである様子

【249】どちらにも偏らず、ほどよいこと

【250】未成年者

【251】むやみやたらに

日本人《にほんじん》の目《め》から見《み》れば、殆《ほとん》ど、圧制《あつせい》だと思《おも》ふ程《ほど》、彼《か》れら少年少女《せうねんせうぢよ》を牽制《けんせい》【252】して、敢《あ》へて我儘《わがまゝ》を働《はたら》くことはさせぬ。これが則《すなは》ち、長《ちやう》じて、一人前《ひとりまへ》になつては、堅忍《けんにん》な規律《きりつ》たゞしい人《ひと》に成《な》る次第《しだい》であるから、呉々《くれ〴〵》も若《わか》き女子《ぢよし》などの、心得違《こゝろえちが》ひの無《な》いやうにと、其監督《かんとく》者《しや》たる親達《おやたち》は、随分《ずゐぶん》に、力《ちから》をこゝに用《もち》ひて、家庭教育《かていけういく》の方法《はうはふ》を過《あやま》らぬやうにせねばならぬ。堅忍《けんにん》の力《ちから》だに養《やしな》へば、少《すこ》しの出来事《できごと》に、甚《はなは》だしく悲《かな》しんだり、怒《いか》つたり、屈託《くつたく》したり、倦《う》み労《つか》れ【253】たりする様《やう》な、気遣《きづか》ひが無《な》いから、心《こゝろ》がぐら〳〵する事無《ことな》くして、いかなる難事《なんじ》でも、屹度《きつと》、貫《つらぬ》き通《とほ》さるゝものである。

げに、「堅忍《けんにん》の利刃《りじん》【254】には、心《こゝろ》の鬼《おに》も、世界《せかい》の悪魔《あくま》も、必《かなら》ず辟易《へきえき》【255】して、形《かた》ちを収《をさ》むるものである」と、道話《だうわ》【256】の先生《せんせい》が云《い》はれたのは、道理《もつとも》の次第《しだい》である。

これは、承応《しようおう》【257】年中《ねんちゆう》に、あつた事《こと》である。備中国三田村《びつちゆうのくにみつだむら》【258】の農《のう》、久兵衛《きうべえ》と云《い》ふ人《ひと》の妻《つま》は、世《よ》にも稀《まれ》な、堅忍《けんにん》の力強《ちからつよ》い孝行者《かうかうもの》であつた。然《しか》るに、其舅《しうと》は、甚《はなは》だ頑《かたく》なゝ残忍《ざんにん》な男《をとこ》で、村中《むらぢゆう》の人《ひと》も、名《な》を呼《よ》ばずに、鬼々《おに〳〵》、と罵《のゝし》つた程故《ほどゆゑ》、其嫁《よめ》に対《たい》するしかたは、兎《と》ても、人間《にんげん》としては出来《でき》ぬと思《おも》ふばかりであつた。縦令《たとへ》ば、食事《しよくじ》の時《とき》、菜《さい》が気《き》に入《い》らぬと云《い》つては、忽《たちま》ちに其器《そのうつは》を嫁《よめ》の面《かほ》に抛《な》げつけ、事《つか》へやうが疎《おろ》そかだと云《い》つては、杖《しもと》【259】をあげて、嫁《よめ》の背中《せなか》を鞭《むち》つことが、殆《ほとん》ど、毎日《まいにち》のやうであるから、憫然《ふびん》【260】や、久兵衛《きうべえ》の妻《つま》は、身《み》の中《うち》に、生負傷《なまきず》の絶《た》ゆる隙《ひま》もなく、片時《かたとき》も心《こゝろ》を安《やす》んずる事《こと》も無《な》い程《ほど》であつても、決《けつ》して、つゆばかりも懶《ものう》しと思《おも》ふ気色《けしき》を見《み》せず、いか程《ほど》、無理《むり》を云《い》ひかけられても、いつでも、私《わたくし》が悪《わる》う御座《ござ》いました。どうぞ、御許《おゆる》し下《くだ》さりませ。と云《い》ふより外《ほか》に、一言《こと》も、詞《ことば》を返《かへ》した事無《ことな》く、又他人《またたにん》は勿論《もちろん》、里《さと》かたの者《もの》にも、憂苦《いうく》を訴《うつた》へた事《こと》が無《な》い。斯《か》くして、年月《としつき》を重《かさ》ぬる間《あひだ》に、舅《しうと》は齢《よはひ》八十に余《あま》りて、歩行《ほかう》もむづかしくなつたが、其《そ》れでも、内《うち》に居《ゐ》ようとはせず、やはり、外出《そとで》を好《この》む故《ゆゑ》、優《やさ》しき嫁《よめ》は、手《て》を引《ひ》き、腰《こし》を押《お》して、これを助《たす》くるのに、少《すこ》しでも、我《わ》が意《い》の如《ごと》くならねば足《あし》もふかなひなる【261】癖《くせ》に、忽《たちま》ち噛《か》みつくやうな大声《おほこゑ》を発《はつ》して、嫁《よめ》を罵《のゝし》り、其引《ひ》き助《たす》けたる手《て》を摘《つ》み、顔《かほ》を打《う》ちなどしても、嫁《よめ》は、聊《いさゝ》かも恨《うら》めしげな容子《ようす》は無《な》くて、恭《うやうや》しく【262】、其自《みづか》らが不行届《ふゆきとゞ》を詫《わ》ぶるのみであつた。さても、舅《しうと》は、老人《らうじん》の常《つね》とて、夜中《やちゆう》しば〱、厠《かはや》へ行《ゆ》く事《こと》なるが、嫁《よめ》は、いつも、呼《よ》ばれざるに眼覚《めさ》めて、灯《ともしび》を取《と》り、手《て》を引《ひ》きつゝ、助《たす》けまゐらすることを、怠《をこた》らなかつたが、

【252】自由に行動させないこと
【253】飽きて疲れを感じること
【254】よく切れる刀
【255】閉口すること
【256】卑近な例を挙げて道理を説いた心学の訓話
【257】江戸時代前期の年号。一六五二年～一六五五年
【258】現在の岡山県西部にあった村
【259】つえ
【260】気の毒なさま
【261】「ふかなひなる」は意不詳。「ふがいなげなる（不甲斐なげなる）」か。役に立たない様子
【262】相手をうやまって、丁寧に礼儀正しくふるまうさま

孝婦《かうふ》の賢忍《けんにん》不《ふ》慈《じ》【263】の舅《しうと》をして慈《じ》たらしむ

一夜《あるよ》、いかにしてか、嫁《よめ》の舅《しうと》が、床《とこ》を起《お》きて出《で》たのを知《し》らずに、眠《ねむ》つて居《ゐ》たとて、邪険《じやけん》なる舅《しうと》は、大《おほ》いに怒《いか》り、其所《そこ》に在《あ》る石臼《いしうす》の中《なか》を屎《けが》した。其時《とき》、嫁《よめ》は驚《おどろ》き覚《さ》めて、只管《ひたすら》、我《わ》が怠《をこた》りを詫《わ》び、やう〳〵、舅《しうと》を眠《ねむ》らしめて、翌朝《よくあさ》は、仄暗《ほのくら》い内《うち》に起《お》き出《い》で、丁寧《ていねい》に、臼《うす》を洗《あら》ひ清《きよ》め乾《かわ》かして、少《すこ》しも、人《ひと》に知《し》らせなかつた。誠《まこと》に堅忍《けんにん》の力《ちから》は恐《おそ》ろしいもので、これ程《ほど》、残忍《ざんにん》な不理屈《ふりくつ》な舅《しうと》も、死期《しき》の近くなる頃《ころ》に至《いた》つて、やう〳〵、嫁《よめ》の凡庸《よのつね》ならぬ【264】志《こゝろざし》がわかり、頻《しき》りに、己《おのれ》が多年《たねん》の不慈悲《ふじひ》【265】を後悔《こうくわい》して居《ゐ》た所《ところ》へ、村方検分《むらかたけんぶん》【266】の吏《やくにん》が、家《いへ》の前《まへ》を通《とほ》ると聞《き》き、舅《しうと》は、かなはぬ足《あし》によろめきながら、歩《あゆ》み出《い》でゝ、吏《やくにん》のほとり【267】に手《て》をつき、泣《な》く〳〵、嫁《よめ》の孝行《かうかう》を訴《うつた》へて、我《わ》が罪《つみ》を謝《しや》したので、吏《やくにん》も、大《おほ》いに感《かん》じ、厚《あつ》く、久兵衛《きうべゑ》が妻《つま》に褒賞《はうしやう》【268】したとの事《こと》である。

又《また》、支那《しな》の漢中《かんちゆう》の程文矩《ていぶんく》といふ人《ひと》の妻《つま》、穆姜《ぼくきやう》は、前妻《せんさい》の子《こ》四人《にん》と自分《じぶん》の生《う》んだ子《こ》が二人《ふたり》とあつて、夫文矩《をつとぶんく》は、早《はや》く任地《にんち》で没《ぼつ》してしまつた。穆姜《ぼくきやう》は、夫《をつと》が没《ぼつ》してからは、義理《ぎり》ある子《こ》の教養《けうやう》は、尤《もつと》も、己《おの》れが大切《たいせつ》の任務《にんむ》と心得《こゝろえ》て、生《うみ》の子《こ》よりも一層《そう》心《こゝろ》を尽《つく》したけれども、四人《にん》の子《こ》は、却《かへ》つて、継母《けいぼ》につれ無《な》くあたり、他人《たにん》の目《め》にでも憎《にく》むべき不孝《ふかう》の挙動《ふるまひ》だと、噂《うわさ》する程《ほど》であつたけれど、穆姜《ぼくきやう》は、いかに、継子《まゝこ》は口穢《くちきた》なく云《い》ひ罵《のゝし》つても、いか程《ほど》、正無《まさな》き行《おこな》ひをしかけても、更《さら》に、不愉快《ふゆくわい》の顔色《かほいろ》を見《しめ》した事《こと》が無《な》い。いつも、いつも、優《やさ》しく親切《しんせつ》にして、其不孝《ふかう》のしむけを堪《た》へ忍《しの》んで居《ゐ》た。人《ひと》が偶《たまた》ま「貴婦《あなた》

積年《せきねん》の耐忍《たいにん》炭《すみ》を雪《ゆき》と化《くわ》す【272】

は能《よ》く我慢《がまん》をなさる。」と云《い》へば「今《いま》に、子供等《こどもら》も、年《とし》をとつて、世《よ》の中《なか》の事《こと》がわかつて参《まゐ》れば、思《おも》ひ直《なほ》すやうになりませう。」と答《こた》へて、更《さら》に何事《こと》も云《い》はなかつた。其中《うち》に、長男《ちょうなん》が、ふと病気《びやうき》になつて、段々《だん〳〵》重症《ぢゆうしやう》に陥《おちい》つた、穆姜《ぼくきやう》は、このありさまを見《み》て、深《ふか》く心配《しんぱい》して、日夜《にちや》病床《びやうしやう》を離《はな》れず、丁寧親切《ていねいしんせつ》に看護《かんご》をしたので、一時《じ》は、命《いのち》も危《あやふ》かつた、大病人《たいびやうにん》も、不思議《ふしぎ》に快復《くわいふく》した。さすがに、邪険《じやけん》【269】の長男《ちやうなん》も、継母《けいぼ》の至誠《しせい》【270】と耐忍《たいにん》とに、真《しん》から敬服《けいふく》して、床《とこ》あげ【271】の日《ひ》には、三人《にん》の同胞《どうはう》を招《まね》き、これまで、自分達《じぶんたち》の不心得《ふこゝろえ》を後悔《こうくわい》して、継母《けいぼ》の手厚《てあつ》き看護《かんご》の逐一《ちくいち》を云《い》ひ聞《き》かせ、「今《いま》よりは、年頃《としごろ》の不孝《ふかう》の罪《つみ》を償《つぐな》ふ程《ほど》の孝行《かう〳〵》をしなければならぬ。」と云《い》つて、全《まつた》く変《かは》つた人《ひと》のやうになつたので、あとの三人《にん》も、次第《しだい》に、継母《けいぼ》と親《した》しむやうになつた。かくても、長男《ちやうなん》は何分《なにぶん》、自《みづか》らの罪《つみ》が、心《こゝろ》を責《せ》めて耐《た》へられぬので、県庁《けんちやう》に自首《じしゆ》し、「己《おの》れを罪《つみ》して、母《はゝ》を褒賞《はうしやう》して下《くだ》され」と

【263】慈悲のこころがないさま
【264】普通にはない
【265】情けがないさま
【266】村の民政をつかさどり、状況を取り調べる役目の者
【267】それに近いあたり
【268】ほめたたえる印として与える品物
【269】意地悪でむごいこと
【270】まごころ
【271】長い期間の病気が全快して寝床をかたづけること
【272】以上の文矩の妻、穆姜の話は、中国、前漢の劉向によりまとめられた『列女伝』（女性の史伝を集めた歴史書、教訓書）に見える

至尊《しそん》【279】能《よ》く克《こく》己《き》【280】して好模《かうも》【281】を下民《かみん》【282】にしめす

願《ねが》うた。県吏《けんり》は、これを聴《き》き、審《つまび》らかに其家《いへ》について糾《たゞ》した上《うへ》、継母《けいぼ》の徳《とく》を感《かん》じて、厚《あつ》く恩賞《おんしやう》【273】を与《あた》へ、且《かつ》、四人《にん》の子《こ》の罪《つみ》をも免《ゆる》されたとの事《こと》である。

又《また》、大英国《だいえいこく》の女皇《ぢよくわう》ヴキクトリア【274】は、敏智《びんち》【275】にして淑徳《しゆくとく》【276】欠《か》くる所無《ところな》き御方《おかた》であつたけれど、兎角《とかく》に、朝寝《あさね》の癖《くせ》が在《おは》しましたので、母君《はゝぎみ》も、これが殿下《でんか》の瑕《きず》である。と御諫《おいさ》めになつた事《こと》も度々《たび〳〵》であつたが、どうもお直りにならなかつた。然《しか》るに、皇婿《くわうせい》アルバルト親王《しんわう》【277】と御結婚《ごけんこん》の約《やく》が、整《とゝの》はせられて、彌々《いよ〳〵》、今日《けふ》は御婚姻《ごこんいん》の大典《たいてん》を挙《あ》げらるゝと極《きま》つた日《ひ》に、女皇《ぢよくわう》は傅《かしづき》【278】の婦人《ふじん》にむかはせられて、「明朝《みやうてう》からは、幾時《いくじ》に必《かなら》ず起《おき》るであらう。今《いま》、朕《わ》が生涯《しやうがい》の一変《ぺん》する時《とき》に於《お》いて、此悪癖《このあくへき》を一変《ぺん》することが出来《でき》なかつたならば、もう一生改《しやうあらた》むることは出来《でき》ぬであらう。」と仰《おほ》せられたが、果《はた》して、其御大典《ごたいてん》の日《ひ》に定《さだ》められた、起床《きしやう》の御時間《おんじかん》は、御一生守《ごいつしやうまも》らせられたとの事《こと》である。上《うへ》に頭《かしら》の押《お》し手《て》の無《な》い至尊《しそん》の御身《おんみ》であつて、かくも、克己耐忍《こくきたいにん》の強《つよ》き力《ちから》を養《やしな》はせ給《たま》うたのは、殊《こと》に敬服《けいふく》すべきである。

八　沈着《ちんちやく》なるべきこと

前《まへ》に述《の》べた、恭謙《きやうけん》だの、貞粛《ていしゆく》だのといふ徳《とく》は、みなこの沈着《ちんちやく》の心《こゝろ》に根《ね》ざし、行《おこな》ひに顕《あらは》るゝものであるから、殊更《ことさら》に、こゝに条《でう》を立《た》てゝ云《い》はずとも宜《よ》いやうであるけれども、かねても云《い》うた通《とほ》り、女子《ぢよし》は、感情《かんじやう》に制《せい》せらるゝ事《こと》が多《おほ》いもの故《ゆゑ》、はつと驚《おどろ》いたり、怒《おこ》つたり、悲《かな》しんだりした時《とき》、やゝもすれば、沈着《ちんちやく》の挙動《きよどう》を失《うしな》ふものである。其《そ》れゆゑ、概略《あらまし》【283】其心得《こゝろえ》の一端《たん》を云《い》ふであらう。抑《そもそ》も、人《ひと》の常《つね》にそは／＼として沈着《おちつき》の無《な》いのや、又《また》は、何事《なにごと》かあつた時《とき》、忽《たちま》ちに、狼狽《らうばい》【284】して、見苦《みぐる》しい容子《ようす》を顕《あらは》す等《とう》は、みな、大抵《たいてい》、

【273】功績をほめたたえて物品などを与えること
【274】イギリスの女王、ヴィクトリア女王（在位一八三七年～一九〇一年）
【275】頭の回転が速くかしこいこと
【276】女性の上品でしとやかな徳
【277】ザクセン＝コーブルク＝ゴータ公子アルバート（英語：Albert, Prince of Saxe-Coburg-Gotha 一八一九年～一八六一年）。ヴィクトリア女王の夫。一八四〇年二月十日にロンドンのセント・ジェームズ宮殿で結婚式を挙行した
【278】付き添い世話する人
【279】この上もなく尊いこと。ここではヴィクトリア女王
【280】自分に打ち勝つこと
【281】良い手本
【282】人民
【283】だいたい
【284】あわてること

深淵《しんえん》は静《しづか》にして浅瀬《せんらい》【291】は波《なみ》躁《さわ》がし

心《こゝろ》の浅《あさ》い者《もの》のなす事《こと》であつて、決《けつ》して思慮分別《しりよふんべつ》があり、且《かつ》、勇気《ゆうき》のある者《もの》の為《な》すことで無《な》い。古語《こご》にも、「重《おも》からざれば、すなはち威《い》あらず」【285】と教《をし》へてある。其《そ》れで、武人《ぶじん》が武術《ぶじゆつ》を修行《しうぎやう》するには、常《つね》に互《たが》ひに、不意打《ふいうち》をして、咄嗟《とつさ》の間《あひだ》に体《たい》をかはし、又《また》、これを防《ふせ》ぐ事《こと》を練習《れんしふ》しつゝ、精神《せいしん》のおちつきを作《つく》り、学者《がくしや》は、事物《じぶつ》の理《り》を考究《かうきう》して、斯《か》く〱の折《をり》は、かやうに分別《ふんべつ》すべきもの、云々《しか〲》の時《とき》は、かやうに処置《しよち》すべきものなどゝ云《い》ふ事《こと》を工夫《くふう》して、物《もの》に動《どう》ぜぬ修行《しうぎやう》を積《つ》むのである。非常《ひじやう》のあつた場合《ばあい》などに、能《よ》く、其危難《きなん》を逃《のが》れて、却《かへ》つて、幸福《かうふく》の境《さかひ》に至《いた》ることを得《え》た人々《ひと〲》は、まづ、此沈着《このおちつき》があつて、然《しか》る後《のち》、宜《よろ》しきに処《しよ》せらるゝもので、英雄《えいいう》の伝《でん》などに、其人物《じんぶつ》を評《ひやう》して、沈勇《ちんいう》【286】だの慎沈《しんちん》【287】だの、荘重《さうぢゆう》【288】だのとあるは、いかにも、其人柄《ひとがら》が推《お》し量《はか》られて、頼《たの》もしく侮《あなど》り難《がた》いやうに思《おも》はるゝが、これに反《はん》して、軽浮《けいふ》【289】だの、軽跳《けいたう》【290】だのと云《い》ふと、誠《まこと》に頼《たの》もしげ無《な》く侮《あなど》り易《やす》きやうな心地《こゝち》がする。彼《か》の青淵《あをぶち》の底深《そこふか》き所《ところ》は、常《つね》に静《しづ》かであつて、浅《あさ》き瀬《せ》には、さゞ波《なみ》の立《た》つが如《ごと》く、思慮深《しりよふか》き人《ひと》は、沈着《ちんちやく》にして、思慮浅《しりよあさ》き人《ひと》は、軽躁《けいさう》【292】なものである。

徳川将軍時代《とくがはしやうぐんじだい》、元禄《げんろく》十二年《ねん》【293】に、江戸《えど》に大火《たいくわ》があつた。其頃毛利侍従吉就《ころもうりじじうよしなり》【294】の夫人《ふじん》は、既《すで》に、夫《をつと》を失《うしな》ひ寡居《やもめすみ》して、尼《あま》となり、後世安楽《ごせあんらく》【295】の修行《しうぎやう》に余念《よねん》なく【296】暮《く》らされた。然《しか》る所《ところ》、元禄《げんろく》の火事《くわじ》は、この邸《やしき》の近所《きんじよ》より出火《しゆつくわ》して、火勢《くわせい》がますます熾《さかん》になつたのであるから、邸《やしき》も危険《きけん》だとて、家臣達《かしんたち》が、後室《こうしつ》【297】に立《た》ち退《の》きを請《こ》うた。されども、後室《こうしつ》は少《すこ》しも慌《あわ》てた容子《ようす》も見《み》えず、いつもの如《ごと》く、沈着《おちつい》いた声《こゑ》で、「いや〳〵皆《みな》の者《もの》、其様《やう》に心配《しんぱい》する事《こと》は無《な》い。我《わ》が調度衣服《てうどいふく》は、最早世《もはやよ》を捨《す》てた尼《あま》には、左程用《さほどよう》も無《な》いものであるから、決《けつ》して、人々《ひと〳〵》を労《らう》せず、此儘《このまゝ》に置《お》いて貰《もら》ひたい。……けれども、汝等《そちたち》は、勤務人《つとめにん》の事《こと》であるから、物品《ぶつぴん》はみな、必要《ひつえう》である。出来《でき》るだけ、取《と》り搬《はこ》んで、我《わ》れらが土蔵《くら》へ入《い》れよ。火《ひ》は烈《はげ》しいやうではあるが、真風下《まかぜした》【298】とは思《おも》はれぬ故《ゆゑ》に、まだ遁《のが》るゝには及《およ》ぶまい。邸内《ていない》は、空地《あきち》も広《ひろ》し、木立《こだち》もあり。他《た》へ立《た》ち遁《の》かずとも、いざと云《い》はゞ、然《しか》るべき場所《ばしよ》へ避《さ》くる事《こと》が出来《でき》るであらうから、女子供《おんなこども》は、すべて館《やかた》の中《なか》へ集《あつ》め置《お》け。汝等《そちたち》は、其《そ》れ〳〵、防火《ばうくわ》の方《はう》へ取《と》りかゝれよ。」とて、自若《じじやく》として【299】、常《つね》の如《ごと》く、経机《きやうつくえ》に凭《よ》つて

【285】『論語』の「学而第一」にある言葉
【286】落ち着いていて勇敢なこと
【287】慎み深く落ち着いていること
【288】おごそかで重々しいこと
【289】浮ついていて落ち着きがないこと
【290】軽々しく地に足が着いていない様子
【291】浅い瀬
【292】軽はずみなこと
【293】一六九九年
【294】毛利吉就（一六六八年～一六九四年）。長州藩藩主。長州藩第二代藩主、毛利綱広の長男
【295】死後の世界で安楽に暮らすこと
【296】集中して
【297】身分が高い人の未亡人。ここでは亡くなった毛利吉就の夫人
【298】完全な風下《かざしも》の位置
【299】態度がいつもと変わらないさま

読経声裡《どくきやうせいり》【300】、祝《しゆく》融《いう》【301】形《かた》ちを収《をさ》む

一婦《ぶ》よく二子《し》を猛火《まうくわ》の裡《うち》に救《すく》ふ

経文《きやうもん》を読誦《どくじゆ》【302】して居《ゐ》られたので、狼狽《らうばい》【303】して居《ゐ》た男子達《だんしたち》も、大《おほ》いに恥《はづ》かしく思《おも》ひ、後室《こうしつ》の指揮《さしづ》に従《したが》ひ、一生懸命《しやうけんめい》に火《ひ》を防《ふせ》いだ故《ゆゑ》、さしも猛烈《まうれつ》であつた火勢《くわせい》も此邸《このやしき》に於《お》いて喰《く》ひとめられて、鎮《しづ》まつたから、後室《こうしつ》を始《はじ》め、毛利邸内《もうりていない》よりは、誰《だ》れ一人見苦《ひとりみぐる》しく逃《に》げ出《いだ》した者《もの》も無《な》かつたとの事《こと》である。実《じつ》に、天晴《あつぱれ》な、夫人《ふじん》の所置《しよち》と申《まう》して宜《よろ》しい。

これは、誠《まこと》に近《ちか》い頃《ころ》の事《こと》であるが、惜《を》しい事《こと》には、其名《な》が伝《つた》はらぬ。時《とき》は、明治《めいぢ》六年《ねん》の事《こと》であつた。下町《したまち》のある所《ところ》に火事《くわじ》が起《おこ》つたが、恰《ちやう》ど、夜半《やはん》二時頃《じごろ》の事《こと》であつたから、人《ひと》は皆《みな》、寝鎮《ねしづ》まつた、最中《さいちゆう》であつたので、殊《こと》の外狼狽《ほからうばい》した。然《しか》るに、其火元《ひもと》はある下宿屋《げしゆくや》で、広《ひろ》い二階《かい》には、種々《しゆ〴〵》の人《ひと》が下宿《げしゆく》して居《ゐ》たのであるが、其《そ》れ、火事《くわじ》と云《い》ふや否《いな》や、下《した》は一面《いちめん》、直《すぐ》に火《ひ》になつてしまつた。かやうな始末故《しまつゆゑ》、二階《かい》に居《ゐ》た者《もの》が不孝《ふかう》にも、死傷《ししやう》の二ついづれかを遁《のが》れ得《え》た者《もの》は殆《ほとん》ど無《な》かつたのである。其中《うち》に、夫婦《ふうふ》に幼年《えうねん》の子供《こども》二人都合《にんつがふ》四人《にん》で二間《ま》ばかり借《か》りて居《ゐ》た輩《やから》があつたが、あやにく【304】、其夫《をつと》は、所用《しよよう》があつて、両《りやう》三日田舎《ちゐなか》へ往《い》つた留守中《るすちゆう》、此非常《このひじやう》の出来事《できごと》があつた。妻《つま》は、下《した》の叫喚《きうくわん》【305】の声《こゑ》に眼《め》を覚《さま》して、襖障《ふすま》子を開《あ》くると、既《すで》に、ぱつと黒煙《くろけふり》が登《のぼ》つた。「あつ」と叫《さけ》んで、直《すぐ》に襖障《ふすま》子を閉め、熟睡《じゆくすい》して居《ゐ》る二人《にん》の幼児《えうじ》を蒲団《ふとん》にて包《つゝ》み、帯《おび》やしごき【306】でぐる〳〵と巻《ま》き、しつかりと結《ゆ》ひ、行李《かうり》【307】をくゝつてあつた細引《ほそひき》を解《と》いて、二筋《すぢ》も三筋《すぢ》も一所《しよ》にし、此蒲団《このふとん》に結《ゆ》ひつけ、其端《はし》を柱《はしら》に結《ゆ》ひ、而《そ》して、静《しづ》かに表《おもて》の障子《しやうじ》を開《ひら》くと、今《いま》や消防人足《せうばうにんそく》、

巡査等《じゆんさとう》が、既《すで》に門口《かどぐち》に駆《か》けつけた所《ところ》であるから、婦人《ふじん》は、大声《おほごゑ》を挙《あ》げて「これは、私《わたくし》の二人《ふたり》の子供《こども》で御座《ござ》います。どうぞ御助《おたす》け下《くだ》さい」と云《い》つた。そして、そろ〳〵と、蒲団《ふとん》の包《つゝ》みを下《おろ》したから、巡査《じゆんさ》は、可《よ》しッ、と答《こた》へて、これを両《りやう》三人《にん》して受取《うけと》つた。其間《あひだ》に、大切《たいせつ》の物《もの》を風呂敷《ふろしき》に包《つゝ》み腰《こし》に負《お》ひ、毛布《ケツト》【308】を被《かぶ》り、雨霰《あめあられ》とふる火《ひ》の子《こ》の中《なか》を細引《ほそびき》につかまつて下《した》に下《お》り立《た》つた。其時《とき》、裾《すそ》や袖《そで》に火《ひ》が燃《も》え移《うつ》りつゝあつたが、大勢《おほぜい》して消《き》したので、聊《いさゝ》かの負傷《ふしやう》も無《な》く、此《この》三人丈《にんだけ》は、無事《ぶじ》に火《ひ》を遁《のが》れた。此婦人《このふじん》の沈着《おちつ》いた働《はたら》きを、其所《そこ》に在《あ》つた人々《ひと〴〵》は、皆感心《みなかんしん》したとの事《こと》である。かやうな時《とき》に、若《も》しも慌《あわ》てゝ度《ど》を失《うしな》【309】つたならば、定《さだ》めて三人《にん》ともに、悪《わる》くしたら、死《し》に至《いた》つたかも知《し》れず、其《そ》れ程《ほど》で無《な》かつた所《ところ》が、小児《せうに》をかゝへての事故《ことゆゑ》、負傷《ふしやう》ぐらいは、屹度《きつと》したに相違無《さうゐな》い。沈着《ちんちやく》の挙動《きよどう》は、甚《はなは》だ益《えき》あるものである。

【300】読経の声がする中
【301】火事
【302】経文を声を出して読むこと
【303】あわてること
【304】あいにく
【305】わめき叫ぶこと
【306】「しごきおび」の略
【307】竹や柳などで編んだ物入れで、衣服などを収納するもの
【308】「ブランケット」の略。毛布のこと
【309】あわてて平常の状態でなくなること

凛《りん》たり烈《れつ》たり胸《きよう》間《かん》の秋霜《しうさう》

又《また》、支那《しな》の春秋《しゆんじう》、戦国《せんごく》の頃《ころ》【310】、楚《そ》と呉《ご》との大国《たいこく》が、覇権《はけん》【311】を争《あらそ》つて戦《たたか》つた時《とき》、楚《そ》の平王《へいわう》は、脆《もろ》くも呉軍《ごぐん》に打《う》ち敗《やぶ》られ、王《わう》は僅《わづ》かに身《み》を以《も》つて逃《のが》れた。其《そ》れ故《ゆゑ》、呉王闔閭《ごわうかうりよ》といふ人《ひと》は、直《ただ》ちに、楚《そ》の王城《わうじやう》に攻《せ》め入《い》り、将卒《しやうそつ》を殺《ころ》し、宮女《きうぢよ》を辱《はづか》しめて乱暴《らんばう》を極《きは》めた。而《そ》して、無法《むはふ》にも、夫人伯嬴《ふじんはくえい》に迫《せま》つて、其心《こゝろ》に従《したが》はしめやうとした。然《しか》るに、伯嬴《はくえい》は、少《すこ》しも驚《おどろ》き慌《あわ》てたさまも無《な》く、手《て》には匕首《あひくち》【312】を握《にぎ》つて、屹《きつ》と【313】呉王《ごわう》を睨《にら》まへ「まづ静《しづ》かにして、私《わたくし》の申《もう》す事《こと》を御聞《おき》き遊《あそ》ばせ。抑《そもそ》も、国王《こくわう》といふ者《もの》は、人《たみ》の師表《しひやう》【314】となつて、そして、其国《くに》をお治《をさ》め遊《あそ》ばさるゝものと承《うけたまは》りました。其《そ》れに、殿下《でんか》は、他《た》の国《くに》の王妃《わうひ》に迫《せま》つて、其操《みさを》をお破《やぶ》り遊《あそ》ばしたなら、これから、人民《じんみん》をば、どうしてお導《みちび》き遊《あそ》ばさうと思召《おぼしめし》ます。其《そ》れとも、是非《ぜひ》、私《わたくし》の志《こゝろざ》しを破《やぶ》らうとの命《おほ》せならば、私《わたくし》は、直《たゞち》に刃《やいば》に伏《ふ》して、節操《せつさう》を全《まつた》く致《いた》します。これより外《ほか》に、もう何《なに》も申《もう》すことは御座《ござ》りませぬ。」と云《い》つて、端然《たんぜん》として【315】、匕首《あひくち》を持《も》つ手《て》を緩《ゆる》めず、寄《よ》らば一ト突《つき》と、我《わ》が胸元《むねもと》に押《お》しあて、死《し》を決《けつ》して更《さら》に何《なん》の求《もと》むる所《ところ》も無《な》きもの、如《ごと》く見《み》えたから、呉王《ごわう》もさすがに恥《は》ぢて、此所《ここ》を去《さ》つた。伯嬴《はくえい》は敵《てき》の内廓《ないくわく》より出《い》づるを見《み》、直《たゞ》ちに、内門《ないもん》を扉《とざ》し、敵再《てきふたゝ》び入《い》らば自殺《じさつ》をしようと覚悟《かくご》しつゝ、静《しづ》まりかへつて、籠城《らうじやう》して居《ゐ》た事《こと》、凡《およ》そ三十日間《にちかん》ばかりの後《のち》、妃《ひ》の里方《さとかた》なる、秦《しん》の援兵《ゑんぺい》が来《き》て、遂《つひ》に呉《ご》の兵《へい》をうち斥《しりぞ》けた。

又《また》、仏帝那破崙《ふつていナポレオン》の愛将《あいしやう》ラヴァアレットの夫人《ふじん》は、深沈《しんちん》【316】にして思慮《しりよ》に富《と》んだ人《ひと》であつた。帝《てい》がウオートルルーの敗衂《はいぢく》【317】の後《のち》、良人《をつと》は捕《と》らへられて、死刑《しけい》の宣告《せんこく》を受《う》けた。夫人《ふじん》は、平素《ふだん》は内気《うちき》の質《たち》であつて、交際場裡《かうさいぢやうり》などでは、少《すこ》しも見栄《みばえ》のせぬ方《はう》だつた故《ゆゑ》、世人《せじん》の多《おほ》くは、余《あま》り怜悧《れいり》で無《な》い人《ひと》だと迄《まで》、思《おも》うて居《ゐ》た。……けれども、此度《このたび》、良人《をつと》の一大事《だいじ》に遇《あ》つた時《とき》の、夫人《ふじん》の働《はたら》きは、実《じつ》に目覚《めざま》しいもので、ルイ王《わう》【318】も、面《めん》と夫人《ふじん》に向《むか》つては、罪《つみ》を免《ゆる》すと云《い》はねばならぬ程《ほど》であつた。王《わう》は、遂《つひ》に、夫人《ふじん》を欺《あざむ》いて、死《し》一等《とう》を減《げん》じようと仄《ほの》めかして置《お》いて、そして依然《やはり》、急《いそ》いで殺《ころ》さうと企《くはだ》てられた。夫人《ふじん》は、王《わう》の斯《か》くの如《ごと》き、卑劣《ひれつ》の言動《げんどう》に激《げき》して、最早《もはや》、此上《このうへ》は、此方《こなた》も権謀《けんぼう》【319】を行《おこな》ふより外《ほか》は無《な》いと決心《けつしん》し、夫《をつと》の、正義《せいぎ》を踏《ふ》んで死《し》なうと、固《かた》く執《と》りて動《うご》かなかつたのを、とう〳〵説《と》きつけ、彌々《いよ〳〵》、明日《あす》は死刑《しけい》といふ今日《けふ》、一女《ぢよ》ジヨセフヒンと共《とも》に、永別《えいべつ》の面会《めんくわい》の為《ため》、夫《をつと》

【310】春秋戦国時代は、中国史で紀元前七七〇年に周が都を洛邑に移してから、紀元前二二一年に秦が中国を統一するまでの時代
【311】武力の勝利によって得られる支配力
【312】鍔《つば》のない短刀
【313】しっかりとしたさま
【314】人々の模範となること
【315】きちんとしているさま
【316】落ち着いていて動じないこと
【317】ワーテルローにおけるナポレオンの敗戦のこと
【318】ルイ十八世（フランス語：Louis XVIII 一七五五年〜一八二四年）。復古王政期のブルボン朝のフランス国王（在位一八一四年〜一八一五年、一八一五年〜一八二四年）
【319】はかりごとをめぐらすこと

虎穴《こけつ》に入《い》りて虎《こ》児《じ》を獲《え》たり

の獄屋《ごくや》に往《ゆ》き、獄吏《ごくり》【320】には長々《なが〲》の世話《せわ》を謝《しや》して、物《もの》などを送《おく》り、此度《このたび》は今生《こんじやう》の別《わか》れゆゑ、少《すこ》しは、寛典《くわんてん》【321】にしてくれよと頼《たの》んだ。獄吏《ごくり》も、誠《まこと》に気《き》の毒《どく》に思《おも》つて居《ゐ》る所《ところ》なれば、母子《おやこ》を獄中《ごくちゆう》に導《みちび》いて、緩々《ゆる〱》【322】名残《なごり》を惜《をし》むべき由《よし》を許《ゆる》した。そこで、夫人《ふじん》は用意《ようい》の物《もの》を取《と》り出《い》だし、又《また》、自《みづか》らの衣服《いふく》を脱《ぬ》ぎて、良人《をつと》に着《き》せ、大《おほ》きなる帽子《ばうし》をかぶらせ、自分《じぶん》は夫《をつと》の衣服《いふく》を纏《まと》ひ、少女《せうぢよ》ジヨセフヒンに、良人《をつと》の手《て》をとらしめ、良人《をつと》は、身長《たけ》を低《ひく》くかゞめ、半巾《ハンカチーフ》にて顔《かほ》を被《おほ》ひ、泣《な》き崩《くづ》をれて、前後《ぜんご》の分別《ふんべつ》をも失《うしな》うたやうに見《み》せかけ、とう〱、獄屋《ごくや》の関門《くわんもん》二つとも、無事《ぶじ》に通《とほ》つて、待《ま》たせて有《あ》つた、馬車《ばしや》に乗《の》り、難無《なんな》く其所《そこ》を遁《のが》れ去《さ》つてしまつた。扨《さて》、獄吏《ごくり》は、余《あま》りに時《とき》が移《うつ》つたから、何《なに》をして居《ゐ》るかと来《き》て見《み》ると、母子《おやこ》は既《すで》に立《た》ち去《さ》つて、ラヴァアレットは、隅《すみ》の所《ところ》に頭《かしら》をつけ、俯伏《うつぶ》しになつて居《ゐ》るから、さすがの英雄《えいゆう》も、今日《けふ》を限《かぎ》りの命《いのち》なるに、最愛《さいあい》の妻子《さいし》に別《わか》れた事故《ことゆゑ》、心身《しん〲》も非常《ひじやう》に疲《つか》れた事《こと》と察《さつ》して、暫《しば》らく其儘《そのまゝ》にして置《お》いたが、余《あま》り久《ひさ》しく動《うご》かぬので、中《なか》へ入《はい》つて改《あらた》めて見《み》て、驚《おどろ》いたの驚《おどろ》かないのでは無《な》い。「ヤ、ヤ、」と叫《さけ》んで更《さら》に良人《をつと》の身代《みがは》りなる婦人《ふじん》を引《ひ》き起《おこ》し、糾問《きうもん》【323】に及《およ》んだ。夫人《ふじん》はかねて期《ご》した事《こと》であるから、今《いま》はや良人《をつと》も、女《むすめ》も、遠《とほ》く遁《のが》れ去《さ》つた頃《ころ》と思《おも》へば、彌々《いよ〱》心《こゝろ》も沈着《おちつ》きて、何事《なにごと》も云《い》はず、莞爾《につこり》として、其処分《しよぶん》に任《まか》せた。獄吏《ごくり》は已《や》むを得《え》ず、ありのまゝを王《わう》に申《もう》した。暗愚《あんぐ》【324】なる王《わう》も、貞烈至孝《ていれつしかかう》【325】なる両女《りやうぢよ》の行《おこな》ひに感《かん》じて、深《ふか》く其罪《つみ》を問《と》はなかつた。この二人《ふたり》の女子《ぢよし》が、当日《たうじつ》の沈着《おちつき》といふ者《もの》は、兎《と》ても、男子《だんし》には、寧《むし》ろ出来難《できがた》からうと迄《まで》、有《あ》りと在《あ》る人《ひと》が、云《い》ひ合《あ》うて、感心《かんしん》したとの事《こと》である。

九　高潔《かうけつ》なるべきこと

志《こゝろざ》しの気高《けだか》く、行《おこな》ひの潔《きよ》きは、男女《だんぢよ》ともに、貴《たつと》い事《こと》である。兎角《とかく》【326】に、人《ひと》は欲《よく》の為《ため》に迷《まよ》ひ迷《まよ》うて、遂《つひ》には穢《けが》れたる金銭《きんせん》をも貪《むさぼ》り、邪《よこしま》なる人《ひと》にも与《くみ》して、不義不道《ふぎふだう》の行《おこな》ひをも為《な》すに至《いた》るものだから、希《ねがは》くは、この高潔《かうけつ》の徳《とく》を有《も》ちたいものであるが、殊《こと》に、女子《ぢよし》は家庭《かてい》の徳《とく》の基礎《きそ》となるべき身《み》である故《ゆゑ》、縦令《たとひ》、男子《だんし》が過《あやま》つて不義《ふぎ》に導《みちび》かれやうとする時《とき》にも、女子《ぢよし》は能《よ》く、これを喰《く》ひ止《と》めて、苟《いやし》くもすること無《な》からしめねばならぬ。女子《ぢよし》は、情《じやう》の支配者《しはいしや》なれば、決《けつ》して、其《そ》れが出来《でき》ぬといふ筈《はず》は無《な》い。いかに、心《こゝろ》の寛《ゆる》く、気《き》

【320】監獄の役人
【321】慈悲深い扱い
【322】ゆっくりと
【323】厳しく問いただすこと
【324】愚かで道理をわきまえないこと
【325】女性が操を堅く守り、この上もなく孝行であること
【326】どうかすると

の鋭《えい》なる男子《だんし》でも、外《ほか》に在《あ》つて、さま〴〵の苦慮《くりよ》に、時《とき》を費《つひや》して還《かへ》つて来《き》た時《とき》、妻《つま》や女《むすめ》が、嬉《うれ》しげに出《い》で迎《むか》へて、愉快《ゆくわい》らしき慰《なぐさ》めの詞《ことば》を尽《つく》し、行《ゆ》き届《とど》いた取《と》り扱《あつか》ひをするのと、悲《かな》しげな容子《ようす》や不愉快《ふゆくわい》らしき顔《かほ》つきをして、怒《おこ》つたり、愚痴《ぐち》を云《い》つたりするのとは、其心《こゝろ》の勇《いさ》み方《かた》が大層違《たいそうちが》ふのである。であるから、若《も》しも、良人《をつと》などが、「斯《か》く斯《か》くの義《ぎ》によつて、已《や》むを得《え》ず職《しよく》を辞《じ》した。今《いま》よりは、困難《こんなん》な生活《せいくわつ》に耐《た》へなければならぬ」と、其妻《つま》に云《い》ふた時《とき》、妻《つま》は、「良人《あなた》が正《たゞ》しき道《みち》をお踏《ふ》み遊《あそ》ばして、職俸《しよくぼう》【327】をお抛《な》げ遊《あそ》ばすと云《い》ふ事《こと》ならば、私《わたく》しは、いかなる辛苦《しんく》をも厭《いと》ひませぬから、決《けつ》してお心遣《こゝろづか》ひ遊《あそ》ばしますな。」と云《い》ふやうであらば、其良人《をつと》はます〳〵、安心《あんしん》して、勇気《ゆうき》が日頃《ひごろ》に百倍《ひやくばい》するであらう。又《また》、若《も》しも、良人《をつと》が心得違《こゝろえちが》ひをして、不正《ふせい》な金子《きんす》などを持《も》つて還《かへ》つた時《とき》、其妻《つま》が、其不正《ふせい》の行為《かうゐ》を驚《おどろ》き悲《かな》しんで、且諫《かついさ》め、且宥《かつなだ》めて、正義《せいぎ》の良心《りやうしん》を呼《よ》び起《おこ》さうと勉《つと》めたならば、まづ、通常《つうじやう》の人《ひと》であるなら、一旦《たん》の心《こゝろ》の迷《まよ》ひを悟《さと》り、且《かつ》、愧《は》ぢて、非行《ひかう》を悔《く》い改《あらた》むるであらう。斯《か》くてもなほ少《すこ》しも、妻《つま》の云《い》ふ事《こと》を用《もち》ひず、益々《ます〳〵》不正《ふせい》の行《おこな》ひを為《な》すならば、其時《とき》こそ、妻《つま》は、断《た》ち難《がた》き情《じやう》をも断《た》ち、忍《しの》び難《がた》き愛《あい》をも殺《ころ》して、離婚《りこん》を請求《せいきう》し、独居《どくきよ》して、高潔《かうけつ》の道《みち》を守《まも》るだけの勇気《ゆうき》が無《な》ければならぬ。然《しか》るを、世《よ》には、親夫《おやをつと》の正義《せいぎ》にして狡智《かつち》【328】の無《な》いのを、却《かへ》つて、愚《おろ》かにして、働《はたら》きが無《な》いかの如《ごと》く、思《おも》ひ違《ちが》ひ、寧《むし》ろ不義《ふぎ》の快楽《くわいらく》を悦《よろこ》ぶが如《ごと》き、女子《ぢよし》が無《な》いとも云《い》はれぬ。実《じつ》に苦々《にが〳〵》しい事《こと》ではあるまいか。

猛火《まうくわ》贖財《しょくざい》【330】を
燃《や》きて賢母《けんぼ》の
氷心《ひょうしん》【331】ます／＼
潔《いさぎよ》し

爰《こゝ》に述《の》ぶる者《もの》は、高潔《かうけつ》なる婦人《ふじん》の略伝《りやくでん》である。本阿弥光悦《ほんあみくわうえつ》【329】と云《い》ふ人《ひと》の母《はゝ》妙秀《めいしう》は賢《かしこ》い婦人《ふじん》であつて、嘉言善行《かげんぜんかう》が沢山《たくさん》ある中《なか》に、極《きは》めて、高潔《かうけつ》な志《こゝろざ》しの見《み》ゆる一節《せつ》がある。妙秀《めいしう》の夫《をつと》は、既《すで》に没《ぼつ》した後《のち》の事《こと》であるが、ひと年《とせ》、住宅《ぢゆうたく》の近傍《きんばう》に火事《くわじ》が起《おこ》つて、孫婿《まごむこ》の家《いへ》にも燃《も》え移《うつ》り、既《すで》に土蔵《くら》にも火《ひ》が入《はい》つたと云《い》ふ報告《しらせ》があつた時《とき》、妙秀《めいしう》は、「オオ嬉《うれ》しい／＼」と叫《さけ》んだので、子《こ》の光悦《くわうえつ》は、驚《おどろ》いて、「阿母《おつかさま》は何《なに》をおつしゃるのです。」と問《と》うたら妙秀《めいしう》は、「ア、どうも、つい此様《こんな》事《こと》を云《い》つて」、と息《いき》をついて、さて、「実《じつ》は、天下《てんか》の財宝《たから》の燃《や》くるのを悦《よろこ》ぶと云《い》ふは、済《す》まない事《こと》であるけれども、一体《いつたい》、孫婿《まごむこ》の家《いへ》は、貪欲非道《どんよくひだう》な金《かね》を貯《たくは》へたのだから、私《わたし》は、常々《つね／＼》どうぞ、施与《ほどこし》にでも遣《つか》つたらと諫《いさ》めても聞《き》かないから、私《わたし》は、誠《まこと》に心持《こゝろもち》が悪《わる》くて、恰《ちよう》ど、罪《つみ》の固《かた》まりがあるやうで、彼《あ》の家《いへ》を見《み》る毎《ごと》に、慄然《ぞつ》とするものだから、つい、彼様事《あんなこと》を口走《くちばし》つたのである。」と答《こた》へた。かやうな高潔《かうけつ》な心《こゝろ》であつた故《ゆゑ》、子息《しそく》の光悦《くわうえつ》も実《じつ》に正《たゞ》しい人《ひと》であつたとの事《こと》である。

【327】その職に与えられる俸給
【328】悪知恵
【329】本阿弥光悦（一五五八年～一六三七年）。安土桃山・江戸時代初期の書家、陶芸家、芸術家
【330】罪を犯して得た財貨
【331】ひとかけらの氷のように清く澄んだ心のように、穢れなく清らかな品行にいう

君子《くんし》は盗泉《たうせん》の水《みづ》を飲《の》まず【332】

又《また》、叔姫《しゆくき》といふは、晋《しん》【333】の羊舌子《やうせつし》【334】が妻《さい》である。夫《をつと》も正義《せいぎ》の為《ため》に、晋《しん》に用《もち》ひられず、三室《しつ》の邑《いう》といふ所《ところ》に移《うつ》り住《す》んだ頃《ころ》、邑人《いうじん》が官《くわん》の羊《ひつじ》を贓《ぬす》んで羊舌子《やうせつし》におくつた。其《そ》れは大抵《たいてい》、左様《そん》な物《もの》であらうとは、推察《すいさつ》せぬでも無《な》かったが、餘《あま》り、邑人《いうじん》の親切《しんせつ》や、いろ〳〵の義理《ぎり》に迫《せま》られて、心《こゝろ》ならずも、これを受《う》けた。夫人叔姫《ふじんしゆくき》はこれを諫《いさ》めて「種々《しゆ〴〵》の情実《じやうじつ》【335】によつて、無拠《よんどころなく》【336】羊《ひつじ》をお受《う》け遊《あそ》ばしたにもせよ。かやうな穢《けが》れた物《もの》は、二人《ふたり》の子供《こども》に食《た》べさせてはなりませぬから、不正《ふせい》の贈物《おくりもの》は、用《もち》ひないと云《い》ふ事《こと》を、子供《こども》にも見《しめ》しませう。」と云《い》つて瓶《かめ》にいれ、密封《みつぷう》をして園中《えんちう》に埋《う》めてしまつた。其後《のち》二年《ねん》を経《へ》て、官物《くわんぶつ》を贓《ぬす》んだ者《もの》の罪《つみ》が顕《あらは》れ、捕《とら》へられた時、いろ〳〵な事《こと》を白状《はくじやう》に及《およ》び、遂《つひ》に羊舌子《やうせつし》も、其贓《ざう》物《ぶつ》【337】の羊《ひつじ》一つの分配《ぶんぱい》を受《う》けたとの事《こと》で、役人《やくにん》が来《き》て、詰問《きつもん》した。然《しか》るに、叔姫《しゆくき》は、先年《せんねん》の事《こと》を委《くは》しく役人《やくにん》に咄《はな》し、其瓶《かめ》を検分《けんぶん》させた所《ところ》が、肉《にく》はたゞれたが、いかにも其儘《そのまゝ》で埋《う》めたと云《い》ふ事《こと》が明《あきら》かであつた故《ゆゑ》、連座《れんざ》の罪《つみ》を免《ゆるさ》る事《こと》が出来《でき》た。若《も》し、高潔《かうけつ》なる夫人《ふじん》叔姫《しゆくき》が無《な》かつたならば、一家《か》みな悉《こと〴〵》く、浅間《あさま》しい贓罪《ざうざい》【338】によつて刑《けい》せらるゝ所《ところ》であつたであらう。

仏蘭西《フランス》のある市街《まち》に、極《きは》めて、勤勉《きんべん》なる老婆《らうば》が住《す》んで居《ゐ》た。救恤社《きうじゆつしや》と云《い》ふ貧民救助《ひんみんきうじよ》の社員《しやゐん》は、受恵簿《じゆけいぼ》【339】を持《も》ちて、戸々《こゝ》を廻《まは》り、寄付金《きふきん》を募集《ぼしう》して歩《ある》いて居《ゐ》る程《ほど》に、或人《あるひと》が、「爾々《しか〴〵》の老嫗《らうば》は、能《よ》く稼《かせ》ぐから、少《すこ》し位《くらゐ》の貯蓄《ちよちく》はあらう」と教《をし》へたので、例《れい》の社員《しやゐん》は、

陰徳《いんとく》【341】を積《つ》みて陽報《やうはう》【342】を求《もと》めず

其家《そのいへ》を訪問《おとづれ》た。すると、一人《ひとり》の老婆《らうば》が紡績《ばうせき》【340】して居《ゐ》た。其四方《はう》の壁《かべ》は悉《こと〳〵》く壊《やぶ》れて、雨風《あめかぜ》も凌《しの》ぎ難《がた》いやうな有様《ありさま》で、その上《うへ》、家具《かぐ》は、僅《わづ》かに一二脚《きやく》の椅子《いす》と卓子《テーブル》とのみであつて、これさへ、破《やぶ》れ損《そこな》はれて、物《もの》の用《よう》にも立《だ》つまじく思《おも》はるゝ程《ほど》であつた。社員《しやゐん》は、兎《と》ても、寄付金《きふきん》の咄《はな》しをしたとて無詮《むせん》であらうから、還《かへ》らうかと思《おも》うて考《かんが》へて居《ゐ》ると老婆《らうば》は、「君《あなた》、何御用《なにごよう》で御出《おい》で成《な》された。」と問《と》うた。社員《しやゐん》は、もう用向《ようむき》を云《い》はぬ訳《わけ》にゆかぬ故《ゆゑ》かやう〳〵と咄《はな》した。老婆《らうば》は、これを聞《き》きて、頓《やが》て、一包《つゝみ》の貨幣《かね》を取《と》り出《い》だし、「これは聊《いさゝ》かですが、私《わたくし》が、紡績《ばうせき》して得《え》たものです。どうぞ、憐《あは》れな同胞達《きやうだいたち》を救《すく》つて下《くだ》さい。私《わたくし》は衣食《いしよく》には困《こま》りませぬから」と云《い》はれて、社員《しやゐん》は、且驚《かつおどろ》き、且感《かつかん》じ。「どうも、貴婦《あなた》のやうな感心《かんしん》な方《かた》はありませぬ。沢山《たくさん》お金《かね》のあり余《あま》つてる人《ひと》でも、中々《なか〳〵》出《だ》してくれませぬのです。後《あと》から、謝礼状《おれいじやう》は差上《さしあ》げますが、まづ、此所《ここ》へ金額《きんがく》を御記入下《ごきにふくだ》さい」、と云《い》

【332】いくら困っていても、不正や不義になることを避け、身を慎むこと
【333】紀元前十一世紀～紀元前三七六年に、現在の中国山西省に西周代、春秋時代にわたって存在した国家
【334】以下の羊舌子の妻、叔姫の話は、校注272と同様に『列女伝』に見える
【335】正しい処置が出来にくい事情や関係
【336】やむを得ない
【337】窃盗などの犯罪行為によって手に入れた財物
【338】贓物であることを知りながら受け取った罪
【339】寄付金などを記録する帳簿
【340】糸をつむぐこと
【341】人に知られない善行
【342】はっきりと良いむくいが表れること

つて、受恵簿《じゆけいぼ》を差出《さしい》だすと、老婆《らうば》は、今迄《いままで》の莞爾《にっこり》とした顔《かほ》つきに引《ひき》かへ、憮然《ぶぜん》として【343】面《おも》て背《そむ》け、「私《わたくし》は、聊《いさゝ》かの恵《めぐみ》のために、人《ひと》に名《な》を知《し》られたり、お礼《れい》を云《い》はれたりするのは、大嫌《だいきら》ひです。其様《そん》な冊子《もの》に、金額《きんがく》や姓名《せいめい》を記入《きにふ》したり、又《また》、謝礼状《しやれいじやう》を載《いただ》いたりする程《ほど》なら、何《なに》も君《あなた》に此金《このかね》の取扱《とりあつか》ひをお願ひ致《いた》しませぬ。ハイ」、と云《い》ひながら、早速《さつそく》取《と》り蔵《をさ》めようとした。これは、匿名《とくめい》で郵送《いうさう》でもする積《つも》りなのであらう。社員《しやゐん》は、ます〱、名利《めいり》を求《もと》めぬ、極《きは》めて高潔《かうけつ》なる老婆《らうば》の詞《ことば》に感《かん》じ、深《ふか》く我《わ》が過《あやま》ちを謝《しや》して、匿名《とくめい》で、其金《そのかね》を受《う》け取《と》つて帰《かへ》つた。誠《まこと》に珍《めづ》らしい感心《かんしん》な老婦人《らうふじん》である。

十　優雅《いうが》なるべきこと

これまで陳述《ちんじゆつ》した、正実《せいじつ》、仁慈《じんじ》、恭謙《きやうけん》、貞淑《ていしゆく》、快濶《くわいくわつ》、勤倹《きんけん》、堅忍《けんにん》、沈着《ちんちやく》、高潔等《かうけつとう》の徳《とく》は、云《い》はゞ、女子《ぢよし》が修身《しうしん》【344】なる体《たい》の骨子筋肉《こつしきんにく》のやうなものであつて、此度《このたび》説《と》く所《ところ》の、優雅《いうが》、なる徳《とく》は、頭髪《とうはつ》や、皮膚《ひふ》のやうなものである。身体《しんたい》は、骨格《こつかく》が確《たし》かで、筋肉《きんにく》が太《ふと》く逞《たく》ましければ、其《そ》れで健全体《けんぜんたい》で、甚《はなは》だ結構《けつこう》ではあるが、若《も》し、これに加《くは》ふるに、漆黒《まつくろ》な髪《かみ》の毛《け》や、雪白《まつしろ》な皮膚《ひふ》などの健全《けんぜん》なる身体《しんたい》を覆《おほ》うて居《ゐ》たならば、彌々《いよ〱》内外《ないぐわい》ともに、間然《かんぜん》する所《ところ》の無《な》い【345】人体《じんたい》であると同《おな》じ事《こと》で、正《たゞ》しい賢《かしこ》い、恵深《めぐみふか》い恭々《うや〳〵》しい立派《りつぱ》な徳《とく》を備《そな》へてる上《うへ》に、今《いま》一つ、優美閑雅《いうびかんが》【346】な徳《とく》をも加《くは》へたならば、実《じつ》に、柳《やなぎ》の枝《えだ》に桜《さくら》を、咲《さ》かせて、梅《うめ》が香《か》を匂《にほ》はせたやうな淑女《しゆくじよ》となるであらう。然《しか》し、優雅《いうが》なれと希《ねが》ふのは、まづ、心《こゝろ》の優雅《いうが》ならん事《こと》を希《ねが》ふので、形《かた》ちの優雅《いうが》は末《すゑ》である。これを、其行為《かうゐ》の上《うへ》に望《のぞ》んだならば、よし【347】、縦令《たとひ》、許多《あまた》の奴婢《ぬひ》を召使《めしつか》ひ、大厦《たいか》【348】に住《す》み、美衣美食《びいびしよく》をすることの出来《でき》る人《ひと》であつても、女子《ぢよし》の天職《てんしよく》なる、家政《かせい》の整理管督《せいりくわんとく》【349】、乃《すなは》ち衣食住《いしよくぢゆう》一切《さい》の事《こと》から、家内《かない》衛生《ゑいせい》、経済《けいざい》の事《こと》、養老《やうらう》【350】、育児《いくじ》、其他小細《たせうさい》の点《てん》まで、実践躬行《じつせんきうかう》【351】して欠《か》くる所無《ところな》しといふに至《いた》つて、始《はじ》めて、完全《くわんぜん》なる女子《ぢよし》と称《たゝ》ふることを得《う》るのである。であるから、解洗《ときあら》ふ衣《ころも》の乾《ひ》る間《ま》に、折《をり》にふれて、心《こゝろ》やる為《ため》に歌《うた》を詠《よ》み、翌朝《あした》の炊事果《かしぎは》てゝ後《のち》、親《おや》、夫《をつと》の慰《なぐさ》めに琴《こと》を奏《かな》で、よしや、九尺《しやく》二軒《けん》【352】の裏店《うらだな》【353】に住《す》みても、人《ひと》の侮《あなど》り軽《かろ》しむること能《あた》はざるまで、気韻《きゐん》【354】け高《たか》く、言行優雅《げんかういうが》ならんこそ、誠《まこと》に尊崇敬慕《そんさうけいぼ》すべき女子《ぢよし》であると云《い》はねば

【343】がっかりしたり、驚くなどして呆然とするさま
【344】行いを正し、善を行うように努めること
【345】非の打ち所がない
【346】しとやかでみやびやかなさま
【347】万一
【348】豪壮な建物
【349】監督に同じ
【350】老人を養うこと
【351】実際に自分自身で行動に表すこと
【352】約三坪（畳六畳分ほどの広さ）
【353】市街地の裏通りなどに建てられた粗末な長屋
【354】気品のある趣

ならぬ。多《おほ》くもあらぬ奴婢《めしつかひ》は、目《め》の廻《まは》る程《ほど》、多忙《たばう》を極《きは》めても、なほ、厨房《かつてもと》【355】は、不整理《ふせいり》に不潔《ふけつ》になつて、家《いへ》の活計《くらし》は、いつも不足《ふそく》を告《つ》ぐるに、主婦《しゆふ》は、己《おの》が粧飾《さうしよく》にのみ金《かね》をかけ、或《あるひ》は、歌《うた》よ俳諧《はいかい》よ、琴《こと》よ、茶《ちや》の湯《ゆ》よと、あたら貴重《きちよう》の時《とき》を空費《くうひ》するが如《ごと》きは、決《けつ》して、真《しん》の優雅《いうが》では無《な》くて、却《かへ》つて志《こゝろざし》の卑《いやし》い人《ひと》と云《い》はねばならぬ。能《よ》く思《おも》ひ違《ちが》へぬやうに致《いた》したいものである。

優雅《いうが》の挙止《きよし》【356】暗《あん》に盗賊《たうぞく》を走《はし》らす

むかし、我《わ》が皇政《わうせい》は、やうやく衰《おとろ》へて戦乱《せんらん》が、地方《ちほう》に起《おこ》り始《はじ》めた頃《ころ》、京《きやう》の片辺《かたほと》りに小奇麗《こぎれい》な家《いへ》をしつらひて、住《す》んで居《ゐ》る、一人《ひとり》の若《わか》き婦人《ふじん》があつた。世間《せけん》の評判《ひやうばん》では、何《なん》でも、由緒《よし》ある人《ひと》の仮《かり》の隠家《かくれが》であらう。余《あま》りに、婦人《ふじん》の容子《ようす》が、雅《みやび》やかであるからと云《い》うて居《ゐ》た。これを何時《いつ》の間《ま》にか聞《き》き込《こ》んだ三人《にん》の盗賊《たうぞく》の一群《むれ》が、相談《さうだん》して、其女《をんな》は、必《かなら》ず好《よ》い宝物《たからもの》を所持《しよぢ》して居《ゐ》るに相違無《さうゐな》いとて、ある夜《よ》三人《にん》しめし合《あ》はせて、此家《このいへ》の傍《かたは》らに立《た》ち寄《よ》り、まづ内《うち》の容子《ようす》を見定《みさだ》めようとて、代《かは》る〲戸《と》の節穴《ふしあな》から、隙見《すきみ》をした。婦人《ふじん》は、左様《さやう》な恐《おそ》ろしい人《ひと》が、外《そと》に在《あ》つて、我《わ》れを伺《うかゞ》ふとも知《し》らず、静《しづ》かに炉《ろ》の側《そば》に座《ざ》して、粥《かゆ》を炊《た》いて居《ゐ》たが、もう煮《に》えたかと思《おも》うて、試《こゝろ》みるために、そつと、鍋《なべ》の蓋《ふた》で中《なか》の飯粒《めしつぶ》を二三粒《ふたつぶみつぶ》すくひ上《あ》げ、白魚《しらうを》のやうな細《ほそ》い美《うつく》しい指《ゆび》さきで、徐《しづ》かに押《お》しつぶして見《み》たが、まだ能《よ》く煮《に》えなかつたものと見《み》えて、二三の飯粒《はんりふ》は、そつと火《ひ》の中《なか》へ払《はら》い落《おと》した。外《そと》の盗人《ぬすびと》どもは、此婦人《このふじん》が、誰《た》れ知《し》る人《ひと》も無《な》いと思《おも》つてる、夜中《やちゆう》に一人居《ひとりゐ》て、恰《あた》かも心恥《こゝろはづ》かしき人《ひと》の前《まへ》にてもふるまふ様《やう》に、物《もの》しとやかに、雅《みやび》やかな容子《ようす》をして居《ゐ》るのを見《み》たら、三人《にん》は何《なん》と思《おも》つたつか、小手招《こてまね》き【357】をして、少《すこ》し家《いへ》より離《はな》れた所《ところ》へ往《ゆ》き、一人《ひとり》の賊《ぞく》が、「オイオイ、阿兄《あにき》、貴様《きさま》は、あの女《をんな》を何様《どう》思《おも》ふ。我《わ》れは、彼《あ》の飯粒《めしつぶ》を、ぐいと沢山《たくさん》救《すく》ひ上《あ》げて、鍋《なべ》の蓋《ふた》から、べろ〳〵嘗《な》め込《こ》んで、噛《か》んでても見《み》るだらうと思《おも》つてたら、二三粒《ふたつぶみつぶ》救《すく》ひ上《あ》げて、指《ゆび》さきで、そつと押《お》しつぶして見《み》て、火《ひ》にくべて焚《た》いてしまつた。どうだい彼《あ》の容子《ようす》は、全《まつた》くお姫様《ひめさま》だ。」と云《い》ふと、今一人《いまひとり》が、「我《わ》れも実《じつ》に感心《かんしん》しッチまつた。」何《なに》も此所《こゝ》ばかりが、仕事場《しごとば》ヂヤア無《な》い。あんな立派《りつぱ》な女《をんな》を苦《くる》しめるには及《およ》ば無《な》いヂヤ無《な》いか。止《よ》さう〳〵」、と身慄《みぶる》ひをした。すると、又《また》、一人《ひとり》が「早《はや》く逃《にげ》ろ〳〵」、と云《い》つて、ばた〳〵と逃《に》げ出《で》してしまつた。後《のち》に、此《この》三人《にん》の賊《ぞく》が捕《と》らへられて、白状《はくじやう》したとの事《こと》である。全《まつた》く、此婦人《このふじん》は其独《ひとり》を慎《つゝし》んで、且《かつ》、其雅《みやび》やかな挙動《きよどう》が、力《ちから》をも用《もち》ひずして、三人《にん》の盗賊《たうぞく》をも、追《お》ひ退《の》くる事《こと》を得《え》たのである。

又《また》、むかし、時《とき》の帝《みかど》が、梅花《ばいくわ》の名木《めいぼく》を求《もと》めさせられたので勅使《ちよくし》は、京中《きやうちゆう》此所彼所《こゝかしこ》を尋《たづ》ねたが、どうも、これならばと云《い》ふ程《ほど》の名木《めいぼく》が無《な》い。誠《まこと》に困《こ》まり切《き》つて、猶《なほ》、

【355】調理をする所。台所
【356】たちいふるまい
【357】ちょっと手招きをすること

鶯宿梅《あふしゆくばい》【363】の下《もと》才媛《さいえん》あり

遠近《あちらこちら》歩《ある》いて居《ゐ》る間《あひだ》に、やつと、とある人家《じんか》の垣《かき》ごしに、紅梅《こうばい》の色《いろ》の、殊《こと》に優《すぐ》れたのが咲《さ》いて居《ゐ》たので、ヤレ嬉《うれ》しやと、仕丁《じちやう》【358】等《ら》を引《ひき》き連《つ》れて、其家《いへ》に入《い》り、勅命《ちよくめい》【359】だとて、此梅御所望《このうめごしよまう》あるよしを云《い》ひ、早速《さつそく》に根廻《ねまは》し【360】に取《と》りかゝつた。当時《たうじ》は、かやうな有様《ありさま》で、草木《さうもく》などのやうな物《もの》は、随分《ずゐぶん》、平人《たゞびと》でも、少《すこ》し権勢《けんせい》のある役人《やくにん》などなれば、無断《むだん》で、他《ひと》の所有《しよいう》の物《もの》をも、折《を》つたり、堀《ほ》つたりして、持《も》つて往《い》つた程《ほど》であるから、勅命《ちよくめい》などと云《い》へば、勿論権柄《もちろんけんぺい》【361】に取《と》つて往《い》つても、怪《あや》しまなかつたのである。然《しか》るに、此家《このいへ》の主人《しゆじん》は、不在《ふざい》と見《み》えて、たゞ、下人《げにん》やうの者《もの》ばかりが、呆気《あつけ》に取《と》られて、其有様《ありさま》を見《み》て居《ゐ》た。其時《そのとき》、年齢《としごろ》十四五歳程《さいほど》の少女《せうぢよ》が、静《しづ》かに、いよ簾《す》【362】のうちより。

　勅《ちよく》なればいともかしこし鶯《うぐひす》の
　　宿《やど》はと問《と》はゞいかゞ答《こた》へん

と歌《うた》うた。此歌《このうた》の意味《いみ》は、「勅諚《ちよくじやう》とあれば、誠《まこと》に恐《おそ》れ多《おほ》い事《こと》で、慎《つゝし》んで、お受《う》けを致《いた》しますが、たゞ、此梅《このうめ》は、殊《こと》に世《よ》に優《すぐ》れた花《はな》である故《ゆゑ》、鶯《うぐひす》が毎日《まいにち》来《き》て、己《おの》が宿《やど》として悦《よろこ》んで居《お》ります。其《そ》れで、若《も》し其鶯《うぐひす》が、明日《あした》も来《き》て、私《わたくし》の宿《やど》の好《よ》い梅《うめ》は、私《わたくし》の留守《るす》の間《ま》に、令嬢《あなた》は、どうなさつたのです。と問《と》うたら、私《わたく》しは何《なん》と答《こた》へませう。」と云《い》うた。いかにも、深《ふか》く愛《あい》した梅《うめ》の名花《めいくわ》を惜《をし》んだ心《こゝろ》は、十分《ぶん》に見《み》えて、しかも、君臣《くんしん》の義《ぎ》をも失《うしな》はない。実《じつ》に高雅優美《かうがいうび》の詠歌《えうか》に、心無《こゝろな》い小役人《こやくにん》どもゝ、大《おほ》きに感心《かんしん》して、ありのまゝを、帝《みかど》に奏聞《さうもん》したので、何人《なんびと》の女《むすめ》であるかとお取調《とりしら》べになつたら、紀貫之《きのつらゆき》【364】といふ歌仙《かせん》【365】の女《むすめ》であると知《し》れ、厚《あつ》く賜物《たまもの》があつたとの事《こと》である。君主専政《くんしゆせんせい》の当時《たうじ》であつて見《み》れば、勅命《ちよくめい》にむかつて、口《くち》をはさむやうな事《こと》があれば、罪《つみ》にも当《あ》てらるる所《ところ》を、却《かへ》つて褒賞《ほうしやう》に預《あづか》つたのは、全《まつた》く優雅《いうが》の徳《とく》であらう。

又《また》、英国皇帝《えいこくくわうてい》チャールス一世《せい》【366】の忠臣《ちうしん》であつて、チャールス二世《せい》が即《そく》位の時《とき》にも、大《おほ》いに力《ちから》を尽《つく》した、子爵《ししやく》リチャード、ファンショー【367】の夫人《ふじん》アンは、嘗《かつ》て、良人《をつと》が共和党《きようわたう》の手《て》に捕《と》らへられて、獄屋《ごくや》の中《うち》に繋《つな》がれて居《ゐ》た頃《ころ》は、毎日毎夜《まいにちまいよ》、この恐《おそ》ろしき地獄《ぢごく》の窓《まど》の下《した》に立《た》ちて、悪鬼《あくき》の如《ごと》き、獄卒《ごくそつ》の眼《め》を盗《ぬす》みつゝ、能《よ》く夫《をつと》の憂愁《いうしう》【368】を慰藉《いせき》【369】した。斯《か》くて、

【358】宮中や貴族の家などで雑役に使われた下男
【359】天子の命令
【360】樹木の移植に先だって根もとにほどこす処置
【361】権力を濫用するさま
【362】伊予簾《すだれ》の略。伊予国（愛媛県）に産するゴキダケで編む簾であることからこの名がある
【363】ここに述べられている『大鏡』（平安時代の歴史物語）などに見える故事の梅の名木。またその故事
【364】平安時代前期の歌人。『古今和歌集』の撰者の一人で、三十六歌仙の一人
【365】和歌に優れた人
【366】チャールズ一世（英語：Charles I）。スチュアート朝のイングランドの国王。在位一六二五年～一六四九年
【367】リチャード・ファンショー（英語：Richard Fanshawe 一六〇八年～一六六六年）、チャールズ一世、二世に仕えた
【368】悲しんで心をいためること
【369】なぐさめること

金殿《きんでん》に舞《ま》はんより茅屋《ばうおく》に歌《うた》はん

幾程《いくほど》もなくて、王政《わうせい》に復《ふく》した後《のち》、リチャードは、重《おも》く用《もち》ひられて、頗《すこぶ》る権勢《けんせい》ある地位《ちゐ》にも登《のぼ》つたが、アン夫人《ふじん》は良人《をっと》と共《とも》に、沈淪《ちんりん》【370】して居《ゐ》た時《とき》も、其嗜《たしな》める詩文《しぶん》に心《こゝろ》をやりて、夫《をつと》をも慰《なぐさ》め、自《みづか》らも楽《たの》しんで居《ゐ》たのであるが、世人《せじん》に羨《うらや》まるゝ栄華《えいぐわ》の身《み》になつても、交際場裡《かうさいぢやうり》に花《はな》を咲《さか》せようとは希《ねが》はずして、最愛《さいあい》なる夫《をつと》と、静《しづ》かな家庭《かてい》の裡《うち》に、詩歌文《しくわぶん》藻《さう》【371】の清《きよ》い楽《たの》しみを取《と》る事《こと》をのみ悦《よろこ》んだのである。彼《か》の有名《いうめい》な、共和党《きようわたう》の主領《しゆれう》クロンウエル【372】が、深《ふか》く、リチャードの品性風采《ひんせいふうさい》【373】を敬慕《けいぼ》して、百方《いろ〳〵》、我《わ》が味方《みかた》にしようと計《はか》つたけれども、遂《つひ》に其事《こと》は成《な》らずして止《や》んだが、猶《なほ》其《そ》れを憎《にく》まず、愛敬《あいけい》して居《ゐ》たのは、かれを内助《ないじよ》せる夫人《ふじん》の高尚優雅《かうしやういうが》【374】の徳《とく》の、何《なに》と無《な》く、人《ひと》の心《こゝろ》を融化《いうくわ》【375】せしむる力《ちから》が、与《あづか》つて、大《おほ》いにあつたのであらうと云《い》ふ事《こと》である。

以上《いじやう》は、女子《ぢよし》が心《こゝろ》のとゝのへと、行為《かうゐ》との斯《か》くもあらまほしと思《おも》はるゝ人々《ひと〳〵》の伝《でん》をも摘《つ》みて、述《の》べたのである。以下《いか》は、形《かたち》のとゝのへと、動作《どうさ》との概略《がいりやく》を述《の》べようとするのである。

【370】落ちぶれること
【371】詩や文章を作ること
【372】クロムウェル（英語：Oliver Cromwell 一五九九年～一六五八年）。イングランドの政治家、軍人。ピューリタン革命の指導者。王政を廃止し、共和制を実現した
【373】人柄と容貌
【374】上品でやさしくみやびやかなこと
【375】とけあわすこと

下篇　形《かたち》のとゝのへと動作と

上篇《じやうへん》に述《の》べた、女子《をんな》が心《こゝろ》のとゝのへは、人体《じんたい》の骨格筋肉《こつかくきんにく》のやうなもので、「行為《かうゐ》」は其太《そのふと》く逞《たく》ましき人体《じんたい》がいかやうな活《はたら》きをしたかと云《い》ふことを説《と》いたのである。そして、今《いま》、下篇《げへん》に述《の》べやうとする「形《かたち》のとゝのへ」は、其立派《りつぱ》な人体《じんたい》の外部《ぐわいぶ》の装飾《さうしよく》を云《い》ふので、「動作《どうさ》」は、其装飾《さうしよく》の色《いろ》や形《かたち》が、斯《か》く〳〵あると云《い》ふありさまを説《と》くのである。

一体《いつたい》、人《ひと》は心《こゝろ》が正《たゞ》しくて、行《おこなひ》が潔《いさぎよ》くあれば、形《かたち》などは、いかに見《み》ぐるしくとも、物云《ものい》ひなどは、いかにふつゝか【1】で有《あ》つてもかまはぬ筈《はづ》であるけれども、疎野《そや》なる形《かたち》、無骨《ぶこつ》なる言語《げんご》をもちて、なほよく、貴人《きじん》の前《まへ》にも出《い》で、衆人《しゆうじん》の中《なか》にも立《た》ち、更《さら》に他《た》の

【1】無骨なようす

侮《あなど》りをも受《う》けず、自《みづか》ら心《こゝろ》に憶《をく》することもないと云《い》ふは、兎《と》ても、賢明《けんめい》の人《ひと》で無《な》ければ出来難《できがた》い事《こと》である。すべて、人《ひと》は、己《おの》れが識《し》らざる事《こと》には、心《こゝろ》の後《おく》るゝものであるから、心《こゝろ》のとゝのへと、形《かたち》のとゝのへと、此《この》二つを、まづ心得《こゝろえ》て置《お》けば、多少《たせう》、安心《あんしん》に立《た》ち挙動《ふるま》ふ事《こと》が出来《でき》るであらう。

一　座作進退《ざさしんたい》【2】の法《はふ》

立《た》ちやう

立《た》つ時《とき》は、体《たい》を正《たゞ》しくし、少《すこ》し、反身《そりみ》だと思《おも》ふ程《ほど》に、胸部《きやうぶ》を前《まへ》へ突《つ》き出《いだ》すやうにし、腰《こし》の所《ところ》に力《ちから》のあるやうに、首《くび》は心持《こゝろもち》ちうつむき目《め》にして、眼《まなこ》も亦正《またたゞ》しく、真正面《まつしやうめん》を見《み》るのである。

歩《あゆ》みやう

歩《あゆ》みて進《すゝ》むには、普通左《ふつうひだり》の足《あし》よりするなれども、右《みぎ》の足《あし》より進《すゝ》みてもよし。退《しりぞ》く時《とき》は、まづ、両足《りやうあし》を揃《そろ》へ、右《みぎ》へ旋《めぐ》る時《とき》は、右《みぎ》の足《あし》さきを、左《ひだり》の踵《きびす》【3】の所《ところ》まで、斜《なゝ》めに引《ひ》き、次《つぎ》に、左《ひだり》の足《あし》を、同《おな》じ方《はう》へ引《ひ》きて、斜《なゝ》めに下座《げざ》【4】の方《はう》へ向《むか》ひ、下座《げざ》の足《あし》より、歩《あゆ》みて帰《かへ》るのである。手《て》は、両股《りやうもゝ》の側《わき》の所《ところ》へ添《そ》え、肩《かた》と臂《ひぢ》とは、張《は》らず、縮《ちゞ》めず、安《やす》らかにあるべく、又《また》、少《すこ》し打《う》ちくつろいだ時《とき》には、胸《むね》の辺《へん》へ緩《ゆる》く手《て》さきの処《ところ》を組《く》むやうにして、そ

座《ざ》しやう

つとおいてもよろしい。足音《あしおと》は、決《けつ》して高《たか》くてはならぬ。濶歩《おほまた》ならず、小走《こばし》りにせず、する〳〵と進《すゝ》んで行《ゆ》くがよい。靴《くつ》を穿《は》いた時《とき》でも、決《けつ》して足音《あしおと》を高《たか》く歩《ある》いてはいけない。さうかと云《い》つて、ぬすみ足《あし》をするやうに歩《ある》くも宜《よろ》しくない。畳《たゝみ》の縁《へり》、及《およ》び閾《しきゐ》は踏《ふ》まぬが宜《よ》い。

座《すわ》ると時《とき》は、両足《りやうあし》の爪《つま》さきを揃《そろ》へ、膝頭《ひざがしら》を合《あは》せて、手《て》は安《やす》らかに両股《りやうもゝ》の上《うへ》に添《そ》へて、静《しづ》かに座《ざ》につくのである。さて、右足《みぎあし》の拇指《おやゆび》を、左《ひだり》の拇指《おやゆび》の上《うへ》に重《かさ》ね、手《て》は膝《ひざ》の上《うへ》に置《お》くがよろしい。

椅子《いす》に倚《よ》るには、真直《まつすぐ》に、安《やす》らかに腰《こし》をおろし、両足《りやうあし》のさきは揃《そろ》へて居《ゐ》るが宜《よ》い。然《しか》し、高貴《こうき》の御方《おかた》の前《まへ》で無《な》ければ、膝頭《ひざがしら》の所《ところ》で脚《あし》を組《く》んでも宜《よろ》しいが、靴《くつ》の裏《うら》は見《み》えないやうにするが宜《よ》い。大《おほ》きな椅子《いす》の隅《すみ》の方《はう》に小《ちひ》さくなつて、怖々《こは〴〵》かけて居《ゐ》るやうに見《み》ゆるのも見苦《みぐる》しいが、後《うし》ろの方《はう》へ、どんと凭《よ》りかゝつて、仰《あふ》むけに臂《ひぢ》かけ椅子《いす》などへ、両手《りやうて》を広《ひろ》げてかけて、傲然《がうぜん》【5】として居《ゐ》るなどは、女子《をんな》は、殊《こと》に慎《つゝし》んでせぬが宜《よろ》しい。又《また》、年少者《とししたのもの》は、年長者《としうへのもの》が、「おかけ」といはぬ内《うち》は、椅子《いす》にかくるものでは無《な》い。

【2】たちいふるまい
【3】かかと
【4】上座に対する言葉。一般に床の間に遠く、入口に近い席。下位の人が座る席
【5】えらぶった様子

いかなる貴人《きじん》にでも、椅子《いす》に凭《よ》ってる人《ひと》には、立《た》ちながら礼《れい》をするものである。座《ざ》してなすは、却《かへつ》て非礼《ひれい》【6】である。

拝《はい》しやう

両手《りやうて》を膝《ひざ》の前《まへ》、離《はな》れぬやうについて、手《て》の爪《つま》さきを突《つ》き合《あは》せ、八字形《じけい》をつくり、臂《ひぢ》を畳《たゝみ》につけ、頭《かしら》を突《つ》いてる手《て》の上《うへ》まで下《さ》げて、静《しづ》かに拝《はい》するのである。

立礼《りうれい》は、立《た》ちながら、両手《りやうて》のさきを静《しづ》かに膝《ひざ》がしらの所《ところ》まで下《さ》げて、頭《かしら》は、殆《ほと》んど、下唇《したくちびる》の、襟《えり》の掻《か》き合《あは》せの所《ところ》へつく程《ほど》に下《さ》ぐるのである。膝《ひざ》を「く」の字《じ》なりに折《を》り、体《たい》をかゞむるは見苦《みぐる》しい。握手《あくしゆ》の礼《れい》は、女子《ぢよし》まづ授《さづ》けて【7】男子《だんし》がこれに応《おう》じて握《にぎ》るのである。女《をんな》どちならば、長上《めうへ》の人《ひと》から、少者人《めしたのひと》に授《さづ》くるのである。

人《ひと》の前過《まへす》ぎやう

高貴《かうき》の御方《おんかた》の前《まへ》を過《す》ぐる時《とき》、先方《せんぱう》が座《ざ》して居《を》らるれば、一寸座《ちよつとざ》し、一膝擦《ひざす》りて、立《た》ちて行《ゆ》くべく、対等《たいとう》の人《ひと》の前《まへ》ならば、一寸小腰《ちよつとこごし》を屈《かゞ》め目礼《もくれい》して過《す》ぐるのである。(目礼《もくれい》とは、一寸先方《ちよつとせんぱう》の顔《かほ》を見《み》て頭《かしら》を少《すこ》し下《さ》ぐること)

高貴《かうき》の御方《おんかた》の、椅子《いす》によられたる前《まへ》は、立《た》ちながら、一拝《はい》して、少《すこ》し歩《あゆ》みを早《はや》めて過《す》ぐるのである。対等《たいとう》の人《ひと》ならば、そのまゝ過《す》ぎても宜《よろ》しいが、丁寧《ていねい》にすれば、やはり一寸目礼《ちよつともくれい》するが宜《よろ》しい。

行《ゆ》き遇《あ》ひの礼《れい》

途中《とちゆう》にて、行《ゆ》き遇《あ》うた時《とき》は、相互《たがひ》に三尺《じやく》ばかりの所《ところ》まで、近《ちか》づいた時《とき》、各々《おの〳〵》二歩《ほ》ばかり左《ひだり》へ開《ひら》いて、同時《どうじ》に一礼《れい》するのである。

戸《と》、障子《しやうじ》の開閉《かいへい》

戸《と》、障子《しやうじ》、襖障子《ふすま》等《とう》を開《ひら》くには、引手《ひきて》の方《はう》を前《まへ》に、斜《なゝ》めに座《ざ》し、右《みぎ》へ開《ひら》かうとする時《とき》は、右《みぎ》の手《て》を下《した》につき、左《ひだり》の手《て》を引手《ひきて》にかけ、三四寸《すん》【8】ばかり開《ひら》いて、更《さら》に左《ひだり》の手《て》をつき、右《みぎ》の手《て》を襖障子《ふすま》の縁《ふち》、下《した》より三四寸上《すんうへ》の所《ところ》へかけて、静《しづ》かに開《ひら》くのである、左《ひだり》へ開《ひら》くには、右《みぎ》の時《とき》の反対《はんたい》と心得《こゝろえ》て宜《よろ》しい。閉《と》づる時《とき》は、引手《ひきて》を前《まへ》に、斜《なゝ》めに座《ざ》し、右《みぎ》へ閉《と》づるには、右《みぎ》の手《て》を下《した》につき、左《ひだり》の手《て》を引手《ひきて》にかけ、静《しづ》かに閉《と》ぢかけ、三四寸《すん》ばかり残《のこ》して左《ひだり》の手《て》をつき、右《みぎ》の手《て》にて閉《し》め切《き》るのである。左《ひだり》へ閉《と》づるのは、この反対《はんたい》と心得《こゝろえ》て宜《よろ》しい。

妻戸《つまど》（開《ひら》き戸《ど》のこと）は、右《みぎ》の手《て》に取手《とつて》を握《にぎ》り、向《むか》うへ、しつかりと押《お》しつけて、止《と》まる所《ところ》まで、十分《じうぶん》にねぢを戻《もど》して、そして開《ひら》くが宜《よろ》しい。さうすれば、がた〳〵といふ音《おと》がせぬ。左《ひだり》の手《て》は、静《しづ》かに、左脇《ひだりわき》の所《ところ》に垂《た》れて居《ゐ》るのであるが、余《あま》りに大《おほ》きな重《おも》い戸《と》ならば、左《ひだり》の手《て》を取手《とつて》の下《した》の所《ところ》へ添《そ》へてもよろしい。すべて、戸《と》の煽《あふ》り風《かぜ》は、存外《ぞんぐわい》に強《つよ》いものであるから、余程注意《よほどちゆうい》して、そろ〳〵と開閉《あけたて》し、煽《あふ》り風《かぜ》の他人《ひと》に及《およ》ばぬやうにせねばならぬ。

戸障子《としやうじ》など、すべて始《はじ》めに開《あ》けてあつた所《ところ》ならば、其儘《まゝ》に通行《つうかう》してもよろしいが、閉《し》

【6】礼儀にはずれていること
【7】ここでは手を出すこと
【8】一寸は約三・〇五センチメートル

めてあつた所《ところ》を開《あ》けて出入《でいり》をしたならば必《かなら》ずもとの通《とほ》りに、閉《し》めて置《お》くべきものと心得《こゝろえ》てよろしい。又《また》、戸障子《としやうじ》、殊《こと》に押入《おしいれ》の戸《と》など、一二寸開《すんあ》けてあるのは、いかにも、物《もの》が不整頓《ふせいとん》に見《み》えて悪《わる》い。開《あく》るならば、みな開《あ》け放《はな》つべく、閉《し》むるならば、必《かなら》ず建付《たてつけ》まで閉《し》むるものである。諺《ことわざ》にも、下司《げす》の三寸《すん》、痴者《のろま》の一寸《すん》【9】といふ事《こと》があるが、しつけの無《な》い者《もの》は、兎角《とかく》に建付《たてつけ》をしつかり閉《し》めぬものであるから、能《よ》く注意《ちゆうい》すべきである。

二　物品薦撤《ぶつぴんせんてつ》の法《はふ》【10】

すべて、物品《もの》を授《さづ》けたり受《う》けたり、薦《すゝ》めたり、撤《ひ》いたりする心得《こゝろえ》は、其授《さづ》くる人《ひと》は、受《う》くる人《ひと》の受《う》けよいやうにし、受《う》くる人《ひと》は、其授《さづ》くる人《ひと》の都合《つがふ》のよいやうに受《う》け、薦《すゝ》むるにも撤《ひ》くにも、過《あやま》ちの無《な》いやう、見《み》えのよいやうに、そして、順序《じゆんじよ》よく手早《てばや》くして、しかも、其挙止《ふるまひ》の正《たゞ》しく麗《うるく》はしく、威儀《ゐぎ》の乱《みだ》れぬやうにとて、其手続《てつゞ》きの法《はふ》は定《さだ》めたのであるから、能《よ》くこれを心得《こゝろえ》おきて、さて作法《さはふ》は習《なら》ひ学《まな》ぶべきである。

何《なに》にても、物品《ぶつぴん》を薦《すゝ》むるには、まづ体《たい》を正《たゞ》しくし、両手《りやうて》にて持《も》ち（物《もの》によりては、片手《て》でもつべきものあれども）臂《ひぢ》は張《は》らず、縮《ちゞ》めず、ゆつくりとして、持《も》つた品《しな》は、我《わ》が胸《むね》のあたりにあるやうにして、(俗《ぞく》に目八分《めぶ》といふは目《め》より八分《ぶ》ばかり上《うへ》へ挙《あ》ぐるので、これは、神前《しんぜん》、又《また》は尊貴《そんき》の御方《おんかた》の前《まへ》に限《かぎ》る)拇指《おやゆび》は、物品《ぶつぴん》の上《うへ》へ、余《あま》りの四指《し》は、下《した》へかけ、静《しづ》かに進《す》ゝんで、客《きやく》の前《まへ》三尺《じやく》【11】ばかり隔《へだ》つた所《ところ》へ据《す》ゑ、己《おの》れも着座《ちやくざ》して、両手《りやうて》して、物品《ぶつぴん》は、客《きやく》の膝《ひざ》より二三寸《ずん》離《はな》れた所《ところ》まで押《お》しすゝめ、一膝退《ひざしりぞ》いて、立《た》ち上《あが》り、上座《かみざ》【12】の方《はう》へ廻《まは》つて退《しりぞ》くのである。但《たゞ》し、高貴《かうき》の御方《おんかた》へ薦《す》ゝむる時《とき》は、退《しりぞ》く時《とき》、一拝《はい》して立《た》つのである。撤《ひ》く時《とき》は、それと同《おな》じ心得《こゝろえ》にて、客《きやく》の前《まへ》三尺《じやく》ばかり離《はな》れた所《ところ》に座《ざ》し、一膝進《ひざす》ゝんで、物品《ぶつぴん》を我《わ》が方《かた》へ、三寸《ずん》ばかり引《ひ》き出《いだ》し静《しづ》かに持《も》ちて立《た》ち上《あが》り、退《しりぞ》くのである。

立礼《りうれい》の時《とき》も、大抵《たいてい》同《おな》じ心得《こゝろえ》であるが、卓上《たくじやう》は、卓布《テーブルかけ》などの、かけてある場合《ばあひ》が多《おほ》いから、物品《ぶつぴん》を引《ひ》いたりすゝめたりせず、其儘《まゝ》に置《お》きもし、取《と》りもして、持《も》ち帰《か》へるものと心得《こゝろえ》て宜《よろ》しい。

物《もの》を授《さづ》け受《う》くるには、最《もつと》も丁寧《ていねい》に、大切《たいせつ》に取扱《とりあつか》ふべき事《こと》を心得《こゝろえ》ねばならぬ。其授《さづ》くる

【9】江戸時代からのことわざ。「下司の一寸、のろまの一寸」の言い方もある。戸障子を閉めるのに三寸ぐらい残すのは下司、一寸ぐらい残すのはのろまだという意味。下司は身分の卑しい人

【10】物品の出し入れに関わる礼法。「物品薦撤」は当時の礼法で熟した用語

【11】一尺は約三〇・〇三センチメートル

【12】下座に対する言葉。床の間を背負う席で、入口から遠い席。上位の人や客が座る席

時《とき》は、先方《せんぱう》の、しつかりと、手《て》に取《と》つたのを見定《みさだ》めて、此方《こちら》の手《て》を放《はな》たなければいけぬ。うつかりとして、早《はや》く我《わ》が手《て》を引《ひ》くやうな事《こと》があるから、物品《ぶつぴん》は落《お》ち砕《くだ》くるなどの過《あやま》ちも出来《でき》るのである。すべて、先方《せんぱう》の取《と》りよいやうにして授《さづ》くるが礼《れい》である。物品《もの》は、いか程粗末《ほどそまつ》だと思《おも》ふものでも、決《けつ》して、軽々《かるがる》しく取扱《とりあつか》ふもので無《な》い。能《よ》く大切《たいせつ》に授《さづ》け受《う》くべきである。

物品《ぶつぴん》は、大抵《たいてい》、前《まへ》を我《わ》が前《まへ》にして、一旦《たん》、据《す》ゑた後《のち》、右《みぎ》から左《ひだり》へ取《と》り廻《まは》して、押《お》しすゝむる事《こと》が多《おほ》いが、食物《しよくもつ》は、始《はじ》めより、前《まへ》の方《かた》を客《きやく》の前《まへ》にして、据《す》ゑたまゝ、取《と》り廻《まは》さずして、押《お》しすゝむる場合《ばあひ》が多《おほ》い。以下《いか》は、物品《もの》の種類《しゆるゐ》を大別《たいべつ》して、其物《もの》に就《つい》て、取扱法《とりあつかいはふ》のあらましを述《の》ぶるであらう。

辞令書《じれいしよ》【13】

辞令書《じれいしよ》を授《さづ》くるには、其字頭《じがしら》を我前《わがまへ》にして、向《むか》うへ正《たゞ》しく向《む》け、右《みぎ》の手《て》に端《はし》の方《はう》を持《も》ち、左《ひだり》の手《て》を其の下《した》の所《ところ》へそつと添《そ》え、受《う》くる人《ひと》の手《て》の上《うへ》へおくやうにし、左手《ひだりて》より引《ひ》き、辞令書《じれいしよ》を先方《せんぱう》の手《て》に渡《わた》したる時《とき》、右《みぎ》の手《て》は引《ひ》くのである。

受《う》くる人《ひと》は、まづ、我《わ》が姓名《せいめい》を呼《よ》ばるゝ時《とき》、椅子《いす》を離《はな》れて、其授《さづ》けらるゝ人《ひと》の卓《たく》の前《まへ》、三尺《じやく》ばかりの所《ところ》にて、立《た》ち止《ど》まり、両足《りやうあし》を揃《そろ》へ、一礼《れい》して、下座《しもざ》の足《あし》より三足進《あしすゝ》み、辞令書《じれいしよ》は、左《ひだり》の手《て》に受《う》け、右《みぎ》の手《て》を添《そ》へて、押《お》し戴《いただ》き、上座《かみざ》の足《あし》より三歩退《あししりぞ》き、両足《りやうあし》を踏《ふ》み揃《そろ》へ、右《みぎ》の手《て》にて、紙《かみ》の右《みぎ》の端《はし》を、左《ひだり》の手《て》にて、左《ひだり》の巻《ま》いた方《はう》を持《も》ちながら、静《しづ》

文箱《ふばこ》

かに被《ひら》いて、一見《けん》【14】し、もとの如《ごと》く巻《ま》きたゝみて、中程《なかほど》を右《みぎ》の手《て》にて持《も》ち、左《ひだり》の手《て》にて、手前《てまへ》の端《はし》の所《ところ》を持《も》ち、一礼《れい》して退《しりぞ》くのである。座礼《ざれい》の時《とき》は、擦膝《すりひざ》に代《か》ふるまでゝある。文箱《ふばこ》は、前《まへ》の方《はう》を我《わ》が前《まへ》にし、左《ひだり》の手《て》の平《ひら》に据《す》ゑ、右《みぎ》の手《て》を持《も》ち添《そ》えて、先方《せんぱう》の客《きやく》の前《まへ》、三尺《じやく》ばかり隔《へだ》てゝ座《ざ》し、文箱《ふばこ》を下《した》におき、右《みぎ》より左《ひだり》へ取《と》り廻《まは》し、押《お》しすゝめて、一膝《ひざ》擦《す》り退《しりぞ》いて、立《た》ち上《あが》りて、退《しりぞ》くのである。高貴《かうき》の御方《おんかた》に参《まゐ》らする時《とき》は、立《た》つ前《まへ》に一礼《れい》することである。(以下《いか》、これに倣《なら》へ。)

主人《しゆじん》へ参《まゐ》らする【15】時《とき》は、紐《ひも》を解《と》き、文《ふみ》を取《と》り出《いだ》して参《まゐ》らするのである。

立礼《りうれい》の時《とき》は、文箱《ふばこ》を押《お》しすゝめぬまでゝある。

文箱《ふばこ》を受《う》くる時《とき》は、一寸目礼《ちよつともくれい》して、文箱《ふばこ》は下《した》においたまゝで、封《ふう》を切《き》り、紐《ひも》を解《と》き、蓋《ふた》を取《と》つて、我《わ》が右《みぎ》の方《かた》におき、文《ふみ》は、右《みぎ》の手《て》にて取《と》り上《あ》げ、左《ひだり》の手《て》に載《の》せ、表裏《おもてうら》を打《う》ちかへし見《み》、右《みぎ》の手《て》にて下《した》におき、文箱《ふばこ》の蓋《ふた》をなし、紐《ひも》を結《むす》び、もとの如《ごと》く、向《むか》うへ取《と》り廻《まは》して置《お》き、さて後《のち》に、文《ふみ》は見《み》るが宜《よろ》しい。

先方《むかう》が文《ふみ》を取《と》つたあとの、空《から》の文箱《ふばこ》を撤《ひ》くので、先方《むかう》の三尺《じやく》ばかり離《はな》れた所《ところ》に座《ざ》し、

【13】職務の任免などの内容を記し、本人に交付する書類　【15】差し上げる
【14】一度見ること

文箱《ふばこ》を我《わ》が方《かた》へ、三寸《ずん》ばかり引《ひ》き、さきの如《ごと》くして、持《も》ちかへるのである。若《も》し、先方《むかう》が此方《こちら》へ向《む》け、直《なほ》さずにおかれたならば、取《と》りまはして後《のち》、持《も》つのである。

書翰《しよかん》【16】

書翰《しよかん》は、左《ひだり》の手《て》の平《ひら》にのせ、右《みぎ》の手《て》にて、取《と》りまはして参《まゐ》らするのである。受《う》くるには、右《みぎ》の手《て》にて、書翰《しよかん》の右《みぎ》の横《よこ》の所《ところ》を取《と》り、左《ひだり》の手《て》に受《う》け一寸表《ちよつとおもて》を返《かへ》して見《み》、下《した》において目礼《もくれい》をなす。扨後《さてのち》は、直《たゞち》に披《ひら》いて見《み》ても、懐《ふところ》へ入《い》れてもよろしい。客《きやく》の前等《まへなど》にて、書翰《しよかん》を読《よ》むならば、客《きやく》に一寸目礼《ちよつともくれい》して読《よ》み始《はじ》むるものである。又《また》、客《きやく》は決《けつ》して、人《ひと》の見《み》て居《ゐ》る文《ふみ》をのぞいて見《み》るものでは無《な》い。

書籍《しよじやく》【17】、画帖《ぐわでう》

書籍《しよじやく》、画帖等《ぐわでうとう》、数冊《すうさつ》あるものは、順《じゆん》に重《かさ》ねて、両手《りやうて》にて持《も》ち出《いだ》して、例《れい》のやうにして、参《まゐ》らするのである。若《も》し、其数《かず》に不足《ふそく》したものがある時《とき》は、何巻目《なんぐわんめ》は不足《ふそく》して居《を》ります」と申《まう》しておくものである。

受《う》くる者《もの》は、目礼《もくれい》し、両手《りやうて》にて、我《わ》が前《まへ》、程《ほど》よき所《ところ》におき、一冊《さつ》づつ見《み》て行《ゆ》く。見終《みをは》つたならば、もとの通《とほ》りに重《かさ》ねておいて、向《むか》うへ取《と》りまはし、三寸《ずん》ばかり押《お》し出《いだ》して置《お》く。

其撤《ひ》く時《とき》は、例《れい》のやうにし、数冊重《すうさつかさ》なつてるものは、滑《すべ》り落《お》ちぬやうに、両手《りやうて》にて確乎《しつかり》と持《も》つのである。

巻物《まきもの》

巻物《まきもの》は、左《ひだり》の手《て》の上《うへ》へ載《の》せ、右《みぎ》の手《て》は、巻物《まきもの》の右《みぎ》の横《よこ》に添《そ》へ、例《れい》のやうにして、座《ざ》して紐《ひも》をとき、巻物《まきもの》は二寸《すん》ばかり披《ひら》きかけて、紐《ひも》は表紙《ひやうし》の端《はし》の所《ところ》へくる〳〵と巻《ま》きつけ、更《さら》に、一尺程披《じやくほどひら》き向《む》うへ取《と》り廻《まは》して参《まゐ》らせ、其見終《みをは》らるゝ迄《まで》、巻《ま》きかへらぬやうに、上部《じやうぶ》の端《はし》をそつと押《おさ》へて居《ゐ》て、末《すゑ》に至《いた》りたらば、其儘此方《まゝこなた》へ取《と》り廻《まは》して、もとの如《ごと》く巻《ま》き納《をさ》む。

受《う》くる人《ひと》は目礼《もくれい》して、その披《ひら》いてある所《ところ》の、我《わ》が方《かた》の端《はし》の所を両手《りやうて》にて、そつと押《おさ》へ

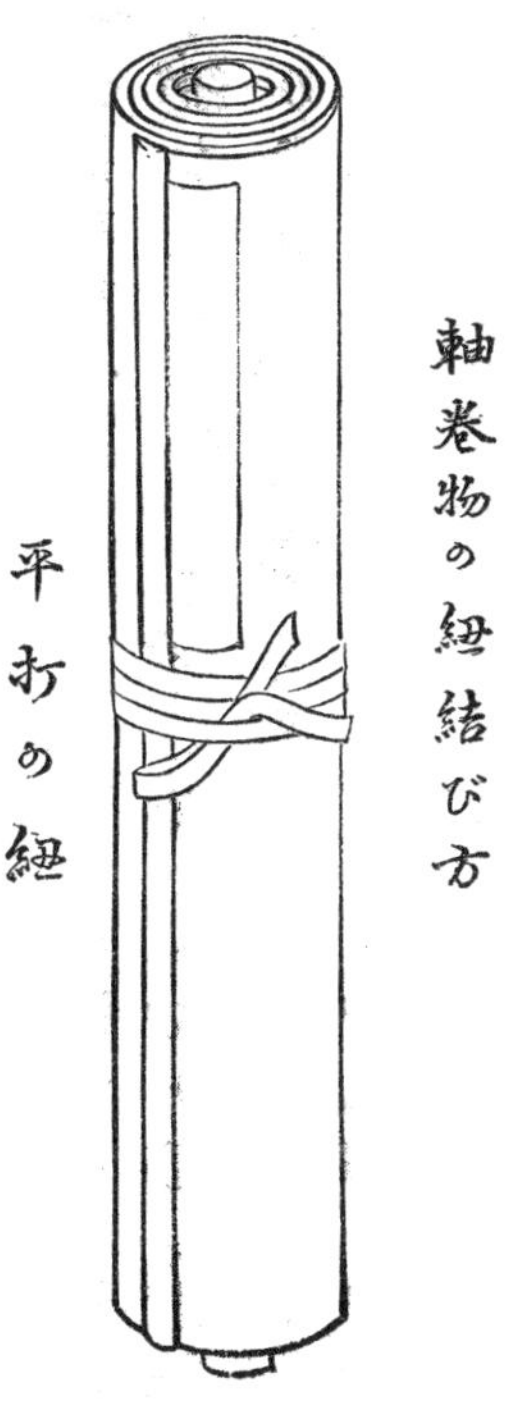

【16】手紙

【17】書籍《しよせき》に同じ。籍《じやく》は籍の呉音、籍《せき》は漢音

見《み》ながら、次第《しだい》に左《ひだり》の方《かた》を披《ひら》き、右《みぎ》の方《かた》へ緩《ゆる》く巻《ま》いて行《ゆ》き、見終《みをは》つたら、巻《ま》きなほして、紐《ひも》も、もとのやうに結《むす》び、向《むか》うへ取《と》り直《なほ》し、押《お》し出《いだ》し置《お》くのである。若《も》し、先方《せんぱう》で達《たつ》て、其儘《まゝ》にと請《こ》ひ取《と》らるゝ時《とき》は、丁寧《ていねい》に謝《しや》して返《かへ》しても宜《よろ》しい。撤《ひ》く時《とき》は、前《まへ》者の例《れい》のやうにして差支《さしつか》へない。

扇《あふぎ》、団扇《うちは》

扇《あふぎ》は、要《かなめ》のかたを我《わ》が前《まへ》にし、左《ひだり》の手《て》に受《う》け、右《みぎ》の手《て》を添《そ》へて持《も》ち、左《ひだり》の掌《てのひら》の上《うへ》ながら、向《むか》うへ取《と》り廻《まは》して、頭《かしら》の所《ところ》を、右《みぎ》の手《て》にて持《も》ちて要《かなめ》を彼方《かなた》へむけて参《まゐ》らす。

団扇《うちは》は、右《みぎ》の手《て》にて柄《え》を持《も》ち、左《ひだり》の手《て》にて裏《うら》を受《う》け、参《まゐ》らする時《とき》、取《と》り廻《まは》し、柄《え》の向《むか》うへなるやうにするのである。

受《う》くるには、右《みぎ》の手《て》にて要《かなめ》を持《も》ち、左《ひだり》の手《て》を下《した》に添《そ》え、目礼《もくれい》して、右《みぎ》の手《て》にて、我《わ》が右《みぎ》の脇《わき》へ置《お》く。

撤《ひ》く時《とき》は、例《れい》のやうにして、右《みぎ》の手《て》にて要《かなめ》を持《も》ち、左《ひだり》の手《て》を下《した》へ添《そ》へ持《も》ちて退《しりぞ》く。

団扇《うちは》は、柄《え》を右《みぎ》の手《て》にて持《も》つ。余《よ》は、扇《あふぎ》と同じ事《こと》で宜《よろ》しい。

刃物《はもの》

小刀《こがたな》、洋刀《ナイフ》其他《た》の刃物《はもの》は、鞘《さや》があつても無《な》くても、刃《は》の方《はう》を左《ひだり》にし、柄《え》を向《むか》うにして参《まゐ》らせ、大抵《たいてい》、扇《あふぎ》のやうに取《と》り扱《あつか》ふのである。但《たゞ》し、極《きは》めて鋭利《えいり》なる刃物《はもの》は、其由《よし》を、先方《せんぱう》に注意《ちゆうい》するが宜《よろ》しい。

手拭《てぬぐひ》、手巾《ハンカチーフ》、其他《そのた》

手拭《てぬぐひ》は、まづ横《よこ》に真半分《まはんぶん》にたゝみ、又《また》其れを半分《はんぶん》に折《を》り、それを竪《たて》二つに折《を》り、左《ひだり》の手《て》に載《の》せ、右《みぎ》の手《て》を持《も》ち添《そ》へてまゐらす。但《たゞ》し、小盆《こぼん》に載《の》せてもよろしい。又水《またみづ》に浸《ひた》したり、湯《ゆ》に浸《ひた》したりして、絞《しぼ》りて参《まゐ》らする時《とき》も、たゝみかたは、右《みぎ》のやうにして、それを絞《しぼ》り、手拭置《てぬぐひおき》の器《うつは》、又《また》は盆《ぼん》に載《の》せ、絞《しぼ》つたまゝにて出《だ》すが宜《よろ》しい。

受《う》くるには、右《みぎ》の手《て》にて、右《みぎ》の所《ところ》を持《も》ち、左《ひだり》の手《て》にて下《した》を受《う》けて取《と》る。絞《しぼ》りたるは、器《うつは》ながら取《と》る。下《した》に置《お》かれたるは、其儘目礼《まゝもくれい》して使用《しよう》する時《とき》に、取《と》り上《あ》げて宜《よろ》しい。

絞《しぼ》つた手拭《てぬぐひ》を出《いだ》さるゝは、大抵打《たいていう》ち解《と》けた間柄《あひだがら》にてする事《こと》が多《おほ》いのであるから、顔《かほ》や手《て》を拭《ぬぐ》ひても宜《よろ》しいが、其《そ》れも、女子《ぢよし》は余《あま》りに傍若《ばうじやく》【18】なる振舞《ふるまひ》はせぬやうに、心得《こゝろえ》ねばならぬ。

手巾《ハンカチーフ》を参《まゐ》らするには、香水《かうすゐ》をふりかけて出《いだ》す。其受《う》ける時《とき》は、大抵手拭《たいていてぬぐひ》のやうにて宜《よろ》しい。

撤《ひ》きやうは、出《いだ》した時《とき》のやうにて苦《くる》しく無《な》い。

其他《た》、布帛《きれ》、装飾品《さうしよくひん》、貨幣等《くわへいとう》は、まづ大抵《たいてい》、小蓋《こぶた》（略《りやく》しては盆《ぼん》）に載《の》せて参《まゐ》らするものである。

傘《かさ》、蝙蝠傘《かうもりがさ》、杖等《つゑとう》は、頭《かしら》の方《はう》を右《みぎ》の手《て》にて持《も》ち、左《ひだり》の手《て》を中程《なかほど》の所《ところ》に添《そ》へ、例《れい》のやう

【18】傍若無人の略。勝手気ままな言動をすること

にし、柄《え》を向《むか》うにして参《まゐ》らす。其披《ひら》いて参《まゐ》らする時《とき》は、十分《ぶん》に張《は》り披《ひら》き、柄《え》の中程《なかほど》を、右《みぎ》の手《て》にて持《も》ち、柄《え》を向《むか》うにして参《まゐ》らせ、左《ひだり》の手《て》は、膝頭《ひざがしら》の所《ところ》に垂《た》る。座礼《ざれい》ならば、手《て》さきを畳《たゝみ》につく。

受《う》くるには、柄《え》を右《みぎ》の手《て》にて取《と》り、左《ひだり》の手《て》を持《も》ち添《そ》えて受《う》く。

花卉類《くわきるゐ》[19]

草《くさ》の花《はな》は、根《ね》を上《うへ》にし、木《き》の花《はな》は梢《こずゑ》を上《うへ》にし、右《みぎ》の手《て》にて持《も》ち、左《ひだり》の手《て》を一寸《ちよつと》添《そ》へて参《まゐ》らす。根《ね》の所《ところ》を紙《かみ》に包《つゝ》み、水引《みづひき》[20]を掛《か》けたのは、水引《みづひき》に人指《ひとさしゆび》を、又《また》其直下《すぐした》に拇指《おやゆび》をかけて持《も》つ。

鉢植《はちうえ》や、庭園《ていゑん》の花《はな》を、一茎《くき》折《を》つて参《まゐ》らすることは、女《をんな》どちならば、差支《さしつか》へ無《な》けれど、若《わか》き女子《ぢよし》など、男子《だんし》には、容易《ようい》に右様《みぎやう》の事《こと》はせぬもので、殊《こと》に、摘《つ》んだ花《はな》を、先方《むかう》の衣《い》服《ふく》に自《みづか》ら挿《さしはさ》む等《とう》の事《こと》は、まづ斟酌《しんしやく》[21]すべきである。

煙草盆《たばこぼん》

煙草盆《たばこぼん》は、正面《ましやうめん》を始《はじ》めより先方《むかう》にして、横側《よこふち》の所《ところ》へ拇指《おやゆび》をかけ、余《あまり》の四指《し》は、底《そこ》へ廻《まは》し、確乎《しつかり》と持《も》ちて、客《きやく》の前《まへ》三尺《じやく》ばかり離《はな》れた所《ところ》に置《お》き、自《みづか》らも座《ざ》し、三寸《ずん》ばかり押《お》しすゝめ、一礼《れい》して起《た》ち、上座《かみざ》の方《かた》より廻《まは》つて退《しりぞ》く。(但《たゞ》し、茶《ちや》、煙草盆《たばこぼん》、火鉢《ひばち》等《とう》は、大抵奴婢《たいていめしつかひ》に持《も》たしむる者《もの》であるから、一礼云々《れいしか〱》と述《の》べたので、同輩《どうはい》ならば、一々礼《れい》するには及《およ》ばぬ)

撤《ひ》きやうは、すべて前同様《ぜんどうやう》の心得《こゝろえ》で、手続《てつゞ》きを反対《はんたい》にすれば、其《そ》れで宜《よろ》しい。

火鉢《ひばち》

煙草盆《たばこぼん》は、火入《ひいれ》を客《きやく》の左《ひだり》の方《かた》に煙草箱《たばこばこ》を中央《ちゆうあう》に、唾壺《はいふき》【22】を右《みぎ》に据《すゑ》るのであるから、方形《はうけい》【23】のも、これに准《じゆん》じて心得《こゝろう》れば宜《よ》い。

手《て》つきたる煙草盆《たばこぼん》にても、持《も》ち搬《はこ》びには、手《て》を持《も》ちて下《さ》ぐるものでは無《な》い。

火入《ひいれ》の火《ひ》の消《き》えたのを取《と》り換《か》ふるには、他《ほか》の火入《ひいれ》に火《ひ》を入《い》れ、盆《ぼん》に載《の》せ、持《も》ち来《き》たりて、前《まへ》のと取《と》り換《か》へて持《も》ち去《さ》るが本当《ほんたう》である。盆《ぼん》を持《も》ち出《い》で、其《そ》れに、客《きやく》の前《まへ》の火入《ひいれ》を載《の》せ、火《ひ》を取《と》り換《か》へて出《いだ》すのは、略儀《りやくぎ》【24】である。然《しか》し、普通《ふつう》は斯《か》くの如《ごと》くする場合《ばあひ》が多《おほ》い。

欧米人《おうべいじん》の賓客《ひんかく》には、男子《だんし》のみの時《とき》は、煙草盆《たばこぼん》を出《い》だし、夫人同伴《ふじんどうはん》、又《また》は、夫人《ふじん》のみの時《とき》は、出《いだ》さぬものである。

火鉢《ひばち》は、手掛《てかけ》のついて居《ゐ》るものならば、其《そ》れに両手《りやうて》を掛《か》けて持《も》ち、無《な》いものならば、底《そこ》へ両手《りやうて》を廻《まは》し、確乎《しつかり》と持《も》ち、据《す》うる時《とき》に、そつと、底《そこ》から手《て》をはづし、両側《りやうがは》を持《も》ち、程《ほど》よき所《ところ》に置《お》きて押《お》しすゝむるのものである。

撤《ひ》く時《とき》は、座《ざ》して、火鉢《ひばち》の両側《りやうがは》に手《て》をかけ、三寸《ずん》程《ほど》手前《てまへ》へ引《ひ》き、片々《かた〲》より少《すこ》し持《も》ち上《あ》

【19】花の咲く植物
【20】細い紙縒《こよ》りに糊を引いて干し固めたもの
【21】さしひかえること。先方の事情をよくくみとること
【22】煙草の吸い殻を入れる壺
【23】四角形
【24】略式

げつゝ、底へ手《て》をまはし、前《まへ》の如《ごと》くして退《しりぞ》く。

客《きやく》の前《まへ》の火鉢《ひばち》に火《ひ》を加《くは》ふるには、火斗《じうのう》【25】に火《ひ》を盛《も》り持《も》ち出《いだ》して、下座《したざ》の方《かた》に据《す》ゑ、一膝進《ひざすゝ》んで、火鉢《ひばち》を三寸程《ずんほど》我《わ》が方《かた》に引《ひ》き、一膝退《ひざしりぞ》いて、火斗《じうのう》を火鉢《ひばち》の傍《かたはら》に寄《よ》せ、火箸《ひばし》を取《と》つて、そつと火鉢《ひばち》の中《なか》の火《ひ》を片寄《かたよ》せ、炭《すみ》を加《くは》へ、灰《はい》をならし、懐紙《ふところがみ》【26】を出《いだ》して、火鉢《ひばち》の縁《ふち》を拭《ふ》き、もとのやうにして参《まゐ》らす。其間《あひだ》、灰《はい》の立《た》たぬやうに、能《よ》く〱注意《ちゆうい》せねばならぬ。殊《こと》に、炭《すみ》を加《くは》ふるならば、最《もつと》も能《よ》く気《き》をつけて、炭《すみ》のはねて、客《きやく》に走《はし》り火《ひ》の及《およ》ばぬやうにすべきである。炭《すみ》をつぐには、まづ両手《りやうて》にて、炭籠《すみかご》を持《も》ち出《い》で、（炭籠《すみかご》の中《なか》には、火箸《ひばし》、羽箒《はばうき》を入《い》る）火《ひ》を加《くは》ふる時《とき》の如《ごと》くし、つぎ終《をは》らば、羽箒《はばうき》にて、そつと、火鉢《ひばち》の縁《ふち》の灰《はひ》を払《はら》ひ火鉢《ひばち》を押《お》し直《なほ》して退《しりぞ》く。略《りやく》しては、羽箒《はばうき》の代《かは》りに、布片《ふきん》を持《も》ち出《い》で拭《ぬぐ》ふこともある。

暖炉《ストーブ》に石炭《せきたん》を加《くは》へたらば、能《よ》く燃《も》え立《た》つ迄《まで》火蓋《ひぶた》をして置《お》くものである。能《よ》く燃《も》えた後《のち》でも、余《あま》りに火勢《くわせい》が強《つよ》ければ、半《なか》ばかり、蓋《ふた》をして置《お》くが宜《よ》い。石炭《せきたん》は、一度《ど》に余計《よけい》くべず、宜《よ》き程《ほど》づゝ加《くは》ふるが宜《よ》い。大《おほ》きな塊《かたまり》を突《つ》き砕《くだ》いて、砕片《こな》を飛《と》ばすやうな事《こと》の無《な》いやうにせねばならぬ。暖炉《ストーブ》の掃除《さうぢ》は最《もつと》も丁寧《ていねい》にせねば、火災《くわさい》の慮《うれへ》があり、又《また》あたりが黒《くろ》く汚《よご》れてならぬから、能《よ》く〱注意《ちゆうい》ありたいものである。

料紙《れうし》【27】、硯《すゞり》

料紙《れうし》、硯《すゞり》は、まづ、料紙《れうし》の折目《をりめ》を右《みぎ》にし、其上《うへ》に硯箱《すゞりばこ》を載《の》せ、右《みぎ》の手《て》にて、料紙《れうし》と硯箱《すゞりばこ》とを持《も》ち、左《ひだり》の手《て》は、料紙《れうし》の下《した》へ添《そ》え、例《れい》のやうにして座《ざ》し、料紙《れうし》硯《すゞり》は、其儘《まゝ》我《わ》が右《みぎ》の方《かた》に置《お》き、両手《りやうて》にて、硯箱《すゞりばこ》のみを我《わ》が前《まへ》に据《す》ゑ、蓋《ふた》を取《と》りて、我《わ》が左《ひだり》の方《かた》に置《お》き、右《みぎ》の手《て》にて、硯箱《すゞりばこ》の中《なか》なる水入《みづいれ》を取《と》り上《あ》げ、硯石《すゞりいし》の中《なか》へ、水《みづ》を滴《した》らせ、水入《みづいれ》を、もとの所《ところ》に置《お》き、左《ひだり》の手《て》を、硯箱《すゞりばこ》の左側《ひだりがは》に添《そ》へ、墨《すみ》を摺《す》り流《なが》し、墨《すみ》を置《お》き、右《みぎ》の手《て》にて、筆《ふで》を執《と》り、左《ひだり》の手《て》に持《も》ち換《か》え、右《みぎ》の手《て》にて、筆《ふで》の蓋《ふた》を抜《ぬ》き、箱《はこ》の中《なか》へ入《い》れ、筆《ふで》の先《さき》を硯石《すゞりいし》に押《お》しあて、右《みぎ》の手《て》にて、更《さら》に墨《すみ》を取《と》り、筆《ふで》の毛《け》を抑《おさ》へながら和《やは》らげ、墨《すみ》はもとの所《ところ》に置《お》き、筆《ふで》は右《みぎ》に持《も》ち換《か》え、筆《ふで》のさきを能《よ》くなほし、箱《はこ》の向《むか》う縁《ふち》にかけ、両手《りやうて》にて、箱《はこ》を右《みぎ》より左《ひだり》へ取《と》り廻《まは》し、三寸《すん》ばかり押《お》しすゝめ、次《つぎ》に料紙《れうし》も取《と》り廻《まは》し、先方《むかう》の前《まへ》に置《お》きて退《しりぞ》く。

料紙《れうし》を使ふには、まづ、料紙《れうし》を右《みぎ》の手《て》にて取《と》り、打《う》ち返《かへ》しながら、左《ひだり》の手《て》に移《うつ》し、右《みぎ》の人指《ひとさしゆび》を、真中《まんなか》の折目《をりめ》の中《なか》へ差入《さしい》れ、拇指《おやゆび》と、中指《なかゆび》とにて、紙《かみ》を挟《はさ》み、中《なか》より一枚《まい》抜《ぬ》き出《い》だし、残《のこ》りは、其儘《まゝ》左《ひだり》の方《かた》に置《お》き、右《みぎ》の手《て》に筆《ふで》を執《と》り、物《もの》を認《したゝ》め終《をは》りたらば、其《そ》れを、我《わ》が右《みぎ》の方《かた》に置《お》き、筆《ふで》を左《ひだり》の手《て》に移《うつ》し、右《みぎ》の手《て》にて蓋《かさ》をはめ、左《ひだり》より右《みぎ》の手《て》に移《うつ》して、

【25】炭火を運ぶ器
【26】たたんで懐に入れておく紙。懐紙《かいし》
【27】書くのに用いる紙。用紙

硯箱《すゞりばこ》の中《なか》に納《をさ》め、両手《りやうて》にて、硯箱《すゞりばこ》の蓋《ふた》を取《と》り着《き》せて、白紙《はくし》は、箱《はこ》の上《うへ》に置《お》き、取《と》り廻《まは》して、三寸《すん》ばかり押《お》し出《い》だし置《お》くのである。

撤《ひ》く時《とき》は薦《す》むる時《とき》に準《じゆん》じ、心得《こゝろえ》て宜《よろ》しい。

箱《はこ》の無《な》い硯《すゞり》は、略儀《りやくぎ》である。其《そ》れを参《まゐ》らするには、小蓋《こぶた》やうの盆《ぼん》に載《の》せて薦《す》む。

立礼《りうれい》の時《とき》は、押《お》しすゝめ、又《また》は引《ひ》くことを略《りやく》するのである。

色紙《しきし》、短冊《たんざく》

色紙《しきし》、短冊《たんざく》は、台《だい》に載《の》せ、（略《りやく》しては盆《ぼん》に）色紙《しきし》を左《ひだり》に、短冊《たんざく》を右《みぎ》に載《の》せ、（一種《しゆ》なる時《とき》は中央《ちゆうあう》に）我《わ》が方《かた》を正面《しやうめん》として持《も》ち出《い》で、例《れい》のやうにし、取《と》り廻《まは》して薦《す》む。

三方《さんばう》【28】

三方《さんばう》は、穴《あな》のある方《かた》を我《わ》が前《まへ》にし、左《ひだり》の手《て》を穴《あな》の中《なか》へ入《い》れ、右《みぎ》の手《て》は、右《みぎ》の縁《ふち》へかけ、持《も》ち出《い》でゝ、例《れい》のやうにし、押《お》し薦《す》め、一膝退《ひざしりぞ》いて、一礼《れい》して退《しりぞ》く。

撤《ひ》く時《とき》も、これに準《じゆん》じ、手続《てつゞ》きを反対《はんたい》にすれば宜《よろ》しい。

置物《おきもの》、卓《たく》

床《とこ》に置物《おきもの》を据《す》うるには、まづ、卓《たく》の両側《りやうがは》を両手《りやうて》にて持《も》ち出《い》で、床《とこ》の前《まへ》に跪《ひざまづ》き、卓《たく》を床上《とこのうへ》に置《お》き、其両足《りやうあし》を持《も》ち、宜《よ》き程《ほど》に据《す》ゑ直《なほ》し、さて、置物《おきもの》、又《また》は香炉《かうろ》など、何《なに》にても、其中央《ちゆうあう》に置《お》き、例《れい》のやうにして退《しりぞ》く。但《たゞ》し、鼎《かなへ》にても香炉《かうろ》にても、三足《ぞく》の物《もの》は、二足《そく》の方《かた》を前《まへ》にし、一足《そく》の方《かた》を後《うし》ろにして、据《す》うるものである。

花瓶《くわびん》

花瓶《くわびん》と其卓《たく》とは、置物等《おきものとう》の如《ごと》くにして据《す》ゑさせ、水《みづ》つぎに水《みづ》を入《い》れ、拭巾《ふきん》を其口《くち》の所《ところ》に添《そ》へて、瓶《びん》に水《みづ》をさし、若《も》し、滴《したゝり》の、卓《たく》に落《お》つることあらば、水《みづ》をさし終《をは》りたる後《のち》、拭巾《ふきん》にて拭《ぬぐ》ふのである。一対《つい》の花瓶《くわびん》は、一つを、中央《ちゆうわう》なる置物《おきもの》の上座《かみざ》に、一つを其下座《しもざ》に据《す》う。

燈類《とうるゐ》

燭台《しよくだい》、燈台《とうだい》の類《るゐ》は、右《みぎ》の手《て》にて、棹《さほ》の中程《なかほど》を持《も》ち、左《ひだり》の拇指《おやゆび》を台皿《だいざら》の縁《ふち》へかけ、余《あま》りの四指《し》にて底《そこ》をうけ、客《きやく》の前《まへ》三尺《じやく》ばかりの所《ところ》に置《お》き、位置《ゐち》を直《なほ》し、一膝退《ひざしりぞ》いて立《た》ち上《あが》りて退《しりぞ》く。一対《つい》【29】出《いだ》す時《とき》は、上座《かみざ》を前《さき》に下座《しもざ》を後《のち》に出《いだ》す。又燼切掛《またしんきりかけ》【30】のついてるのは、是《こ》れを下座《しもざ》の方《かた》にして、据《す》ゑ、一対《つい》の時《とき》は、向《むか》ひ合《あ》はするやうに据《す》う。燼切壺《しんきりつぼ》【31】には、水《みづ》を少《すこ》し入《い》れ、燼切掛《しんきりかけ》の下《した》の所《ところ》、台皿《だいさら》の上《うへ》に置《お》く。但《たゞ》し、燼切《しんきり》の具《ぐ》は、西洋蝋燭《せいやうらうそく》【32】を用《もち》ふる時《とき》には不用《ふよう》である。燭台《しよくだい》は、一旦《たん》、火《ひ》をともして消《け》したのを立《た》てゝ置《お》くが宜《よろ》しい。其儘《まゝ》のは、直《たゞち》に火《ひ》が移《うつ》らぬものである。燈台《とうだい》は、別《べつ》に台皿《だいざら》のあるのが本式《ほんしき》であるから、滑《すべ》らぬやうに注意《ちゆうい》せねばならぬ。三足《ぞく》の燭台《しよくだい》は、鼎《かなへ》と同《おな》じ心得《こゝろえ》で宜《よろ》しい。然《しか》し、一対《つい》の時《とき》は、二足《そく》を向《むか》ひ合《あは》すやうにして据《す》う。

蝋燭《らうそく》を立《た》て換《か》ふるには、まづ、新《あた》らしき蝋燭《らうそく》に火《ひ》をともし、手燭《てしよく》【33】に立《た》てゝ。持《も》ち出《い》

【28】角型の折式に台をつけ、前と左右の三方に透かし穴をつけたもの。多く儀式で物を載せるのに用いる
【29】二つで一組になるもの
【30】蝋燭の心の燃えさしを切る鋏を掛けるところ
【31】蝋燭の燃えさしを入れる壺
【32】西洋の蝋燭。和蝋燭に対していう
【33】燭台に柄をつけて持ち運びできるようにしたもの

で、燭台《しよくだい》の下座《しもざ》の方《かた》に座《ざ》し、手燭《てしよく》を左《ひだり》の方《かた》に置《お》き、右《みぎ》の手《て》にて、新《あた》らしき蝋《らう》を持《も》ち、左《ひだり》の手《て》にて、燃《もえ》残《のこ》りの蝋《らう》を抜《ぬ》きとり、新《あた》らしきを燭台《しよくだい》に立《た》つ。其立《た》つる時《とき》、右《みぎ》の薬指《くすりゆび》にて、蝋《らう》立《たて》の廻《まは》りを探《さぐ》る。其《そ》れは、物《もの》ありて障《さは》ることの無《な》いやうにとの注意《ちゆうい》である、扨《さて》残《のこ》りの蝋《らう》は其儘《まゝ》手燭《てしよく》に立《た》てゝ持《も》ち還《かへ》るのである。然《しか》し、数本《すうほん》の蝋《らう》を立《た》て、換《か》ふる時《とき》は、略《りやく》して、新《あた》らしい蝋《らう》を盆《ぼん》に載《の》せ、持《も》ち出《い》でて換《か》へて宜《よろ》しい。

洋燈《ランプ》も燭台形《しよくだいがた》のものならば、前《まへ》に述《の》べたやうにして、持《も》ち出《いだ》して宜《よろ》しい。台《だい》の上《うへ》に据《す》うるならば、まづ台《だい》を持《も》ち出《いだ》し、例《れい》のやうにして据《す》ゑ、次《つぎ》に、洋燈《ランプ》は、右《みぎ》の手《て》にて、胴《どう》の中程《なかほど》を持《も》ち、左《ひだり》の手《て》は、拇指《おやゆび》を上《うへ》にかけ、余《あま》りの四指《しし》は、下《した》の底《そこ》を受《う》け、台《だい》の上《うへ》へ据《す》ゑ、位置《ゐち》をなほし、一膝《ひざ》退《しりぞ》きて立《た》ち還《かへ》るのである。立礼《りうれい》ならば、二歩《あし》退《しりぞ》き向《む》き直《なほ》りて還《かへ》りて宜《よろ》しい。

洋燈《ランプ》は、すべて、燼《しん》の切《き》りやう、火屋《ホヤ》の拭《ぬぐ》ひやうに、能《よ》く注意《ちゆうい》せねばならぬ。

電燈《でんとう》、瓦斯燈《がすとう》【34】は、高《たか》い所《ところ》に設《まう》けてあることが多《おほ》く、これを取《と》り扱《あつか》ふ時《とき》は、客《きやく》の前《まへ》で、踏台《ふみだい》などを用《もち》ふることもある。左様《さやう》の折《をり》には一寸《ちよつと》、客《きやく》に失礼《しつれい》を謝《しや》して、登《のぼ》るべきである。それらの燈火《ともしび》の捻《ねぢ》は確乎《しつかり》とせぬと、過《あやま》ちの起《おこ》ることがあるから、能《よ》く注意《ちゆうい》せねばならぬ。

掛物《かけもの》

掛物《かけもの》（又幅《またふく》ともいふ）をかくるには、まづ、左《ひだり》の手《て》に掛物《かけもの》の中央《ちゆうわう》を持《も》ち、右《みぎ》の手《て》に竿《さを》を取《と》り、床《とこ》の前《まへ》、下座《しもざ》の方《かた》に座《ざ》し、竿《さを》は我《わ》が右《みぎ》の側《かたはら》に置《お》き、掛物《かけもの》は、左《ひだり》の手《て》に持《も》つた儘《まゝ》にて、我《わ》が前《まへ》に横に置《お》き、右《みぎ》の手《て》にて紐《ひも》を解《と》き、掛緒《かけを》と、巻《ま》いた方《かた》とを持《も》つて、一尺《しやく》ばかり広げ、右《みぎ》の手《て》に、竿《さを》の中央《ちゆうあう》を持《も》ち、左《ひだり》の手《て》は、巻《ま》き残《のこ》りの所《ところ》を押《お》さへ、掛緒《かけを》を竿《さを》にかけ、左《ひだり》の手《て》にて、竿《さを》を押《お》さへながら、右《みぎ》の手《て》にて、竿《さを》のさきを持《も》ち換《か》へ、左《ひだり》の手《て》に巻《ま》いた方《かた》を持《も》つて、三尺《じやく》ばかり展《の》ばし、其儘《まゝ》立《た》つて、床《とこ》の上《うへ》に登《のぼ》り、掛《か》け終《をは》りたらば、更《さら》に、竿《さを》のさきを持《も》つて、床《とこ》の壁《かべ》に立《た》てかけ置《お》き、両手《りやうて》にて軸《ぢく》の両端《りやうはし》を持《も》ち、一杯《ぱい》に展《の》ばしながら、跪《ひざまず》いて、右《みぎ》の手《て》に竿《さを》を持《も》ち退《しりぞ》いて、床《とこ》を下《お》り、床《とこ》の前《まへ》に座《ざ》して、掛物《かけもの》の天地《てんち》を見比《みくら》べ、曲《ゆが》みあらば、再《ふたゝ》び床《とこ》に登《のぼ》り、竿《さを》のさきにて、掛緒《かけを》の所《ところ》を直《なほ》すのである。

二幅以上《ふくいじやう》の時《とき》は、外箱《そとばこ》の蓋《ふた》、又《また》は盆《ぼん》に載《の》せて持《も》ち出《い》づ。一対《つい》のものは、上座《かみざ》より下座《しもざ》と掛《か》け、三幅《ふく》のものは、中央《ちゆうあう》（中尊《ちゆうそん》）上座《じやうざ》（客位《きやくゐ》）下座《げざ》（主位《しゆゐ》）と掛《か》け、四幅以上《ふくいじやう》は、上座《じやうざ》より順々《じゆん〳〵》に掛《か》けて宜《よろ》しい。

掛物《かけもの》を取《と》り納《をさ》むる時《とき》の手続《てつゞ》きは、大抵《たいてい》、掛《か》くる時《とき》の反対《はんたい》と心得《こゝろえ》て宜《よろ》しい。但《たゞ》し、巻《ま》く前《まへ》に羽箒《はばうき》【35】を持《も》ち出《い》でゝ、掛物《かけもの》の塵《ちり》を払《はら》ふが、従来《これまで》の礼《れい》であるが、客《きやく》の持参《ぢさん》された品《しな》な

【34】石炭ガスを燃やして点火する灯火。我が国では明治初期に横浜の外人居留地で初めて点火された

【35】鳥の羽毛で作った小形なほうき

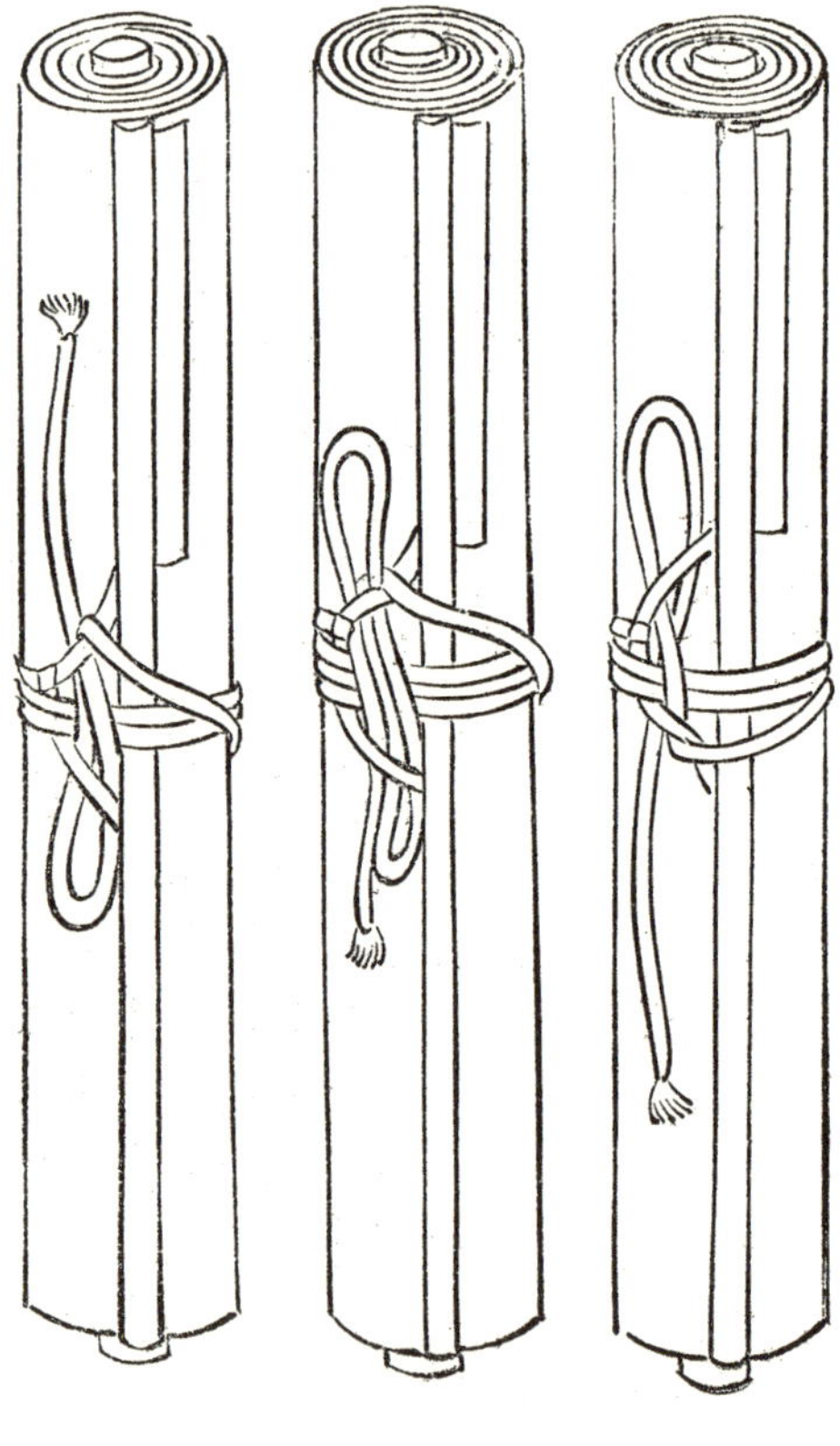

三幅對軸の紐結び方

どで無《な》ければ、其儘巻《まゝま》いて退《しりぞ》く方《はう》が宜《よ》い。客《きやく》の前《まへ》で塵《ちり》を払《はら》ふことは、余《あま》り宜《よろ》しく無《な》いと思《おも》はるゝ故《ゆゑ》、斟酌《しんしやく》する方《かた》であらう。

屏風《べうぶ》

屏風《べうぶ》は、抱《いだ》くやうにして、中央《ちゆうあう》より少《すこ》し下部《かぶ》の所《ところ》を持《も》ち、立《た》てゝ、半分《はんぶん》の所《ところ》より披《ひら》き上座《かみざ》より展《の》べ、下座《しもざ》に及《およ》ぼす。其納《をさ》むる時《とき》も同様《どうよう》の心得《こゝろえ》で宜《よろ》しい。一雙《さう》【36】のものは、上座《かみざ》より下座《しもざ》へと立《た》つ。そして、屏風《べうぶ》の端《はし》と端《はし》とは、大抵《たいてい》一寸程《すんほど》重《かさ》なるやうに立《た》つるのである。

茶菓《ちやくわ》

干菓子《ひぐわし》は、菓子器《くわしき》に盛《も》り、足打《あしうち》八寸《すん》に載《の》するが本式《ほんしき》であるけれども、（足打《あしうち》八寸《すん》とは、折敷《をしき》に足《あし》を附《つ》けたもの、折敷《をしき》とは、縁《ふち》のある角《かく》の盆《ぼん》である）扨其《さてそ》れに箸《はし》を添《そ》へ、八寸《すん》の両縁《りやうふち》を持《も》ち、例《れい》のやうにして参《まゐ》らす。立礼《りうれい》の時《とき》は、卓上《たくじやう》に置《お》く故《ゆゑ》、足打《あしうち》を用《もち》ひず、折敷《をしき》を用《もち》ひて宜《よろ》しい。さて後《のち》、煎茶《せんちや》を茶台《ちやだい》に載《の》せ、両手《りやうて》にて鍔《つば》を持《も》ち、例《れい》のやうにして、客《きやく》の前《まへ》の、菓子《くわし》より右《みぎ》に据《す》う。

撤《ひ》く時《とき》は、大抵《たいてい》、前同様《ぜんどうやう》の心得《こゝろえ》で宜《よろ》しい。若《も》し茶台《ちやだい》を持《も》ち還《かへ》らうと思《おも》ふ時《とき》は、茶《ちや》を薦《すゝ》めたる儘《まゝ》で、暫《しばら》く座《ざ》して居《ゐ》るのであるが、客《きやく》が、猶茶碗《なほちやわん》を取《と》り除《の》けられなかつたならば、黙《だま》つて還《かへ》らなくてはならぬ。強《し》ひて、これより請《こ》ひ取《と》るもので無《な》い。

【36】二つで一組になったもの

菓子《くわし》の撤《ひ》きやうも茶《ちや》と同様《どうやう》の心得《こゝろえ》で宜《よろ》しい。

受《う》くる方《はう》では、給仕人《きふじにん》が、菓子《くわし》を薦《すゝ》むる時《とき》に、一寸目礼《ちよつともくれい》して、右《みぎ》の手《て》にて、懐紙《ふところがみ》を取《と》り出《いだ》し、左《ひだり》の手《て》へ添《そ》へて、我《わ》が右《みぎ》の膝《ひざ》の前《まへ》に置《お》き、右《みぎ》の手《て》にて箸《はし》を取《と》り、左《ひだり》の手《て》を一寸《ちよつと》添《そ》へ、更《さら》に右《みぎ》の手《て》にて菓子《くわし》を挟《はさ》み、紙《かみ》の上《うへ》へ置《お》く時《とき》、左《ひだり》の手《て》は一寸畳《ちよつとたゝみ》へつく。（立礼《りうれい》の時《とき》は手《て》をつくに及《およ》ばぬ）扨《さて》、箸《はし》を納《をさ》め、両手《りやうて》にて紙《かみ》ながら【37】取《と》り上《あ》げ、左《ひだり》の掌《てのひら》に載《の》せ、右《みぎ》の手《て》にてつまみて、食《たべ》るのである。食《た》べ終《をは》らば、紙《かみ》は、左《ひだり》の袂《たもと》に入《い》れ、茶碗《ちやわん》は、両手《りやうて》にて取《と》り、喫《の》み終《をは》れば、もとの如《ごと》く茶台《ちやだい》に載《の》す。茶碗《ちやわん》を茶台《ちやだい》の上《うへ》に伏《ふ》せて置《お》く時《とき》は、残滴《のこりのしづく》が茶台《ちやだい》を汚《けが》すことあるべければ、左様《さう》せぬ方《はう》が宜《よろ》しい。又給仕人《またきふじにん》が茶《ちや》を出《いだ》して、其儘《まゝ》座《ざ》して居《ゐ》るのは、茶台《ちやだい》を持《も》ち還《かへ》らうとする意味《いみ》であるから、其時《とき》は、茶碗《ちやわん》を両手《りやうて》にて取《と》り上《あ》げ、我《わ》が右側《みぎがは》に置《お》くのである。

腰高茶台《こしたかちやだい》（天目《てんもく》）【38】は、蓋《ふた》をして、常《つね》の茶台《ちやだい》の如《ごと》く持《も》ち出《い》で、其薦《すゝ》むる時《とき》、右《みぎ》の手《て》にて蓋《ふた》を取《と》り、一寸左《ちよつとひだり》の手《て》にてあしらひ、更《さら》に右《みぎ》の手《て》にて、客《きやく》の右《みぎ》の方《はう》の鍔《つば》の所《ところ》に蓋《ふた》を挟《はさ》みて置《お》く。

茶托《ちやたく》【39】は茶碗《ちやわん》を例《れい》の如《ごと》く載《の》せ、右《みぎ》の手《て》を托《たく》の縁《ふち》へかけ、左《ひだり》の手《て》にて、其底《そこ》をうけ、持《も》ち出《い》でゝ、客《きやく》の前《まへ》三尺《じやく》ばかり離《はな》れて座《ざ》し、一旦《たん》、我《わ》が前《まへ》に置《お》き、一膝進《ひざすゝ》んで、右《みぎ》の手《て》に、茶托《ちやたく》の右縁《みぎふち》を持《も》ち、左《ひだり》の手《て》さきをついて、片手《かたて》にて参《まゐ》らす。

抹茶《まっちゃ》

受《う》くるには、茶托《ちやたく》ともに、右《みぎ》の手《て》に取《と》り上《あ》げ、左《ひだり》の手《て》にて其底《そこ》をうけ、右《みぎ》の手《て》にて、茶碗《ちやわん》を取《と》り、茶《ちや》を喫《の》み終《をは》りたらば、又茶托《またちやたく》に載《の》せ、右《みぎ》の手《て》にて、右《みぎ》の縁《ふち》を持《も》ちて下《した》に置《お》く。

抹茶《まつちや》を参《まゐ》らするには、拇指《おやゆび》を手前《てまへ》の方《はう》に、余《よ》の四指《し》を向《む》うの方《はう》に揃《そろ》へて、茶碗《ちやわん》の右側《みぎがは》にかけ、左《ひだり》の手《て》にて底《そこ》を受《う》けて、持《も》ち出《い》で、例《れい》のやうにして、左《ひだり》の手《て》は引《ひ》き、右《みぎ》の手《て》にて、客《きやく》の右《みぎ》の方《はう》へ据《す》う。服紗《ふくさ》【40】にて出《だ》す時《とき》は、服紗《ふくさ》を四つに折《を》り、折《を》り目《め》の方《はう》を、我《わ》が右《みぎ》にし、服紗《ふくさ》の上《うへ》に茶碗《ちやわん》を載《の》せ持《も》ちいで、参《まゐ》らす。客《きやく》が、もし、茶碗《ちやわん》のみを取《と》られたならば、服紗《ふくさ》は客《きやく》の左《ひだり》の方《はう》に置《お》く。客《きやく》が手《て》にて受《う》けられたらば、服紗《ふくさ》ながらにても、亦《また》、茶碗《ちやわん》のみにても、いづれも、我《わ》が両手《りやうて》にて、茶碗《ちやわん》の両側《りやうがは》を持《も》ち、客《きやく》の手《て》の上《うへ》に置《お》くやうにして参《まゐ》らす。

抹茶《まつちや》を受《う》くるには、茶碗《ちやわん》は右《みぎ》の手《て》にて取《と》り、左《ひだり》の手《て》に受《う》け右《みぎ》の手《て》にて、茶碗《ちやわん》を取《と》り廻《まは》し、喫《きつ》し終《をは》らば、呑口《のみくち》を右《みぎ》の拇指《おやゆび》の裏《うら》にてそと拭《ふ》き、両手《りやうて》にて茶碗《ちやわん》を持《も》ち、臂《ひぢ》を股《もゝ》の上《うへ》につけ、少《すこ》し体《たい》を伏《ふ》せ其表裏《おもてうら》を見《み》、左《ひだり》の手《て》に載《の》せ茶碗《ちやわん》は、二順向《じゆんむ》うへ取《と》り廻《まは》して、もと

【37】紙のまま
【38】茶の湯に用いるすり鉢形の茶碗
【39】茶碗を載せる台
【40】茶道で用いる正方形の絹の布

の所《ところ》に置《お》く、但《たゞ》し、略《りやく》しては、茶碗拝見《ちやわんはいけん》はせずとも宜《よろ》しい。服紗《ふくさ》にて出《いだ》されたる時《とき》は、服紗《ふくさ》ともに受《う》け、一旦下《たんした》に置《お》き、又其儘《またそのまゝ》に取《と》り上《あ》げ、前《まへ》のやうにして喫《の》み茶碗《ちやわん》を両手《りやうて》にて置《お》きながら、左《ひだり》の手《て》に服紗《ふくさ》のみを持《も》ち、二つに折《を》りて、別《べつ》に茶碗《ちやわん》の左側《ひだりがは》に置《お》く。

蒸菓子《むしぐわし》は、縁高《ふちたか》に盛《も》りて出《いだ》すが、正式《せいしき》である。縁高《ふちたか》の合《あは》せ目は、我《わ》が前《まへ》の方《かた》に、即《すなは》ち、客《きやく》の方《はう》からは向《むか》うになるやうにして据《す》う。但《たゞ》し、略《りやく》しては、さま〴〵の菓子器《くわしき》に盛《も》つても出《だ》すのである。いづれも、黒《くろ》もじ【41】の楊枝《やうじ》を添《そ》ふ。（縁高《ふちだか》とは、折敷《をしき》の縁《ふち》の高《たか》きやうのもの）

受《う》くるには、干菓子《ひぐわし》のやうにし、紙《かみ》ながら、左《ひだり》の手《て》に載《の》せ、楊枝《やうじ》にてよき程《ほど》に割《わ》り、突《つ》きさして食《た》べて宜《よろ》しい。食《た》べ終《をは》らば、楊枝《やうじ》は紙《かみ》に包《つゝ》みて、袂《たもと》に入《い》る。

珈琲《コーヒー》、紅茶《こうちや》を出《いだ》すには、受皿《うけざら》の前《まへ》へ、小匙《こさぢ》を置《お》き、茶碗《ちやわん》の取手《とつて》を客《きやく》の左《ひだり》にし、茶碗《ちやわん》のやうに持《も》ち出《い》でゝ、参《まゐ》らす。多人数《たにんず》の時《とき》は、大盆《おほぼん》に載《の》せて持《も》ち出《い》づ、次《つぎ》に、牛乳入《ぎうにうい》れ、砂糖壺《さたうつぼ》を盆《ぼん》に載《の》せ客《きやく》をして適宜《てきぎ》に取《と》らしむ。角砂糖《かくざとう》の器《うつは》には、大抵砂糖鋏《たいていさたうばさみ》を添《そ》ふることである。（珈琲茶碗《コーヒーちやわん》は、竪長《たてなが》く、紅茶茶碗《こうちやちやわん》は、横平《よこひら》たきもの）又略《またりやく》しては、皿《さら》に添《そ》へた匙《さぢ》の上《うへ》に、角砂糖《かくざたう》を二片程《ふたつほど》置《お》き、牛乳《ぎうにう》も始《はじめ》からさして出《いだ》しても宜《よろ》しいが、牛乳《ぎうにう》は、好《この》まぬ人《ひと》もあるから、同《おな》じくは、別《べつ》にして、客《きやく》の意《い》に任《まか》すが宜《よろ》しい。

受《う》くるには、右《みぎ》の手《て》は、受皿《うけざら》の右縁《みぎぶち》に添《そ》え、左《ひだり》の手《て》は、皿《さら》の底《そこ》を受《う》く。卓上《テーブル》に置《お》かれ

果実《くわじつ》

たならば、一寸目礼《ちよつともくれい》して喫《の》まうとした時《とき》、取《と》り上《あ》げて宜《よろ》しい。牛乳《ぎうにう》、砂糖《さたう》を別《べつ》に持《も》ち来《き》たらば、砂糖《さたう》は挟《はさ》んで、茶碗《ちやわん》の中《なか》へ入《い》る。牛乳《ぎうにう》は、大抵《たいてい》、先方《むかう》でさしてくるゝものであるが、左《さ》も無《な》い時《とき》は、自分《じぶん》でさしても宜《よろ》しい。さて、静《しづ》かに掻《か》き廻《まは》し、四匙《さぢ》五匙程《さぢほど》、匙《さぢ》にてすくひ喫《の》み、匙《さぢ》は、受皿《うけざら》の上《うへ》、手前《てまへ》の方《かた》へ置《お》き、取手《とつて》を右《みぎ》の手《て》にてつまみ、そつと右《みぎ》の方《かた》へ廻《まは》して喫《の》む。其間左《あひだひだり》の手《て》にて、皿《さら》を持《も》つて居《ゐ》るのである。

角砂糖《かくざたう》には、砂糖挟《さたうばさみ》を添《そ》へずに出《いだ》さるゝ事《こと》がある。其時《とき》は、指《ゆび》さきにて、つまみ取《と》つても苦《くる》しくない。

西洋風《せいやうふう》の家《いへ》にて、茶菓《ちやくわ》を出《いだ》す時刻《じこく》は、大抵《たいてい》四時《じ》より五時《じ》、若《も》しくは、五時半頃《じはんころ》の間《あひだ》と心得《こゝろえ》て宜《よろ》しい。

果物《くだもの》は相当《さうたう》の器《うつは》に盛《も》り、足打《あしうち》八寸《すん》（普通《ふつう》ならば、折敷盆等《をしきぼんとう》にてよし。卓上《テーブル》ならば、必《かなら》ず、足無《あしな》きものを用《もち》ふ）に載《の》せ、楊枝《やうじ》を添《そ》へて出《いだ》すのである。其剥《む》き方《かた》、切《き》り方《かた》は、種類《しゆるゐ》によつて、いろ〳〵斟酌《しんしやく》せねばならぬ。いづれも、楊枝《やうじ》を添《そ》えて出《いだ》すのである。受《う》くるには、果物《くだもの》は、大抵《たいてい》、器《うは》ながら手《て》に取《と》りあげて、食《た》べらるゝやうにして、出《いだ》さるゝなれば、皿《さら》は、右《みぎ》の手《て》にて取《と》り、左《ひだり》の手《て》にて底を受《う》け、楊枝《やうじ》にてさして食《た》べて宜《よろ》し

【41】黒文字。クスノキ科の落葉低木。芳香があるので楊枝の材料になる。

い。核《たね》は、穢《きた》なく無《な》いやうに、そつと、皿《さら》の中《なか》に出《いだ》して置《お》いて宜《よろ》しい。然《しか》し葡萄《ぶだう》の皮《かは》や核《たね》、又蜜柑《またみかん》の袋《ふくろ》は、懐紙《ふところがみ》を出《いだ》し、其《そ》れに包《つゝ》んで、袂《たもと》に入《い》れ、持《も》ち還《かへ》つて捨《す》つるがよろしい。勿論《もちろん》、貴人《きじん》の前《まへ》では、いかなる種類《しゆるゐ》の核《たね》、又《また》は皮《かは》のやうな物《もの》にでも、必《かなら》ず穢《きた》ない物《もの》は、紙《かみ》に包《つゝ》んで持《も》ち還《かへ》らねばならぬ。但《たゞ》し、西洋風《せいやうふう》のは此限《このかぎり》で無《な》い。其れは別《べつ》に述《の》ぶるであらう。

剛飯《こはめし》

剛飯《こはめし》は、縁高《ふちだか》に盛《も》り、足打《あしうち》【42】に載《の》せ、楊枝《やうじ》二本《ほん》を添《そ》へて出《いだ》すが、本式《ほんしき》であるが、大抵《たいてい》は、盆《ぼん》に載《の》せて、小箸《こはし》を添《そ》ふることである。胡麻塩《ごましほ》は小皿《こざら》に入《い》れて、足打《あしうち》（又《また》は盆《ぼん》）の上《うへ》、飯《めし》より向《むか》うへ据《す》う。白剛飯《しろこはめし》には、砂糖《さたう》か大豆粉《まめのこ》【43】を添《そ》へて出《いだ》すものであるが、時《とき》としては、塩《しほ》のみを添《そ》ふる事《こと》もある。

麺類《めんるゐ》

麺類《めんるゐ》も、剛飯《こはめし》の如《ごと》くして持《も》ち出《いだ》して宜《よろ》しい。但《たゞ》し、汁《しる》は向《むか》うに、薬味《やくみ》は、右向《みぎむか》うに置《お》くのである。麺《めん》は椀《わん》（今《いま》は、大抵茶碗《たいていちやわん》に）に盛《も》り、箸《はし》は杉箸《すぎはし》を添《そ》ふ。冬《ふゆ》は温《あた》めて、夏《なつ》は冷《ひや》して参《まゐ》らす。

換《かは》りは、別《べつ》の椀《わん》に盛《も》り、汁《しる》も別《べつ》の猪口《ちよく》【44】に入《い》れ、盆《ぼん》に載《の》せて持《も》ち出《い》で、客《きやく》の前《まへ》に座《ざ》し、一膝進《ひざすゝ》んで、まづ両手《りやうて》にて空椀《からわん》を取《と》り、下《した》に置《お》き、空猪口《からちよく》も同様《どうやう》にして、新《あた》らしい方《かた》を、椀《わん》、猪口《ちよく》と取《と》りて参《まゐ》らせ、一膝退《ひざひ》いて立《た》ちて還《かへ》るのである。

受《う》くる方《かた》は、右《みぎ》の手《て》にて椀《わん》を取《と》り、左《ひだり》の手《て》にて一寸《ちよつと》あしらひ、右側《みぎがは》に置《お》き、右《みぎ》の手《て》にて箸《はし》を取《と》り、左《ひだり》の手《て》にてあしらひ、薬味《やくみ》を取《と》り、宜《よ》き程《ほど》、汁《しる》の中《なか》へ入《い》れ、もとの位置《いち》に置《お》き、さて汁《しる》を取《と》りあげ、椀《わん》の中《なか》の麺《めん》を、少《すこ》しづゝすくひ入《い》れて、食《た》べるのである。但《たゞ》し汁《しる》も薬味《やくみ》も、椀《わん》の中《なか》へ入《い》れて食《しよく》するは旧式《きうしき》である。

以上《いじやう》は、物品薦撤《ぶつぴんせんてつ》と、且受《かつう》くる方《はう》の心得《こゝろえ》のあらましを述《の》べたのであるから、以下《いか》は、大抵《たいてい》これに準《じゆん》じて斟酌《しんしやく》あれば宜《よろ》しい。

三　対話《たいわ》に関《くわん》する作法《さはふ》

古人《こじん》が、婦《ふ》の四行《かう》と云《い》ふうちに「婦言《ふげん》」といふことを教《をし》へた程《ほど》であつて、女子《ぢよし》は、殊《こと》に注意《ちゆうい》して、物言《ものい》ふべきであるが、婦言《ふげん》は、古人《こじん》も云《い》はれたやうに、言《ことば》が巧《たく》みである事《こと》をのみ欲《ほつ》するのでは無《な》くて、寧《むし》ろ、其詞《ことば》が誠実《せいじつ》で、勤直《きんちよく》で、そして、過失《くわしつ》の少《すく》ないのを欲《ほつ》するのである。然《しか》し、弁舌《べんぜつ》が爽《さわ》やかな、談話《だんわ》が巧《たく》みだといふ事《こと》が、悪《わる》いのでは無《な》い

【42】足付きの器　【44】小さくて深い陶器製の器
【43】きなこ

談話《だんわ》に用《もち》ふべき詞《ことば》

が、後者《こうしや》は外面《そとがは》の飾《かざ》りで、前者《ぜんしや》は、内部《うちがは》の実《み》であることを知《し》り、本末《もとすゑ》を能《よ》く〳〵解《かい》せねばならぬ。

談話《だんわ》の注意《ちゆうい》は、まづ、態度泰然《たいどたいぜん》【45】として、儀容《ぎよう》【46】正《たゞ》しく、沈着《おちつ》きて、音声《おんせい》は高《たか》からず、低《ひく》からず、中声《ちゆうせい》であつて、しかも、判然《はんぜん》と聞《きこ》ゆるやうにあるべく、詞《ことば》は多《おほ》からずして、しかも、行届《ゆきとゞ》くやうにあらなければならぬ。ことに、長者《めうへ》の前《まへ》では、我《わ》れよりさし出《で》がましい事《こと》の無《な》いやうにし、すべての談話中《だんわちゆう》に、濫《みだ》りに口《くち》を挟《はさ》んだり、けなしたり、侮《あなど》りがましいやうなことは、つゆばかりもあつてはならぬ。身《み》ぶり、手真似《てまね》等《とう》も、なるべくせぬが宜《よろ》しい。然《しか》し、詞《ことば》には、活気《くわつき》があつて、人《ひと》の心《こゝろ》の引《ひ》き立《た》つるやうにあるがよく、ぐづぐづと不明瞭《ふわかり》で、眠《ねむ》くなるやうな、又《また》は、くどいやうな咄《はな》しぶりは宜《よろ》しくない。

すべて、談話《だんわ》は、他《ひと》が感《かん》じもし、歓《よろこ》びもし、又《また》は、愉快《ゆくわい》を覚《おぼ》ゆるまでにはあらずとも、更《さら》に、談話《だんわ》の要領《えうれう》を得《え》ず、又《また》は、不快《ふくわい》を感《かん》ぜしむるやうの事丈《ことだけ》は無《な》い様《やう》にありたいものである。さて、其談話《だんわ》に選《ゑら》び用《もち》ふべき種類《しゆるゐ》は、地理《ちり》、即《すなは》ち、山川《さんせん》の風景《ふうけい》や、道路《だうろ》の便利不便利《べんりふべんり》、其遠近《えんきん》、物産類《ぶつさんるゐ》、動植物類《どうしよくぶつるゐ》、即《すなは》ち、鳥類《てうるゐ》、虫魚《ちゆうぎよ》に就《つ》いての咄《はな》し、其飼養法《しやうはふ》、草木果実《さうもくくわじつ》の品評《ひんひやう》、及《およ》び、其培養法《ばいやうはふ》など彼《か》れ是《こ》れ、程《ほど》よく咄《はな》すも宜《よろ》しい。又《また》、歴史《れきし》、史伝《しでん》、文学《ぶんがく》、絵画《くわいぐわ》、音楽《おんがく》（高尚《かうしやう》なる）等《とう》に関《くわん》する咄《はな》しも宜《よろ》しいけれど、これは、先方《せんぱう》に、其心得《こゝろえ》のある人《ひと》で無《な》ければ、濫《みだ》りに咄《はな》しかくるもので無《な》い。衣食住《いしよくぢゆう》に関《くわん》することも、婦人《ふじん》の談話《だんわ》には似合《にあ》はしく、且事《かつこと》によりては、有益《いうえき》でもあらうけれど、食物《しよくもつ》の事《こと》は、余《あま》りに立入《たちい》り過《すぐ》る嫌《きら》ひがあるから、入魂《じゆつこん》【47】の中で無ければ、濫《みだ》りに云《い》はぬ方《かた》であらう。衣服《いふく》の事《こと》は、殊《こと》にまづ、容易《ようい》に口《くち》にせぬ方《はう》が宜《よろ》しい。やゝもすれば、驕《おご》りを導《みちび》く端《はし》となり、或《あるひ》は衣服《いふく》の悪《わる》い人《ひと》に、恥《はづ》かしく思《おも》はするやうな事《こと》があつてはならぬ。故《ゆゑ》に、住居《ぢゆうきよ》の事《こと》も、其《そ》れ〳〵斟酌《しんしやく》して云《い》ふべきである。

大抵《たいてい》の人《ひと》は、自分《じぶん》が得意《とくい》の事《こと》や、嗜好《たしな》める業《わざ》の上《うへ》などに就《つ》いて問《と》はるゝ事《こと》は、愉快《ゆくわい》に思《おも》ふものであつて、聞《き》く方《はう》からいへば、他《ひと》の長所《ちやうしよ》や長技《ちやうぎ》【48】を咄《はな》して貰《もら》へば、大《おほ》きに、有益《いうえき》で、且《かつ》、面白《おもしろ》くもあるものである故《ゆゑ》、なるべく左様《さやう》な質問《とひ》を試《こゝろ》むるは甚《はなは》だよい事《こと》である。

すべて、人《ひと》の長所《ちやうしよ》は、褒《ほ》むるもよし、云《い》ふもよし、殊《こと》に、嘉言善行《かげんぜんかう》【49】に至《いた》つては、口《くち》にする人《ひと》も、耳《み》にする人《ひと》も、極《きは》めて、心地《こゝち》よいものであるから、かやうな事《こと》を咄《はな》すは、甚《はなは》だ結構《けつかう》なれど、さて、人間《にんげん》の浅間《あさま》しさ。兎角《とかく》、嫉妬《しつと》だの猜疑《さいぎ》だのと云《い》ふ、悪徳《あくとく》が多《おほ》い世《よ》の中《なか》であるから、心《こゝろ》も知《し》らぬ、多人数《たにんず》の中《なか》では、現在《げんざい》の人《ひと》に於《お》ける、非常《ひじやう》の賞揚《しやうやう》は、

【45】落ち着いていて動じないさま
【46】風采
【47】とりわけ仲が良いこと
【48】特技の明治期の言い方
【49】めでたい言葉や良い行い

斟酌《しんしやく》ありたい事《こと》である。

外国《ぐわいこく》の事《こと》は、何《なん》でも内地《ないち》の人《ひと》には、耳新《みゝあた》らしい事《こと》が多《おほ》くて、且《かつ》、対外志想《たいぐわいしさう》【50】を養《やしな》ふ便《たよ》りともなつて、有益《いうえき》であるから、談話《だんわ》に適《てき》して居《ゐ》るけれども、これも、更《さら》に左様《さやう》の事《こと》の、耳疎《みゝうと》い人《ひと》に対《たい》しては、斟酌《しんしやく》せねばならぬ。

談話《だんわ》に避《さ》くべき詞《ことば》

卑俗《ひぞく》の語《ご》、淫猥《いんわい》の事柄《ことがら》は、決《けつ》して口《くち》にしてならぬ。又《また》、残酷《ざんこく》、悲哀《ひあい》の甚《はなはだ》しい談話《だんわ》は、小児《せうに》や妊婦《にんぷ》に対《たい》しては、決《けつ》して為《な》してはならぬ。

議論《ぎろん》がましい談話《だんわ》、説明《せつめい》がましい口調《くてう》は、濫《みだ》りに用《もち》ひぬが宜《よろ》しい。

又《また》、馴《な》れぬ言語《げんご》や、西洋語《せいやうご》も濫《みだ》りに用《もち》ひぬが宜《よろ》しい。

又《また》、自分《じぶん》の才識技芸《さいしきぎげい》や、其富貴権勢《ふうきけんせい》のさまなどは、語《かた》るもので無《な》い。殊《こと》に、落《お》ちぶれた人《ひと》などの前《まへ》では、一層斟酌《そうしんしやく》せねばならぬ。

愚痴《ぐち》つぽい事《こと》、くどい事《こと》、他《ひと》の事《こと》に立《た》ち入《い》りがましき事《こと》、すべて話《はな》すは宜《よろ》しく無《な》い。

又《また》、他《た》の失態《しつたい》や、恥辱《ちぢよく》になること、或《ある》ひは、隠蔽《いんぺい》することを、あばき立《だ》てをしたり、嫌悪《けんお》することを咄《はな》したりするのは、婦徳《ふとく》を傷《きずつ》くるものであるから、口《くち》にしてはならぬ。すべて、女子《ぢよし》は、殊《こと》に他《た》を恕《おもひや》る情《じやう》の深《ふか》いと云《い》ふ事《こと》が大切《たいせつ》である。

人《ひと》の談話《はなし》を聴《き》く心得《こゝろえ》

他《た》の談話《だんわ》は、縦令《たとひ》、面白《おもしろ》く無《な》い事《こと》でも、勉《つと》めて能《よ》く聴取《と》るやうにするが宜《よろ》しい。殊《こと》に、他《ひと》の談話《だんわ》の腰《こし》を折《を》り、中途《ちゆうと》に詞《ことば》を挟《はさ》み、冷笑《あざわら》ふ等《とう》は、以《もつ》ての外《ほか》である。就中《なかんづく》、才《さい》ある人《ひと》は、物《もの》の早《はや》く解《わか》るが故《ゆゑ》に、廻《まは》りくどい談話《だんわ》は、聴《き》きづらく思《おも》ひて、他《ひと》に口開《くちあ》かせぬやうにすることが多《おほ》いが、女子《ぢよし》は、能《よ》く耐忍《たいにん》して、左様《さやう》なふるまひの無《な》いやうにせねばならぬ。なるべく、他《ひと》の言《ことば》は、能《よ》く聴《き》き取《と》るのが、礼《れい》を知《し》る者《もの》のなす所《ところ》である。

虚言《うそ》は、假初《かりそめ》にも、口《くち》にせぬやうにと、自身《じしん》には深《ふか》く戒《いまし》むべき事《こと》であるが、他《ひと》の虚言《うそ》や失言《しつげん》は、濫《みだ》りに咎《とが》むるもので無《な》い。親戚《しんせき》や親友《しんいう》の間柄《あひだがら》ならば、人無《ひとな》き折《をり》に、能《よ》く能《よ》く訓誡《くんかい》【51】を加《くは》へて、再《ふたゝ》びせぬやうにするは、宜《よろ》しい。

すべて、他《ひと》の談話《だんわ》は、先方《せんぱう》の心《こゝろ》にあるだけを、能《よ》く咄《はな》さするやうにし、そして、我《わ》が云《い》ふべき要点《えうてん》は、後《のち》に能《よ》く能《よ》く云《い》ひ聞《き》かするやうにするが、礼《れい》にもかない、徳《とく》にもかなうた方法《しかた》である。

四　訪問《はうもん》に就《つ》きての作法《さはふ》

他《ひと》の訪問《はうもん》し、又《また》、他《ひと》に訪問《はうもん》せらるゝは、交際上《かうさいじやう》、欠《か》くことの出来《でき》ぬ礼《れい》である。且《かつ》、さ

【50】外国に対する考え方
【51】教えさとして戒めること

ま〴〵の人《ひと》に遇《あ》ひて、種々《しゆ〴〵》の事《こと》を聴《き》くのは、甚《はなは》だ有益《いうえき》であるから、時《とき》の許《ゆる》す限《かぎ》りは、なるべく、多《おほ》くの人《ひと》を訪《と》ひもし、訪《と》はれもしたいものであるから、互《たが》ひに、便利《べんり》なやうにしなければならぬ。不便利《ふべんり》であると、つい手重《ておも》【52】になつて、交際《かうさい》が疎《うと》くなる傾《かたむ》きがある故《ゆゑ》、能《よ》く心《こゝろ》を用《もち》ひて、都合《つがふ》よくしたいものである。

訪問時間《はうもんじかん》

訪問《はうもん》の時間《じかん》は、なるべく一定《てい》したいと思《おも》はる。大抵《たいてい》、午後《ごご》二時過《じすぎ》から、同《どう》六時頃迄《じごろまで》の間《あひだ》に於《お》いてすれば、まづ、何人《なんびと》も都合《つがふ》が宜《よ》いであらう。西洋風《せいやうふう》の家《いへ》では、待客日《たいかくひ》【53】をも定《さだ》め、時間《じかん》も、午後《ごゝ》三時《じ》より五時《じ》までなどと、極《き》めてある方《かた》も稀《まれ》にはあるが、兎角《とかく》、まだ十分《ぶん》其《そ》れが一般《ぱん》には行《おこな》はれぬ。故《ゆゑ》に、大抵《たいてい》の家《いへ》では、朝《あさ》から晩《ばん》まで、訪問客《はうもんきやく》があるものとして、茶菓《ちやくわ》の用意《ようい》もして置《お》かねばならぬ次第《しだい》で、甚《はなは》だせわしくもあり、不経済《ふけいざい》でもあるけれども、久《ひさ》しい習慣《しふくわん》であるから、今急《いまきふ》に改《あらた》むることも出来《でき》ぬが、せめて、訪問《はうもん》する方《はう》では、火急《くわきふ》の用事《ようじ》の外《ほか》は、なるべく、左様《さやう》な時間《じかん》に定《さだ》めて置《お》いて、其折《をり》に訪問《はうもん》したいものである。朝早《あさはや》く、夜遅《よるおそ》くなどは、殊《こと》に、婦人《ふじん》などであれば、先方《せんぱう》が迷惑《めいわく》せらるゝであらうと想《おも》ひやらねばならぬ。

案内《あんない》を請《こ》ふ

玄関《げんくわん》にて案内《あんない》を請《こ》ふ時《とき》は、まづ、鈴《りん》か、鐘《かね》か、其他押《たお》すもの、敲《たゝ》くものがあるか否《いな》を見《み》、あらば、其《そ》れを使用《しよう》するは勿論《もちろん》である。若《も》し、口《くち》で訪問《はうもん》の意《い》を通《つう》じなければならぬならば、従僕《じゆうぼく》に高《たか》く音《おと》なはするは宜《よろ》しいが、其《そ》れも余《あま》りに、主人《しゆじん》を驚《おどろ》かすやうな為方《しかた》を

訪問者《はうもんしや》の心得《こゝろえ》

せぬやうに、又《また》、自分《じぶん》で音《おと》なふ時《とき》、声《こゑ》が通《とお》るまいとの懸念《けねん》もあらば、人《ひと》の居《ゐ》る方《かた》へ廻《まは》りて案内《あんない》を請《こ》うが宜《よろ》しい。車夫《しやふ》などの聞《きこ》えないと云《い》つて、怒声《どな》り立《た》つる等《とう》は、主人《しゆじん》に対《たい》して、甚《はなは》だ不敬《ふけい》である。

年若《としわか》の女子《ぢよし》は、独身《どくしん》の男子《だんし》のもとに一人《ひとり》では、訪問《はうもん》せぬが礼《れい》である。若《も》し已《や》むを得《え》ぬ用事等《ようじとう》のある時《とき》は、年長《ねんちやう》の婦人《ふじん》に、同伴《どうはん》を請《こ》うて往《ゆ》くものである。

極《きは》めて、頻繁《ひんぱん》に交際《かうさい》する家《いへ》の外《ほか》は、名刺《めいし》を携《たづさ》へて往《ゆ》くものである。主人主婦《あるじ》に遇《あ》はず、玄関《げんくわん》から還《かへ》る時《とき》には、一寸《ちよつと》、名刺《めいし》の端《はし》を折《を》り返《かへ》して置《お》くもので、其《そ》れは、自《みづか》ら訪問《はうもん》した印《しるし》である。

近親親友《きんしん〱いう》の家《いへ》の外《ほか》は、小児《こども》、又《また》は動物《どうぶつ》を携《たづさ》えて往《ゆ》くことは宜《よろ》しく無《な》い。主人《しゆじん》の許可《ゆるし》無《な》くて、室内《しつない》の装飾品《さうしよくひん》に手《て》をつくるもので無《な》い。但《たゞ》し、画帳《ぐわでう》、写真帳等《しやしんでうとう》、客《きやく》の観覧《くわんらん》に備《そな》へてあるものは、静《しづ》かに開《ひら》いて見《み》ても苦《くる》しく無《な》い。

已《や》むを得《え》ぬ要用《えうよう》があつて、他《ひと》を訪問《はうもん》した時《とき》でも、主人《あるじ》がたに、取込事《とりこみごと》、病人等《びやうにんとう》があるか、他出《たしゆつ》がけ【54】等《とう》の時《とき》であつたならば、自分《じぶん》は不便《ふべん》でも、速《すみ》やかに辞《じ》して還《かへ》るが礼《れい》であ

【52】しにくくなること
【53】客を迎える日
【54】よそへ出かける間際

る。

主人《あるじ》が、丁寧《ていねい》に薦《すゝ》めらるゝ飲食物《いんしよくぶつ》は、其好意《かうい》を悦《よろこ》び受《う》けて、なるべく、飲食《いんしよく》するが礼《れい》なれども、自《みづか》らの嫌《きら》ひな物《もの》を、無理《むり》に飲食《いんしよく》するには及《およ》ばぬ。能《よ》く〳〵好意《かうい》を謝《しや》して、先方《せんはう》に不快《ふくわい》を感《かん》ぜしめなければ、其《そ》れで宜《よろ》しい。然《しか》し若《も》し、先方《せんぱう》で取《と》つてくれられた物《もの》ならば、そと紙《かみ》に包《つゝ》み、袂《たもと》に入《い》れて持《も》ち還《かへ》るのである。

取次人《とりつぎにん》、奴婢《めしつかひ》にも、能《よ》く丁寧《ていねい》にして、且主人不在《かつしゆじんふざい》の時《とき》などの伝言《でんごん》を依頼《いらい》する等《とう》の事《こと》に就《つ》いても、押柄《おうへい》【55】で無《な》いやうにあらなければならぬ。然《しか》し、余計《よけい》な談話《だんわ》をしたり、殊《こと》に、家内《かない》の事《こと》を何《なに》やかや、問《と》ひ試《こゝろ》むる等《とう》の事《こと》は、決《けつ》してせぬが礼《れい》である。先方《せんぱう》より、愛相《あいそ》よく話《はな》しかけなどしたらば、詞少《ことばすく》なに宜《よ》い程《ほど》にあしらうて置《お》くは宜《よろ》しい。

他《ひと》を訪問《はうもん》して談話《だんわ》する時間《じかん》は、なるべく短《みじか》いが宜《よろ》しい。但《たゞ》し、先方《せんぱう》で引《ひ》き留《とゞ》め、又《また》は話《はな》しかけられた時《とき》は、此限《このかぎ》りでは無《な》い。

相客《あひきやく》には、主人《しゆじん》の紹介《せうかい》を待《ま》ちての上《うへ》に、談話《だんわ》するが礼《れい》であるが、我《わ》れ年長者《ねんちやうしや》であつて、長《なが》く、一ツ所《ところ》に、主人《しゆじん》を待《ま》ち合《あは》する等《とう》の時《とき》、同席《どうせき》の若《わか》き婦人《ふじん》が、手持《ても》ち無沙汰《ぶさた》に見《み》ゆる時《とき》は、程宜《ほどよ》く談話《だんわ》をする等《とう》の事《こと》は、場合《ばあい》によつてはするが宜《よろ》しい。

五　接待《せつたい》に就《つ》きての作法《さはふ》

客《きやく》を接待《せつたい》する時《とき》の作法《さはふ》は、訪問客《はうもんきやく》のみには限《かぎ》らず、食事《しよくじ》、夜会《やくわい》、園遊会等《ゑんゆうくわいとう》、さまぐ〵あるべきなれども、其招待《せうたい》の重《おも》なる食礼《しよくれい》の所《ところ》に云《い》はうとする故《ゆゑ》に、此所《こゝ》には、重《おも》に前段《ぜんだん》に於《おけ》る訪問客取扱《はうもんきやくとりあつか》ひの事《こと》を述《の》ぶるであらう。

訪問《はうもん》の客《きやく》は、待客日《たいきやくび》の定《さだ》めある家《いへ》へは、其日《ひ》に於《お》いてし、然《しか》らざるも、午後《ごゞ》の程宜《ほどよ》き時間《じかん》に於《お》いて来《き》たるべきなれども、今《いま》の我《わ》が社会《しやくわい》のありさまでは、到底《たうてい》、左様《さう》は往《ゆ》かぬ故《ゆゑ》、まづ、毎日午前《まいにちごぜん》も午後《ごゞ》も、訪問者《はうもんしや》のある者《もの》として、茶《ちや》、煙草盆《たばこぼん》、菓子《くわし》の（冬《ふゆ》は火鉢《ひばち》、西洋風《せいやうふう》の室内《しつない》には暖炉等《ストーブとう》）用意《ようい》も、常《つね》に為《し》て置《お》くべきである。そして、飲物《のみもの》も、冬《ふゆ》は、熱《あつ》く、夏《なつ》は冷《つめ》たい物《もの》を用意《ようい》し、戸障子《としやうじ》の開閉《かいへい》にも能《よ》く注意《ちゆうい》し、客《きやく》の心地《こゝち》よく、便利《べんり》よきやうにと、計《はか》らねばならぬ。且《かつ》、茶《ちや》や菓子《くわし》を、何時《いつ》と無《な》しに出《いだ》すのは、冗《むだ》であるけれど、これも、久《ひさ》しき習慣《しふくわん》となつて居《ゐ》る事《こと》で、又《また》一つには、食物《しよくもつ》の工合《ぐあひ》などの為《ため》、時《とき》によりては、飲物《のみもの》が欲《ほ》しく感《かん》ずることもある故《ゆゑ》、まづ拠無《よんどころな》く【56】、普通《ふつう》の礼《れい》に従《したが》つて置《お》く方《かた》であらう。

【55】威張って無礼であること

【56】やむを得ず

訪問者《はうもんしや》の取扱《とりあつかひ》

訪問《はうもん》せられた客《きやく》は、能《よ》く丁寧《ていねい》に、取扱《とりあつか》ふべきは勿論《もちろん》である。然《しか》し、客《きやく》が、能《よ》く礼《れい》を心得《こゝろえ》て居《ゐ》て、此方《こなた》が、忙《いそ》がしい容子《ようす》や、他出《たしゆつ》がけや、さま〴〵、対談《たいだん》の都合《つがふ》の悪《わ》るさうな時《とき》は、早速《さつそく》、辞《じ》して還《かへ》つてくるゝやうならば宜《よろ》しいが、左《さ》も無《な》い時《とき》は、出来得《できう》るだけ、丁寧《ていねい》に取扱《とりあつか》ひたいと、心《こゝろ》には思《おも》つても、左様《さう》ゆかぬ事《こと》がある。其時《とき》は、已《や》むを得《え》ぬ次第《しだい》を、懇《ねんご》ろに【57】述《の》べて、また他日《たじつ》の来訪《らいはう》を約《やく》し、対談《たいだん》を謝絶《しやぜつ》する【58】も苦《くる》しう無《な》い。無理《むり》に情《じやう》を矯《た》めて勉《つと》めようとするから、却《かへつ》て、客《きやく》を厭《いと》ひ、偽《いつは》りを構《かま》へなければならぬやうな事《こと》になる。然《しか》し、謝絶《しやぜつ》する時《とき》は、殊《こと》に丁寧《ていねい》に詞《ことば》を尽《つく》して、不敬《ふけい》に亘《わた》らぬやうにとの注意《ちゆうい》が肝要《かんえう》である。

送迎《さうげい》

来客《らいきやく》を玄関《げんくわん》、又《また》は、脱帽室《だつぼうしつ》などのほとり迄出《までいで》で迎《むか》ふるのは、極《きは》めて長上《めうへ》の人《ひと》に限《かぎ》るので、大抵《たいてい》は、客間《きやくま》に入《い》るを迎《むか》へて宜《よろ》しい。

見送《みおく》りは、まづ大抵《たいてい》の客《きやく》には、玄関《げんくわん》まで出《で》ることである。客《きやく》の門外《もんぐわい》に去《さ》るまでは、縦令《たとひ》、他《た》にいかなる事《こと》があらうとも、笑《わら》ひさゞめき、指《ゆび》さし等《とう》をせぬやうにあるべく、家人《かじん》の隙見《すきみ》【59】などの無礼《ぶれい》をせぬやうに、常《つね》に戒《いまし》めて置《お》くべきである。

すべて、客《きやく》の髪形《かみかた》ちや衣装等《いしやうとう》には、決《けつ》して目《め》を注《そゝ》ぐもので無《な》い。況《まし》て辞《じ》し去《さ》らるゝ、後《の》ち、姿《すがた》などに目《め》をつくるは、猶更《なほさら》である。

贈与品《ぞうよひん》の選択《せんたく》

六　贈与品《ぞうよひん》に関《くわん》する作法《さはふ》

人《ひと》に物品《ぶつぴん》を進呈贈与《しんていぞうよ》するは、情誼《じやうぎ》【60】の上《うへ》からも、社交《しやかう》の点《てん》からも、必《かなら》ずなさねばならぬ事《こと》であるが、其選《えら》び方《かた》の可否《よしあし》によつては、大《おほ》きに、人《ひと》の感情《かんじやう》を善《よ》くもし、悪《わる》くもし、また、礼《れい》にも適《かな》ひ、非礼《ひれい》にもなる事《こと》がある故《ゆゑ》、能《よ》く〳〵注意《ちゆうい》せねばならぬ。

扨《さて》、贈与品《ぞうよひん》を選《えら》ぶには、まづ、先方《せんぱう》の位置《ゐち》、貧富《ひんぷ》、嗜好《しかう》、場合《ばあひ》、気候等《きこうとう》を、能《よ》く考《かんが》へてなすべきである。即《すなは》ち、富貴《ふうき》の人《ひと》へならば、物《もの》は粗末《そまつ》であつても、珍《めづ》らしい物《もの》、又《また》は、自作《じさく》の品《しな》などが宜《よろ》しい。それと反対《はんたい》で、貧賤《ひんせん》の人《ひと》へならば、なるべく、家計《くらし》むきの補助《たすけ》となるべきもの、或《あるひ》は金銭等《きんせんとう》が宜《よろ》しい。又《また》、先方《せんぱう》の嗜《たしな》む物《もの》ならば、極《きは》めて粗末《そまつ》な品《しな》でも、甚《はなは》だ礼意《れいい》【61】に適《かな》ふ事《こと》になるのである。又《また》、場合《ばあひ》によつては、平常《つね》なれば、左程《さほど》、嬉《うれ》しいことも思《おも》はぬやうな品《しな》でも、誠《まこと》に重宝《ちようはう》だと感《かん》ぜらるゝこともある。況《まし》て、寒《さむ》い時《とき》の防寒《ばうかん》の具《ぐ》、暖《だん》を取《と》るに可《か》なる飲食物《いんしよくぶつ》、熱《あつ》い時《とき》は反対《はんたい》の物等《ものとう》、みなその選《えら》び方《かた》が宜《よろ》しきを得《う》れ

【57】丁寧に
【58】ことわる
【59】物の隙間から覗き見ること
【60】人と付き合う上での気持ち
【61】礼の気持ち

ば、大《おほ》きに、他《ひと》の満足《まんぞく》を得《う》る事《こと》になるのであるから、能《よ》く〳〵心《こゝろ》を用《もち》ふべきである。

元来《ぐわんらい》、厨房《かつてもと》【62】の助《たす》けとなるべき、鶏卵《けいらん》だの、鰹節《かつをぶし》だの、砂糖《さたう》だのと云《い》ふやうなものを、礼々《れい〳〵》しく、大《おほ》きな箱《はこ》の中《なか》へ入《い》れ、籾糠《もみぬか》だの、藁《わら》などばかり、沢山《たくさん》詰《つ》め込《こ》んだり、又《また》は、上《あ》げ底《ぞこ》の箱《はこ》を使用《しよう》したりして、贈答《やりとり》をするのは、誠《まこと》にむだな事《こと》であつて、そして、いかにも、表面《おもて》ばかりを飾《かざ》る、軽薄《けいはく》の風俗《ふうぞく》を示《しめ》すやうな次第《しだい》で、甚《はなは》だ面白《おもしろ》からぬ事《こと》である。心入《こゝろいれ》の品《しな》や、美術《びじゆつ》に属《ぞく》する物《もの》を選《ゑら》んだり、拵《こしら》へたりして贈《おく》るまで〻は無《な》くとも、せめて、此普通《このふつう》の鶏卵《けいらん》、鰹節《かつをぶし》でも、軽薄《けいはく》で無《な》いやうな風《ふう》にして、贈答《やりとり》したいものである。若《も》し又《また》、表向《おもてむき》の義理《ぎり》一遍《ぺん》の折《をり》ならば、何料《なにれう》として金円《きんゑん》を贈《おく》る方《はう》が宜《よ》からうと思《おも》ふ。然《しか》し、其《そ》れも一般《ぱん》の風俗《ふうぞく》といふものは、中々《なか〳〵》一人背《ひとりそむ》くことの出来《でき》ないものである。それで、甚《はなは》だ好《この》ましからぬ事《こと》ながら、甲《かふ》より貰《もら》つた鶏卵《けいらん》の箱《はこ》を、乙《おつ》へ贈《おく》らねばならぬやうな、内情《ないじやう》も無《な》いとも云《い》はれぬ故《ゆゑ》、いつも心入《こゝろいれ》の品《しな》を贈《おく》ることは出来《でき》まいけれど、若《も》し、態々《わざ〳〵》買《かつ》たり、造《つく》つたりするとて、物《もの》を選《ゑら》ぶならば、これらの点《てん》にも能《よ》く心《こゝろ》を用《もち》ひたいものである。

一体《いつたい》、今《いま》の社会《しやくわい》は、兎角《とかく》、相互《たがひ》の贈答《やりとり》が余《あま》り、頻繁《ひんぱん》であるから、つい、義理《ぎり》一遍《ぺん》の軽薄《けいはく》な贈《おく》り物《もの》をするやうな事《こと》にもなるのであらう。普通《ふつう》の無沙汰見舞《ぶさたみまひ》などにも、必《かなら》ず手《て》土産《みやげ》と号《なづ》けて、品物《しなもの》を携《たづさ》へねばならぬやうな事《こと》は、なるべく廃《や》めて、真成《ほんたう》に進《しん》ぜたいと思《おも》うた時《とき》にのみ、持参《ぢさん》するやうにしたいものである。

吉事《きつじ》の贈与品《ぞうよひん》

婚礼《こんれい》の時《とき》の贈《おく》り物《もの》は、婿《むこ》の方《かた》へならば、文房具《ぶんぼうぐ》、室内装飾《しつないさうしょく》の具《ぐ》、又時《またとき》としては、反物類《たんものるゐ》、嫁《よめ》の方《かた》へならば、衣服《いふく》の地質装飾品《ぢしつさうしょくひん》の中《なか》にて、似合《にあ》はしき物《もの》を選《ゑら》ぶべく、或《あるひ》は、蓬莱島台《はうらいしまだい》【63】などは、婿嫁《むこよめ》いづ方《かた》へも、贈《おく》つても宜《よろ》しいが、これらは、誠《まこと》に無益《むえき》の物《もの》が多《おほ》いから、斟酌《しんしやく》すべきである。猶略《なほりやく》しては、普通《ふつう》の習慣《しふくわん》に従《したが》ひ、鶏卵《けいらん》、鰹節《かつをぶし》、鯣《するめ》、鮮魚《せんぎよ》の類《るゐ》を贈《おく》るも宜《よ》けれど、それも、何卒軽薄《どうぞけいはく》で無《な》いやうにありたいものである。

出産《しゆつさん》の時《とき》は、丁寧《ていねい》なるは、産着類《うぶきるゐ》、略《りやく》しては、通俗《つうぞく》に従《したが》つて、なまぐさ物《もの》【64】と称《しよう》する、鮮魚《せんぎよ》、鰹節《かつをぶし》、鶏卵等《けいらんとう》をも贈《おく》るのである。又《また》、近親《きんしん》、親友《しんいう》の間柄《あひだがら》ならば、産婦《さんぷ》の眼《め》を悦《よろこ》ばしむべき花卉《くわき》、又《また》は食物《しよくもつ》、夜伽《よとぎ》【65】の人《ひと》の飲食物類《いんしよくぶつるゐ》を贈《おく》るも宜《よろ》しい。

新任《しんにん》、栄転《えいてん》、開業《かいげふ》、其他《そのた》の慶事《いはひごと》には、やはり、なまぐさものを、贈《おく》るが普通《ふつう》である。

新宅移転《しんたくいてん》の時《とき》は、家具類《かぐるゐ》ならば殊《こと》に宜《よろ》しい。例《れい》のなまぐさ物《もの》は普通《ふつう》である。

すべて、慶事《けいじ》に、鮮魚《せんぎよ》を贈《おく》るは、久《ひさ》しき慣例《くわんれい》となつて居《ゐ》るのであるから、其《そ》れに習《なら》うても宜《よろ》しい。然《しか》し、暑気《しよき》の頃《ころ》は、斟酌《しんしやく》すべきである。

慶事《けいじ》の贈《おく》り物《もの》は、決《けつ》して、普通《ふつう》に人《ひと》の忌《い》むやうな色《いろ》や模様《もやう》の物《もの》は使《つか》うてはならぬ。即《すなは》

【62】食事のしたく
【63】台の上に瑞祥のものを配して蓬莱山をかたどった婚礼時の飾り物
【64】魚介や肉など、なまぐさいものの総称
【65】看護のために一晩中寝ずにそばに付き添うこと

ち、黒色《くろいろ》の無地《むぢ》や（白《しろ》の無地《むぢ》も人《ひと》によりては嫌《きら》ふ）物凄《ものすご》いやうな形物《かたもの》は、宜《よろ》しくない。其《そ》れは、贈《おく》る品《しな》を載《の》する、盆《ぼん》でも風呂敷《ふろしき》でも注意《ちゆうい》して避《さ》くるが宜《よろ》しい。

又《また》、祝辞《しゆくじ》の歌《うた》や文《ぶん》は、其心得《こゝろえ》ある人《ひと》ならば、最《もつと》も悦《よろこ》び受《う》くるであらうが、其《そ》れも、先方《せんぱう》を斟酌《しんしやく》して、贈《おく》らねば、却《かへつ》て不愉快《ふゆくわい》に感《かん》ぜらるゝことが無《な》いとも云《い》はれぬから、心《こゝろ》すべきである。

又《また》、或場合《あるばあひ》に於《お》いて、或《ある》いは、団体等《だんたいとう》からなどならば、金子《きんす》【66】のまゝまで贈《おく》るも宜《よろ》しい。

凶事《きようじ》の贈与品《ぞうよひん》

人《ひと》の死亡《しばう》した時《とき》、其霊前《れいぜん》に手向《たむ》くるには、大抵《たいてい》香華料《かうげれう》【67】として、金子《きんす》を贈《おく》るが宜《よろ》しいと思《おも》はる。若《も》し物品《ぶつぴん》にてならば、香《かう》、花《はな》、蝋燭《らふそく》等の類《るゐ》が普通《ふつう》である。菓子《くわし》、野菜《やさい》、果物類《くだものるゐ》も悪《わる》くは無《な》いが、斟酌《しんしやく》ありたいものである。それらも、みな、先方《せんぱう》の身分《みぶん》、気候等《きこうとう》、を注意《ちゆうい》する事《こと》が肝要《かんえう》である。墓前《ぼぜん》への生花《せいくわ》を贈《おく》るならば、人足《にんそく》をつけてやるが宜《よろ》しい。左《さ》も無《な》いと、急《きふ》に、人手《ひとで》を要《えう》して困難《こんなん》することが多《おほ》い。これも余《あま》りに、虚飾《きよしよく》に流《なが》れて、冗《むだ》に属《ぞく》するは、無益《むえき》の事《こと》であるから心《こゝろ》すべきである。

霊前《れいぜん》へ手向《たむけ》の詩歌文章《しかぶんしやう》も、其死者《ししや》か、又《また》は遺族《ゐぞく》の人《ひと》の中《なか》に、其心得《こゝろえ》ある所《ところ》へは、贈《おく》るも宜《よろ》しい。それも、先方《せんぱう》と時機《じき》とを見《み》るが肝要《かんえう》である。

病人《びやうにん》への贈与品《ぞうよひん》

病気見《びやうきみ》まひとして、人《ひと》のもとへ贈《おく》る物品《ぶつぴん》は、最《もつと》も能《よ》く注意《ちゆうい》すべきである。食物《しよくもつ》の類《るゐ》を贈《おく》るならば、まづ主治医《しゆぢい》に就《つ》いて、差《さ》し支《つか》え無《な》いものを問《と》い定《さだ》め、然《しか》る後《のち》に持参《ぢさん》すべきである。胃《ゐ》を病《や》める人《ひと》の如《ごと》きは、其禁《きん》ぜらる丶食物《しよくもつ》を見《み》ては、殆《ほとん》ど狂《きやう》するやうに食《た》べたがる等《とう》の事《こと》が無《な》いとも云《い》はれぬ。それは、病人《びやうにん》の目《め》を悦《よろこ》ばしむべき花卉《くわき》の類《るゐ》などは、いつでも、大抵宜《たいていよろ》しいけれども、人《ひと》によつて、花《はな》を贈《おく》らる丶を忌《い》む習慣《しふくわん》があるから、松竹梅《しようちくばい》の如《ごと》き、世《よ》に愛《め》でたいと云《い》ひ習《なら》はされて居《ゐ》るものなどの外《ほか》は、能《よ》く先方《せんぽう》を知《し》つての上《うへ》で無《な》ければ、濫《みだ》りにしてはならぬ。若《も》し贈《おく》らうとならば、例《れい》のなまぐさ物《もの》などを添《そ》ふるが宜《よろ》しい。又入魂《またじゆつこん》の中《なか》にては、伽《とぎ》の人《ひと》の食物等《しよくもつとう》を贈《おく》り、其他《た》いろ／＼助《たす》けとなるやうな反物《たんもの》など、折《をり》からの見計《みはか》らひが大切《たいせつ》である。

罹災者《りさいしや》への贈与品《ぞうよひん》

火災《くわさい》、水災《すゐさい》、風難《ふうなん》、其他《た》、不時《ふじ》の災害《さいがい》に罹《か》つた時《とき》の贈《おく》り物《もの》は、いづれも、其場合《ばあひ》や気候《きこう》を考《かんが》へてなす事《こと》が大切《たいせつ》であるが、まづ、大抵《たいてい》、実用《じつよう》に適《てき》する物《もの》を選《ゑら》ぶべきで、殊《こと》に避難所《ひなんじよ》などに在《あ》る人《ひと》へは、食物《たべもの》ならば、器具《きぐ》を要《えう》せずして、直《たゞち》に食《た》べらる丶物《もの》、器具《きぐ》、其他《た》の品《しな》ならば、やはり直《たゞち》に用《もち》ひて、重宝《ちようほう》がらる丶やうな物《もの》を選《ゑら》ぶべきである。

歳暮《せいぼ》、年玉《としだま》の贈与品《ぞうよひん》

歳暮《せいぼ》の贈与品《ぞうよひん》は、近親《きんしん》、親友《〱いう》の間柄《あひだがら》にては、まづ、事無《ことな》くて、其一年《ねん》を経過《けいくわ》したる祝意《しゆくい》を以《もつ》て、慶事《けいじ》の贈《おく》り物《もの》の如《ごと》き意味《いみ》にてするもあり。又《また》は、其子女達《こどもたち》のためにとて選《ゑら》

【66】お金

【67】仏壇に供えるための費用

ぶこともある。これは、クリスマスの贈《おく》り物《もの》に似《に》て居《ゐ》る。クリスマスは、其宗教以外《しうけういぐわい》の人《ひと》も、近来《きんらい》は、外国人《ぐわいこくじん》との交際《かうさい》が親密《しんみつ》になつたために、随分行《ずゐぶんおこな》ふ人《ひと》も少《すく》なく無《な》い。又年内《ねんない》、世話《せわ》になつた礼《れい》の心《こゝろ》を以《もつ》てし、或《ある》ひは、教《をしへ》を請《こ》うた謝儀《しやぎ》【68】なども、わが習慣上《しふくわんじやう》どうも、金子《きんす》では贈《おく》り悪《にく》いと云《い》ふやうな所《ところ》へは、反物類《たんものるゐ》や、器具類《きぐるゐ》などを贈《おく》ることもある。故《ゆゑ》に、歳暮《せいぼ》の贈《おく》り物《もの》は、極《きは》めて、広《ひろ》い意味《いみ》につかはるものと心得《こゝろえ》て宜《よろ》しい。

又《また》、年玉《としだま》も、大抵歳暮《たいていせいぼ》の贈《おく》り物《もの》に似《に》て居《ゐ》る。但《たゞ》し、新年《しんねん》の事《こと》であるから、其心《こゝろ》して、其れ〳〵似合《にあは》しき品《しな》を選《ゑら》ぶべき迄《まで》である。

暑寒中《しよかんちゆう》みまひの贈与品及《ぞうよひんおよ》び中元《ちゆうげん》

我《わ》が習慣上《しふくわんじやう》、また、暑中見《しよちゆうみ》まひ、寒中見《かんちゆうみ》まひとして、物《もの》を贈《おく》る事《こと》がある。但《たゞ》し、暑中《しよちゆう》みまひは、殊《こと》によると、歳暮《せいぼ》の時《とき》の如《ごと》く、半箇年《はんがねん》の期《き》に於《お》いて、ある謝礼《しやれい》の意味《いみ》でする事《こと》もあるから、従《したがつ》て、選《ゑら》ぶ品《しな》も、其心《こゝろ》をせねばならぬ。まだ、中元《ちゆうげん》と云《い》うて、むかしの礼《れい》のまゝに、七月《ぐわつ》十五日前後《にちぜんご》に、これも謝礼《しやれい》の意味《いみ》で、贈答《やりとり》をすることもある。これらは、已《や》むを得《え》ぬ事《こと》であるが、たゞの暑寒中《しよかんちゆう》みまひなどは、同《おな》じくは、廃《や》めたいものである、殊《こと》に暑中《しよちゆう》は、食物《しよくもつ》などは腐敗《ふはい》し易《やす》く、又《また》、其《そ》れを急《いそ》いで持《も》ち搬《はこ》ばねばならぬ、使《つか》ひの者《もの》も甚《はなは》だ気《き》の毒《どく》な次第《しだい》である。然《しか》し、どうも、習慣上廃《しふくわんじやうや》められぬとならば、品物《しなもの》の選《ゑら》び方《かた》に能《よ》く注意《ちゆうい》せねばならぬ。暑中《しよちゆう》も寒中《かんちゆう》も、いづれも、謝礼《しやれい》の意味《いみ》の籠《こも》らぬ、普通《ふつう》の贈《おく》り物《もの》は、其時《とき》に遇《あ》うた、一寸《ちよつと》した、手軽《てがる》の物《もの》で宜《よろ》しい。

進物《しんもつ》の台《だい》

進物《しんもつ》を載《の》するは、白木《しらき》の台《だい》が本式《ほんしき》であるが、略《りやく》しては、盆《ぼん》に載《の》せて、贈答《やりとり》する事《こと》である。台《だい》の種類《しゆるゐ》もいろ〳〵あるが、大抵《たいてい》、其長短大小《ちやうたんだいせう》は、品物《しなもの》によつて選《ゑら》ぶべきである。元来《ぐわんらい》、金子《きんす》は、其目録《もくろく》のみを台《だい》に載《の》せ、金子《きんす》は其儘《まゝ》で、使者《ししや》より使者《ししや》に渡《わた》すが、古式《こしき》であるが、今《いま》は、大抵金子《たいていきんす》も紙《かみ》に包《つゝ》み、水引《みづひき》をかけ、熨斗《のし》【69】を添《そ》へて、台《だい》に載《の》するものゝやうになつたから、まづ其《そ》れに従《したが》うて宜《よろ》しい。

進物《しんもつ》を、台《だい》に載《の》するには、まづ竪《たて》に置《お》くが普通《ふつう》であるが、余《あま》り長《なが》いものは、横《よこ》に置《お》いても、苦《くる》しう無《な》い。魚《さかな》一尾《び》の時《とき》は、頭《かしら》を先方《せんぽう》の左《ひだり》に、腹《はら》を先方《せんぽう》の前《まへ》になるやうに載《の》せ、二尾《び》の時《とき》は、魚《さかな》の腹《はら》と腹《はら》とを合《あは》するやうに、対《むか》ひ合《あは》せに載《の》するのである。雑肴《まぜざかな》は大《おほ》きな台《だい》に、程《ほど》よく積《つ》み載《の》せて宜《よろ》しい。

包《つゝ》み紙《がみ》、水引《みづひき》

包《つゝ》み紙《がみ》は、今《いま》は、大抵《たいてい》、奉書《ほうしよ》【70】の二枚重《まいがさね》ねを用《もち》ひ、略《りやく》しては、杉原紙《すぎはらがみ》【71】を用《もち》ふ。猶古式《なほこしき》のまゝに、檀紙《だんし》【72】をも用《もち》ひらるゝ事《こと》である。水引《みづひき》は、慶事及《けいじおよ》び普通《ふつう》は、紅白《こうはく》（大抵赤《たいていあか》と白《しろ》とであるが、上方《かみがた》では、玉虫色《たまむしいろ》と白《しろ》とを用《もち》ひて、やはり紅白《こうはく》といふ）を用《もち》ひ、凶事《きようじ》

【68】お礼の気持ちを表す礼儀
【69】祝いなどの進物に添える飾りもの
【70】奉書紙の略。楮《こうぞ》を原料とする厚手で、純白の高級な和紙
【71】播磨国揖東郡杉原村で産したことからこの名がある。奉書紙より薄く、種類が豊富で広く用いられた
【72】楮《こうぞ》を原料とした和紙の一種。江戸時代末より縮緬じわがつけられた

には鈍色《にびいろ》（俗《ぞく》に云《い》ふ藍気鼠《あゐけねずみ》）【73】と白色《しろいろ》とのを用《もち》ひ、尚《なほ》、神葬等《しんさうとう》の供物《そなへもの》には、白色《しろいろ》のみを用《もち》ふ。結《むす》び方《かた》は、普通《ふつう》はこま結《むす》びに、凶事《きやうじ》と婚儀《こんぎ》とには結《むす》び切《き》る。これは、再《ふた》びせぬ意《い》である。其《そ》れ故《ゆゑ》、婚儀《こんぎ》の慶事《けいじ》と、死亡《しばう》などの凶事《きようじ》とを区別《くべつ》するため、且飾《かつかざ》りの意味《いみ》をも加《くは》へて、慶事《けいじ》には、切《き》つたさきを、蕨《はらび》の穂《ほ》のやうにくる〳〵と巻《ま》く事《こと》もある。又右様《またみぎやう》の時《とき》には、金銀《きんぎん》の水引《みづひき》をも用《もち》ふるのである。熨斗鮑《のしあはび》【74】は、長熨斗《ながのし》【75】が本式《ほんしき》であるが、今《いま》は、

結び方

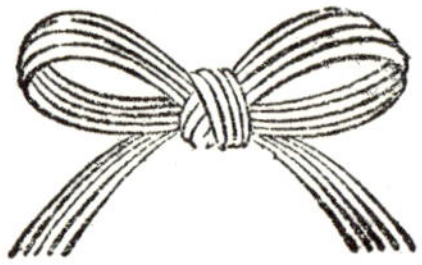

普通のもの

婚儀

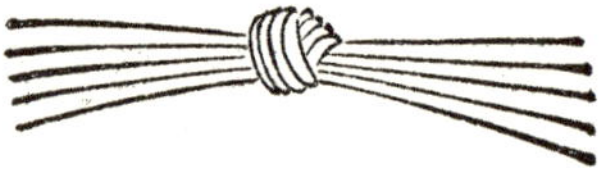

喪事

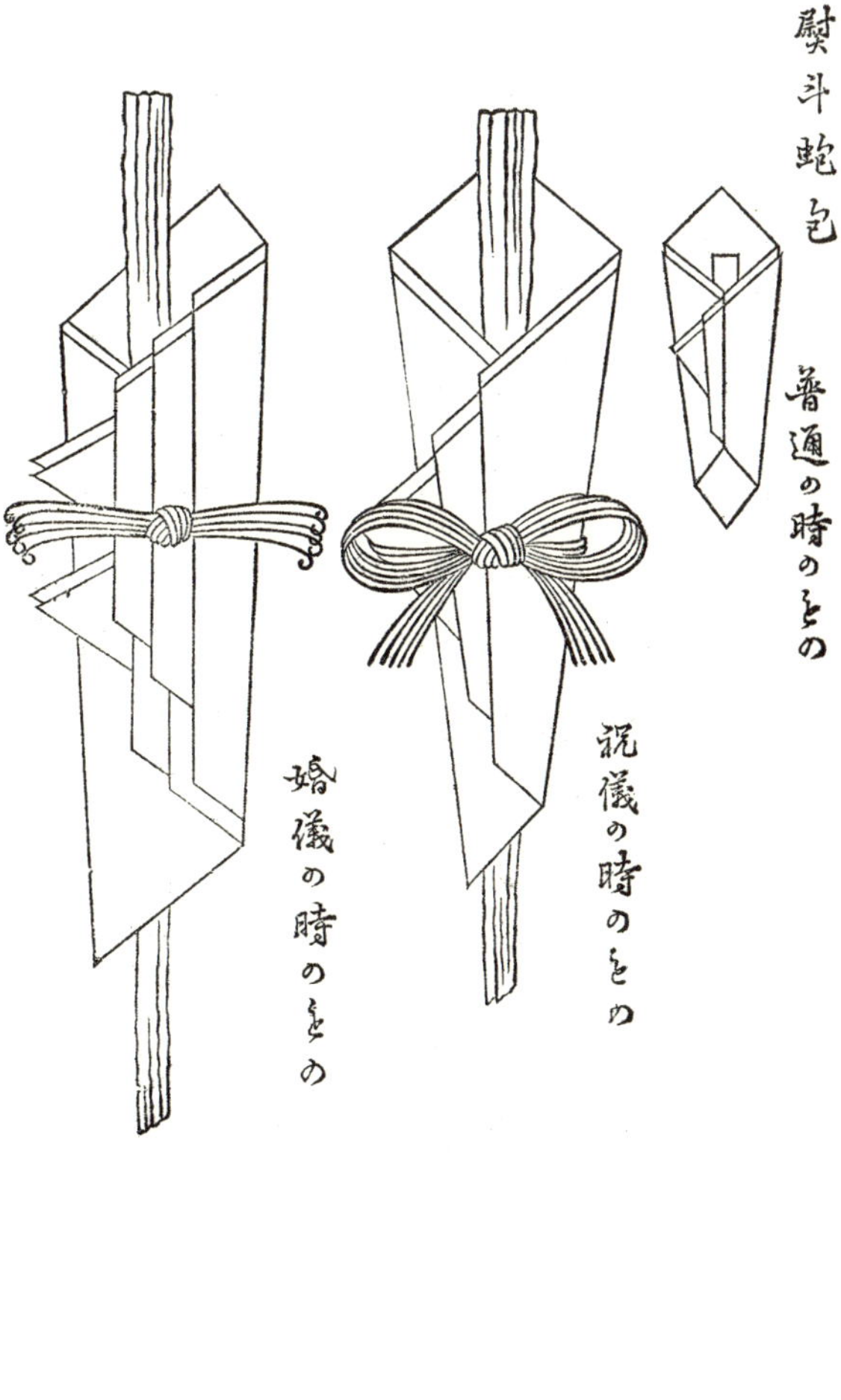

[73] 濃い青色がかったねずみ色

[74] 鮑の肉を薄くはぎ、引き延ばして乾かしたもの。儀式に用いる

[75] 鮑の肉を長く伸ばして作った熨斗鮑

大抵《たいてい》包《つゝ》み熨斗《のし》(包熨斗《つゝみのし》とは、小《ちひ》さい色紙《いろがみ》を折《を》り、切《き》つて熨斗《のし》を中《なか》に挟《はさ》んだ、普通《ふつう》のもの)を用《もち》ふるが通例《つうれい》である。

包《つゝ》み紙《がみ》、熨斗《のし》、水引《みづひき》の事《こと》は、いろ〳〵の古式《こしき》より変化《へんくわ》したものであるが、余白《よはく》が無《な》いから、此所《こゝ》には省《はぶ》いて載《の》せぬ。

又《また》包《つゝ》み紙《がみ》の上《うへ》に、直《たゞち》に、品物《しなもの》の名称《な》、数《かず》、及《およ》び先方《せんぱう》の姓名《せいめい》、我《わ》が姓名《せいめい》などを書《か》くは、略儀《りやくぎ》で、包《つゝ》み紙《がみ》は、何《なに》も書《か》かずして、別《べつ》に目録《もくろく》を添《そ》へて参《まゐ》らするが礼《れい》であるけれども、目録《もくろく》は、余《あま》り手重《ておも》だと思《おも》はゞ、せめて、札紙《ふだがみ》【76】を切《き》り、其《そ》れに書《か》いて添《そ》へるか、又《また》は、たゞ白紙《しらかみ》で無《な》いと云《い》ふ印《しるし》ばかりに、何か、一寸《ちよつと》書《か》き、名札《なふだ》を添《そ》へて贈《おく》る方《はう》が宜《よろ》しい。然《しか》し略《りやく》しては、包《つゝ》み紙《がみ》の上《うへ》に書《か》いても、非礼《ひれい》といふ程《ほど》では無《な》い。

七　吉事《きつじ》に関《くわん》する作法《さはふ》

吉事《きつじ》とは、まづ、女子《ぢよし》の身《み》に取《と》つては、婚礼《こんれい》、出産等《しゆつさんとう》が、就中《なかんづく》【77】重《おも》い事《こと》で、其他《そのた》は、年賀《ねんが》、新宅祝等《しんたくいはひとう》、などさま〴〵ある。殊《こと》に、婚礼《こんれい》は、人間《にんげん》一生《しやう》の大事《だいじ》であつて、尤《もつと》も丁重《ていちやう》にせねばならぬ事《こと》であるが、新旧入雑《しんきういりまぢ》りの今日《こんにち》は、甚《はなは》だ面倒《めんだう》である。然《しか》し、まづ其《その》概要《がいえう》のみを、逐次《ちくじ》述《の》ぶるであらう。

結納《ゆひなう》【78】

結納《ゆひなう》は、相互《たがひに》、ほゞ結婚《けつこん》の約《やく》が整《とゝの》うた時《とき》、親族書《しんぞくがき》を取《と》り換《かは》し、さて、結納《ゆひなう》を交換《かうかん》するのである。其しかたは、大小軽重《だいせうけいぢゆう》さま〴〵あるが、手重《ておも》いのは、嫁婿《よめむこ》の礼服《れいふく》、及《およ》び、其他《た》の品物《しなもの》をやりとりするのであるが、今《いま》は、大抵目録書《たいていもくろくがき》のみにして、余《よ》は金子《きんす》にて済《す》ますする所《ところ》が多《おほ》い。金額《きんがく》は、婿《むこ》の方《かた》よりは多《おほ》く、嫁《よめ》の方《かた》よりは少《すく》ないが普通《ふつう》の礼《れい》である。

婚礼《こんれい》の式《しき》

婚礼《こんれい》の式《しき》も公家《こうけ》、武家《ぶけ》さま〴〵あるが、畏《かし》こけれど現今《げんこん》、我《わ》が皇室《くわうしつ》に行《おこな》はせらる丶賢所《かしこどころ》（神鏡《しんきやう》を斎《いつ》き祭《まつ》りて、且《かつ》、天皇陛下《てんわうへいか》の御先祖《ごせんぞ》の神々様《かみ〴〵さま》をお祭《まつ》りになつてある所《ところ》）の御前《みまへ》で、御盃《おさかづき》があらせらる丶、御大礼《ごたいれい》に習《なら》ひ奉り、そのかたを執《と》り、行《おこな》ふは極《きは》めて臣民《しんみん》たる者《もの》の適当《てきたう》の礼《れい》と思《おも》はる丶故《ゆゑ》、なんでも、其信《しん》ずる神《かみ》を祭《まつ》り、御酒《おみき》【79】の下《おろ》しを盃《さかづき》にうつして、夫婦《ふうふ》のかための盃《さかづき》をするは、最《もつと》も礼《れい》に適《かな》つたものであらう。この礼式《れいしき》の書《しよ》は、男爵細川潤次郎《だんしやくほそかわじゆんじろう》【80】君《くん》が著《あらは》された、「新選婚礼式《しんせんこんれんしき》」【81】を見《み》れば、能《よ》くわかる。然《しか》し、今《いま》は、禁酒会《きんしゆくわい》【82】など丶云《い》ふものも出来《でき》て、大礼《たいれい》には、まづ酒《さけ》を薦《すゝ》むる習慣《しふくわん》が宜《よろ》し

【76】紙で作った札
【77】その中で特に
【78】婚約が成立したしるしに両家が金銭や品物を取り交わすこと、またその儀式
【79】神前に供える酒
【80】細川潤次郎（一八三四年～一九二三年）。幕末の土佐藩士。明治・大正期の法制学者、教育者
【81】明治三十二年（一八九九年）刊

くないと云《い》ふ説《せつ》がある。道徳《だうとく》の上《うへ》から云《い》へば、極《きは》めて、最《もつと》も千万《せんばん》な事《こと》ではあるが、我《わ》が開国以来《かいこくいらい》の古式《こしき》である故《ゆゑ》に、盃事位《さかづきごとぐらゐ》は、暫《しば》らく、それを存《そん》して置《お》いた方《かた》であらうか。但《たゞ》し後《あと》の宴会《えんくわい》に、酒《さけ》を廃《はい》する等《とう》の企《くはだ》てをする人が、若《も》しありとすれば、著者《ちよしや》は、双手《さうしゆ》【83】を挙《あ》げて、大《おほ》いに賛成《さんせい》する心得《こゝろえ》である。

本式《ほんしき》の婚礼《こんれい》には、待女郎《まちぢよらう》【84】といふ伝女《かいぞへ》【85】があつて、すべて、これが嫁《よめ》に付《つ》き添《そ》うて居《ゐ》て、世話《せわ》をし、媒介人《なかうど》【86】は、夫婦揃《ふうふそろ》ひて、身分《みぶん》も徳望《とくばう》もある人《ひと》が、其婚儀《こんぎ》の立合《たちあひ》をするので、これは、甚《はなは》だ道理《だうり》に協《かな》つた事《こと》であるが、大抵《たいてい》の所《ところ》では、手重《ておも》にもなる故《ゆゑ》、大方《おほかた》、媒介人《なかうど》に何《なに》もかも頼《たの》んで、して貰《もら》ふ事《こと》に成《な》つて居《ゐ》るのである。盃《さかづき》を取《と》り換《かは》すには、嫁《よめ》から婿《むこ》へとさすが通俗《つうぞく》であるが、これは、むかしは、嫁《よめ》の家《うち》へ婿《むこ》の方《はう》から来《き》て、婚儀《こんぎ》を行《おこな》うた、礼式《れいしき》の余波《なごり》であらう。其《そ》れは、主人《しゆじん》が毒試《どくみ》【87】をして、さて、客人《きやくじん》に、盃《さかづき》を薦《すゝ》むる礼《れい》の通《とほ》りに行《おこな》うた次第《しだい》であらうと思《おも》はる。然《しか》るに、今《いま》は、婿養子《むこやうし》を貰《もら》うた時《とき》の外《ほか》は、嫁《よめ》が、婿《むこ》の家《いへ》にとついで往《ゆ》く事《こと》になつたのである故《ゆゑ》に、やはり、婿《むこ》から嫁《よめ》にさす方《はう》が正《たゞ》しいであらう。

夫婦盃《ふうふさかづき》【88】が終《をは》れば、親類盃《しんるゐさかづき》【89】となる。親類《しんるゐ》は、即《すなは》ち両親《りやうしん》、祖父母《そふぼ》、同胞《どうはう》、伯父伯母《をぢをば》等《とう》が、普通《ふつう》で、年齢《ねんれい》は、満《まん》十四歳以上《さいいじやう》、或《あるひ》は満《まん》七歳以上《さいいじやう》など、両様《りやうやう》に行《おこな》はれて居《ゐ》る。右終《みぎをは》れば、食事《しよくじ》となつて、みな盃《さかづき》を取《と》り交《かは》した人々《ひと〴〵》と、会食《くわいしよく》するのである。今《いま》は、西洋《せいやう》

里開《さとびら》き舅入《しうといり》披露《ひろう》

風《ふう》に習《なら》うて、新郎新婦《むこよめ》は、食事《しよくじ》を早《はや》くすませて、直《すぐ》其場《ば》から、新婚旅行《しんこんりよかう》【90】をする人《ひと》も少《すくな》く無《な》い。これは相互《たがひ》の相談《さうだん》の上《うへ》取り行《おこな》うても宜《よろ》しい。

里開《さとびら》きは、第《だい》三日目《かめ》に、嫁《よめ》の里《さと》へ新夫婦《しんふうふ》を招《まね》き、里《さと》の親戚《しんせき》が、主人方《あるじがた》となつて、饗応《きやうおう》をなし、第《だい》五日目《かめ》には、婿《むこ》の家《いへ》に、嫁《よめ》の両親《りやうしん》を招《まね》いて、婿《むこ》の親戚《しんせき》が主人方《しゆじんがた》となつて、饗応《きやうおう》をするのが古式《こしき》であるが、今《いま》は、大抵《たいてい》、結婚《けつこん》の日《ひ》に、嫁《よめ》の両親《りやうしん》が同伴《どうはん》して、其席《せき》にも列《つら》なる故《ゆゑ》に、舅入《しうといり》の式《しき》は、略《りやく》する人《ひと》が多《おほ》い。これは、それで宜《よろ》しからうと思《おも》はる。

扨《さて》、数日《すうじつ》を経《へ》て後《のち》、相互《たがひ》の都合《つがふ》のよい時分《じぶん》を見計《みはか》らうて、披露《ひらう》の祝宴《しゆくえん》を開《ひら》く。此時《このとき》は、新郎新婦《むこよめ》の名《な》を以《もつ》て、双方《さうほう》の親類朋友等《しんるゐはういうとう》を、広《ひろ》く招待《せうたい》をすることで、或《あるひ》は、園遊会《えんいうくわい》、夜会《やくわい》をも催《もよお》すことがある。又《また》、此招待状《このせうたいじやう》に、双方《さうはう》の両親《りやうしん》の名《な》を以《もつ》て、子息誰《しそくだれ》、息女誰《そくぢよだれ》、結婚《けつこん》

【82】禁酒運動を進める組織の名。日本では明治八年に奥野昌綱らによって横浜禁酒会が結成されたのが最初である。明治二十三年には、横浜禁酒会と合流して東京禁酒会が結成されている
【83】両手。もろて
【84】婚礼の時に、花嫁に付き添って世話をする役目の女
【85】付き添って世話をすること、またその人
【86】仲人《なこうど》。結婚のなかだちをすること、またその人
【87】飲食物を人にすすめる前に、飲食して毒が入っていないか確かめること、またその人
【88】夫婦の固めのしるしに盃を交わすこと
【89】親類としての縁を結ぶしるしに盃を交わすこと
【90】「新婚旅行」の用語は『東京風俗志』（一八九九年〜一九〇二年）に見える例が早いが、本例の使用も早い時期に属する

云々《うん〱》と認《した》めて使《つか》はす事《こと》もある。其《そ》れは、いづれにても、時宜《じぎ》に従《したが》つて、行《おこな》つて宜《よろ》しい。

出産《しゆつさん》

妊婦《にんぷ》が分娩《ぶんべん》して、児《じ》を挙《あ》ぐる時《とき》は、むかしは、非常《ひじやう》な手重《ておも》い【91】祝宴《しゆくえん》を開《ひら》いて、これを産養《うぶやしなひ》【92】と云《い》うた。然《しか》し、今《いま》では、右様《みぎやう》な事《こと》は無《な》い。たゞ、七夜《しちや》【93】か、宮参《みやまゐ》りの折《をり》などに、近親《きんしん》、親友主治医《しんいうしゆぢい》、産婆等《さんばとう》を招《まね》くことである。それも、まづ、大抵《たいてい》の家《いへ》では、長子《ちやうし》にとゞまり、次《じ》、三といふやうになつては、余《あま》り大《たい》した祝宴《しゆくえん》などは開《ひら》かぬ事《こと》である。

出産《しゆつさん》の時《とき》は、其親《おや》の名《な》を以《もつ》て、男女子安産《だんぢよしあんざん》の旨《むね》を、親戚知友《しんせきちいう》に報知《しら》せ、報知《しら》せられた方《はう》では、自《みづか》ら悦《よろこ》びにも行《ゆ》き、又時《またとき》としては、書状《しよじやう》を以《もつ》ても、祝辞《しゆくじ》を述《の》ぶるのである。又《また》、近親親友《きんしん〱いう》に至《いた》つては、物品《ぶつぴん》をも贈《おく》る。（前条参考《ぜんでうさんかう》）

出産《しゆつさん》の悦《よろこ》びに往《い》つた時《とき》も、七夜前《やまへ》には、決《けつ》して、産婦《さんぷ》には、面会《めんくわい》せぬものである。先方《せんぱう》で、達《たつ》てといはれた時《とき》は、一寸遇《ちよつとあ》うて辞《じ》し還《かへ》るが礼《れい》である。それは、産婦《さんぷ》は、なるべく静《しづ》かにして、安《やす》らかに眠《ねむ》らするが宜《よろ》しいからである。

命名《めい〱》は、まづ七夜《や》に於《お》いてするのが、普通《ふつう》の礼《れい》である。名《な》は、親《おや》、又《また》は、親《おや》の尊敬《そんけい》欽慕《きんぼ》【94】する所《ところ》の、徳望《とくばう》【95】ある人《ひと》などに、選択《せんたく》を依頼《いらい》しても宜《よろ》しい。

年賀《ねんが》

年賀《ねんが》は、尊親《そんしん》の高齢《かうれい》を祝《いは》ひて、饗宴《きやうえん》を開《ひら》き、親戚知友《しんせきちいう》を招待《せうたい》する儀式《ぎしき》である。即《すなは》ち、子《こ》が、父母《ふぼ》、又《また》は、祖父母《そふぼ》を祝《いは》ひ弟子《でし》が、先生《せんせい》を賀《が》しなどするために、催《もよお》すことが多《おほ》い。

年賀《ねんが》は、まづ大抵《たいてい》　六十一　七十　七十七　八十　九十歳《さい》などゝ祝《いは》ふことであつて、

新宅《しんたく》、其他《そのた》

六十一の賀《が》を還暦《くわんれき》といひ、更《さら》に、子供《こども》に還《かへ》るといふ意味《いみ》で、女子《ぢよし》などのためには、再《ふた》び少女《せうぢよ》のやうな、赤《あか》い衣服《いふく》などを、子孫《しそん》が調《こしら》へて、着《き》せ参《まゐ》らすることである。七十の賀《が》は、古稀《こき》と云《い》ひ、七十七の賀《が》は、喜《き》の字《じ》の祝《いはひ》といひ、八十の賀《が》は、米寿《べいじゆ》といふ。猶《なほ》、むかしは、四十　五十の賀《が》をも祝《いは》うて四十を初老《しよらう》と称《とな》へたが、今《いま》は殆《ほとん》ど、右様《みぎやう》な賀《が》は、祝《いは》ふ人《ひと》は無《な》いやうである。

新室祝賀《しんしつしゆくが》を、いにしへは、富貴《ふうき》の人《ひと》は、新室賀《にひむろほぎ》[96]というて、大層《たいそう》な祝《いは》ひをしたのであるが、今《いま》は、それほどの事《こと》をする人《ひと》は少《すく》ないやうだ。これも、親戚知友《しんせきちいう》を招《まね》き、新宅《しんたく》の披露《ひろう》をして、祝宴《しゆくえん》を開《ひら》く事《こと》である。其他《た》、栄転《えいてん》、昇進《しやうしん》、就職《しうしよく》、開店《かいてん》、開業等《かいげふとう》さま〲あれども、大抵《たいてい》、前例《ぜんれい》を斟酌《しんしやく》して、時《とき》の宜《よろ》しきに従《したが》ふべきである。

すべて、祝宴《しゆくえん》に招《まね》かれて行《ゆ》く人《ひと》の心得《こゝろえ》は、先方《せんぱう》を祝《いは》ふ真情《まごころ》が、充分《じうぶん》に顕《あらは》るゝやうにあるべく、挙止動作《たちゐふるまひ》から詞《ことば》づかひまでの一切《さい》に就《つ》いて、不吉《ふきつ》がましい事《こと》の無《な》いやうにするが、礼《れい》である。況《まし》て、其時《とき》、携《たづそ》ふる処《ところ》の物品又《ぶつぴんまた》は贈与品等《ぞうよひんとう》、何《なに》もかも、能《よ》く注意《ちゆうい》して、

【91】丁寧で手のかかること
【92】かつて行われた儀式で、生まれた子と産婦の無病息災を祈るもの
【93】子供が生まれて七日目の祝い
【94】うやまいしたうこと
【95】徳が高く、人望のあること
【96】新築の部屋や家の落成を祝うこと

忌服《きふく》

忌《いま》はしく感《かん》ぜらるゝことの無《な》いやうにせねばならぬ。

八　凶事《きようじ》に関《くわん》する作法《さはふ》

凶事《きようじ》とは、まづ大抵《たいてい》、人《ひと》の死亡《しばう》に関《くわん》する事《こと》に就《つ》いて云《い》ふのである。そして、大喪《たいさう》とは、もと、君《きみ》、親《おや》、夫《をつと》の喪《も》を云《い》うたのであるが、今《いま》は、国君《こくくん》の喪《も》にのみ云《い》ひならはすやうになつた。

大喪《たいそう》は、大凡《おほよそ》、一箇年間《ねんかん》である。此間《このあひだ》に、音楽《おんがく》の停止《ちやうじ》、喪服《もふく》の制《せい》など、其都度《そのつど》、令《れい》せらるゝことを、慎《つゝし》みて守《まも》るべきである。

定式《じやうしき》の忌服《きふく》【97】は、親《おや》、夫《をつと》の喪《も》は、忌《き》五十日《にち》、服《ふく》十三箇月《げつ》、父方《ちゝかた》の祖父母《そふぼ》、及《およ》び夫《をつと》の父母《ふぼ》は、忌《き》三十日《にち》、服《ふく》五十日《にち》、母方《はゝかた》の祖父母《そふぼ》、父方《ちゝかた》の伯叔父母《をぢをば》、兄弟《けいてい》、姉妹《しまい》、妻《つま》、嫡子《ちやくし》【98】は、忌《き》十日《か》、服《ふく》九十日《にち》、母方《はゝかた》の伯叔父母《をぢをば》、嫡孫《ちやくそん》【99】は、忌《き》十日《か》、服《ふく》三十日《にち》、従兄《じゆうけい》姉妹《しまい》は、忌《き》三日《か》、服《ふく》七日《か》であるが、七歳未満《さいみまん》の子女《しじよ》には、忌服《きふく》は無《な》い。

猶奉職《なほほうしよく》して、事務《じむ》の繁忙《はんばう》な人《ひと》は、上《かみ》より、徐服出仕《ぢよふくしゆつし》【100】といふ事《こと》を命《めい》ぜらるゝ事《こと》がある。

それは、職務上《しよくむじやう》已《や》むを得《え》ぬ次第《しだい》なれば、出仕《しゆつし》して、事《こと》に従《したが》ひ、又余儀《またよぎ》無《な》き用件《ようけん》のために

訃音《ふいん》【101】

名刺《めいし》

葬儀《さうぎ》

は、他出《たしゆつ》するも苦《くる》しからねど、決《けつ》して、他《た》の祝賀《しゆくが》の宴《えん》、物見《ものみ》、遊山等《ゆさんとう》の場所《ばしよ》へは、立《た》ち入《い》つてはならぬ。これは、忌中《きちゆう》のみで無《な》い。忌服中《きふくちゆう》は、何事《なにごと》も能《よ》く慎《つゝし》んで居《ゐ》るべきである。

忌満《きみ》つる日《ひ》、即《すなは》ち五十日《にち》には、霊《れい》を祭《まつ》つて、親戚知友《しんせきちいう》を招《まね》く。最《もつと》も仏葬《ぶつさう》の人《ひと》は、四十九日《にち》に於《お》いてするが常例《じやうれい》である。

訃音《ふいん》は、其近親《きんしん》の名《な》を以《もつ》てするが普通《ふつう》であるが、場合《ばあひ》によつては、親友《しんいう》の名《な》を加《くは》ふる事《こと》もある。近親《きんしん》、親友《しんいう》には、まづ危篤《きとく》を報《ほう》じ、さて、更《さら》に、死亡《しばう》の報《ほう》をなすが礼《れい》である。

忌中《きちゆう》の名刺《めいし》は、四縁《ぶち》を、大凡《おほよそ》、三分《ぶ》ばかり黒《くろ》くし、服中《ふくちゆう》は、更《さら》にそれを半分減《はんぶんげん》の細《ほそ》さにして用《もち》ふ。

葬儀《さうぎ》は、神葬《しんさう》、仏葬及《ぶつさうおよ》び西教《せいけう》に於《お》ける葬儀《さうぎ》など、さまざまあるが、要《えう》するに、死者《ししや》の遺族《ゐぞく》が亡骸《なきがら》を埋葬《まいさう》する所《ところ》の儀式《ぎしき》であるから、古人《こじん》の云《い》はれたやうに、「喪《も》は其斂《をさ》めんよりは、寧《むし》ろ戚《いた》めよ」【102】とて、近親《きんしん》、親友《しんいう》はもとより会葬者《くわいさうしや》にいたるまで、いかにも、

【97】「忌」は死のけがれを忌んで遠慮すること、「服」は喪服を着ること。
【98】家督を継ぐ者
【99】嫡子の嫡子
【100】喪の期間を終えて仕事に出ること
【101】死亡通知

静粛《せいしゆく》であつて、哀悼《あいとう》の意《い》の溢《あふ》るゝやうにありたいものである。遺族《ゐぞく》、及《およ》び親友《しんいう》などは、悲《かなし》みに沈《しづ》んで居《ゐ》ても、会葬者《くわいさうしや》、手《て》づたひ人《にん》の末《すゑ》に至《いた》つては、多人数集《たにんずあつ》まれば、兎角《とかく》に、喧噪《さわ》がしく賑《にぎ》やかになり易《やす》いものであるから、余程《よほど》よく注意《ちゆうい》して、静粛《せいしゆく》なるやうにせねばならぬ。

受附《うけつけ》は、自宅《じたく》と、墓所《ぼしよ》とに於《お》いて、会葬者《くわいさうしや》の姓名《せいめい》を、洩《も》れぬやうに書《か》き記《しる》し置《お》き、翌日《よくじつ》は、書状《しやじやう》を以《もつ》て、会葬《くわいさう》の答礼《たうれい》をなすべく、尚《なほ》、長上《めうへ》の人《ひと》へは、忌明《きめい》【103】の後《のち》、自《みづか》ら回礼《くわいれい》【104】すべきである。又《また》、霊前《れいぜん》への供物《そなへもの》も、洩《も》れぬやうに、記《しる》さしめねばならぬ。

会葬者《くわいさうしや》には、大抵《たいてい》、茶菓《ちやくわ》を供《きやう》するが普通《ふつう》であるが、墓所《ぼしよ》、甚《はなは》だ遠方《えんぱう》でありなどすれば、食事《しよくじ》の用意《ようい》をせねばならぬ。而《さう》して暑気《しよき》の頃《ころ》は、最《もつと》も能《よ》く注意《ちゆうい》せねば、腐敗《ふはい》し、或《ある》ひは、腐敗《ふはい》に近い物《もの》を薦《すゝ》むることが無《な》いとも云《い》はれぬ。

喪《も》を弔《てう》し【105】、又《また》は会葬《くわいさう》する者《もの》は、まづ簡単《かんたん》に親切《しんせつ》に、悼《いた》みの詞《ことば》を述《の》ぶべく、決《けつ》して、死者《ししや》の病状《びやうじやう》、臨終《りんじゆう》のさまなどを繰《く》り返《かへ》し問《と》ひ、歎《なげ》きに歎《なげ》きを加《くは》ふる等《とう》の事《こと》はしてはならぬ。程《ほど》よく力《ちから》をつけて、其疲労《ひろう》を慰《なぐさ》むるやうにあるが宜《よろ》しい。殊《こと》に、言語動作《ごどうさ》を慎《つゝし》んで、静粛《せいしゆく》にあるべきである。祝賀《しゆくが》の時《とき》は已《や》む無《な》くして遅《おく》れ、又《また》は、余儀無《よぎな》ければ、書状《しやじやう》を以《もつ》てしても宜《よろ》しいが、弔詞《てうし》【106】は、なるべく速《すみ》やかに、且《かつ》、出来得《できう》べき限《かぎ》りは、自《みづか》ら往《ゆ》いてなすが、礼《れい》の厚《あつ》きものといふべきである。遠方《ゑんぱう》の所《ところ》は、電報《でんぱう》、又《また》は、書状《しやじやう》を以《もつ》て、弔《てう》す

霊《れい》を拝《はい》す

るのである。

　霊前《れいぜん》に拝《はい》をするには、神葬《しんさう》の時《とき》は、神官《しんくわん》の授《さづ》けられた玉串《たまぐし》（或《ある》ひは台《だい》に積《つ》まれてある玉串《たまぐし》）を、右《みぎ》の手《て》にて取《と》り、左《ひだり》の手《て》を添《そ》えて持《も》ち出《い》で、霊前《れいぜん》より三尺《じやく》ばかりの所《ところ》にて、一拝《はい》して、霊前《れいぜん》の玉串台《たまぐしだい》の辺《ほと》りまで進《すゝ》み、梢《こずゑ》を手《て》もとに、本《もと》の方《はう》を先方《せんぱう》へ向《む》けかへて、台《だい》の上《うへ》に置《お》き、柏手《かしはで》【107】を打《う》ち、更《さら》に丁寧《ていねい》に、最敬《さいけい》の拝《はい》をなし、三歩退《しりぞ》き、向《む》き直《なほ》つて還《かへ》るのである。

　仏葬《ぶつさう》には、やはり、霊前《れいぜん》三尺《じやく》ばかりの所《ところ》にて一拝《はい》し、更《さら》に進《すゝ》んで、卓上《たくじやう》の香《かう》をつまみ、香炉《かうろ》に投《たう》じ、最敬《さいけい》の拝《はい》をなし、三歩《ぼ》退《しりぞ》いて還《かへ》ること、前条《ぜんでう》の如《ごと》くして宜《よろ》しい。仏前《ぶつぜん》にては拝《はい》のみで、勿論《もちろん》、柏手《かしはで》は打《う》たぬのである。若《も》し、此時《このとき》鈴《りん》を鳴《な》らすならば、二回《くわい》若《も》しくは四回《かい》鳴《な》らしてよろしい。

　すべて、神仏葬《しんぶつさう》ともに、若《も》し座《ざ》礼《れい》であつたならば、三歩《ぼ》の所《ところ》を、二膝《ひざ》擦《す》るものと心得《こゝろえ》て宜《よろ》しい。

【102】『論語』八佾第三に見える言葉。葬儀は行き届くよりも、悲しみのため多少整っていない方がよいという意味

【103】喪の期間が終わること。いみあけ

【104】お礼回り

【105】死を悲しみいたむ

【106】死者をとむらう言葉。弔辞

【107】神前で拝する時に手を打ち鳴らすこと

九　食礼《しよくれい》

食事《しよくじ》をなす時《とき》の作法《さはふ》も、今《いま》は、立礼《りうれい》、座礼《ざれい》の二様《やう》にわかれて、そして、表向《おもてむき》の時《とき》は、却《かへつ》て、立礼《りうれい》が行《おこな》はるのであるから、爰《こゝ》にも、まづそれを述《の》ぶべきであるが、座礼《ざれい》は、重《おも》に日本固有《にほんこいう》の礼《れい》で、立礼《りうれい》が、まづ西洋風《せいやうふう》である事《こと》が多《おほ》い故《ゆゑ》、やはり、座礼《ざれい》の方《はう》から説《と》かうとするのである。

座礼献酬《ざれいけんしう》

三方《さんばう》に盃《さかづき》を据《す》ゑて出《いだ》されたらば、まづ一礼《れい》して、両手《りやうて》にて、三方《さんばう》を少《すこ》し引《ひき》き寄《よ》せ、両手《りやうて》にて盃《さかづき》を取《と》りあげ、左《ひだり》の手《て》さきを一寸《ちよつと》つき、右《みぎ》の手《て》ばかりにて酌《しやく》を受《う》く。（流儀《りうぎ》によつては、左《ひだり》の手《て》にて盃《さかづき》を受《う》くるも、両手《りやうて》にて受《う》くるのもある）つがれた酒《さけ》は、決《けつ》して飲《の》まずとも宜《よ》い。一寸盃《ちよつとさかづき》を戴《いたゞ》き、唇《くちびる》につけ、したを（したとは盃中《はいちゆう》の酒《さけ》の事《こと》）したみに（したみとは、盃中《はいちゆう》の酒《さけ》を捨《す》つる別《べつ》の盃《さかづき》で、これは酌人《しやくにん》が添《そ》へて持《も》ち出《い》づるものである）あく。若《も》ししたみを附《つ》けて出《い》だされずば、吸物椀《すひものわん》の蓋《ふた》を取《と》つてあけて宜《よろ》しい。さて、盃《さかづき》は両手《りやうて》にて持《も》ち、一寸唇《ちよつとくちびる》にあて、其あてたる所《ところ》を、左右《さゆう》の拇指《おやゆび》の裏《うら》にて、右左《みぎひだり》と二度拭《どぬぐ》ひ、三方《さんばう》の上《うへ》に置《お》き、拇指《おやゆび》は懐紙《ふところがみ》にて拭《ふ》き、三方《さんばう》を少《すこ》し押出《おしいだ》して目礼《もくれい》するのである。略式《りやくしき》にて、盃洗《はいせん》を出《いだ》された時《とき》には、盃《さかづき》は洗《あら》ひて、懐紙《ふところがみ》にて拭《ぬぐ》ひてまゐらす。右様《みぎやう》の折《をり》には、大抵《たいてい》、主人主婦《しゆじんしゆふ》が、自《みづか》ら献酬《けんしう》【108】をせらるゝ事《こと》であるから、褥《しとね》【109】をはづして、献酬《けんしう》すべきである。（正式《せいしき》の時《とき》は褥《しとね》は用《もち》ひぬ）又《また》、近来《きんらい》は、主人《しゅじん》が、各自《めい〱》の客《きゃく》の前《まへ》に来《き》て献酬《けんしう》するのみで無《な》くて、客《きゃく》よりも、各自《めい〱》主人《しゅじん》の方《はう》へ至《いた》りて盃《はい》を請《こ》ふは、まだしもであるが、客《きゃく》と客《きゃく》とが、此所彼所《こゝかしこ》と廻《まは》り歩《ある》いて、盃《はい》を請《こ》ふに至《いた》つたのは、礼《れい》の宜《よろ》しきを得《え》たものでは無《な》い。第一《だいいち》に、席《せき》が乱《みだ》れ、混雑《こんざつ》を招《まね》くばかりで無《な》く、女子《ぢょし》などが、我《わ》れから進《す》んで、盃《はい》を請《こ》ふは甚《はなは》だ怪《け》しかる風《ふう》といはねばならぬ。

座礼《ざれい》の食事《しょくじ》

客《きゃく》は、膳《ぜん》を据《す》ゑられたらば、左右《さいう》の手《て》さきを、一寸《ちょつと》ついて目礼《もくれい》をなし、主人《あるじ》は、一同《どう》の膳出揃《ぜんでそろ》うた時《とき》、挨拶《あひさつ》をすれば客《きゃく》は答礼《とうれい》して、さて、飯椀《めしわん》の蓋《ふた》は右《みぎ》の手《て》にて取《と》り、左《ひだり》の手《て》は椀《わん》の左側《ひだりがは》に添《そ》ふ。蓋《ふた》は、此方《こなた》より向《むか》うへ開《ひら》くやうにして取《と》り、左《ひだり》の手《て》を添《そ》へて持《も》ち直《なほ》し、右側《みぎがは》に仰向《あほむ》けて置《お》く。次《つぎ》に汁《しる》の椀《わん》の蓋《ふた》も、前《まへ》の如《ごと》くして取《と》り、右側《みぎがは》、飯椀《めしわん》の蓋《ふた》の向《むか》うに置《お》く。次《つぎ》に壺《つぼ》の蓋《ふた》も、同様《どうやう》にして取《と》るのである。又都合《またつがう》によつては、膳《ぜん》の右側《みぎがは》に在《あ》る器《うつは》の蓋《ふた》は、右側《みぎがは》へ、左側《ひだりがは》のは左側《ひだりがは》へ、取《と》りて置《お》いても宜《よろ》しい。略式《りゃくしき》にて、吸物膳《すひものぜん》より出《いだ》された時《とき》は、吸物《すひもの》の椀《わん》の蓋《ふた》は、前《まへ》の本膳《ほんぜん》の、飯椀《めしわん》の蓋《ふた》の如《ごと》くにして取《と》つて苦《くる》しく無《な》い。

吸物椀《すひものわん》も、飯椀《めしわん》の蓋《ふた》の如《ごと》くして取《と》り、膳《ぜん》の縁《ふち》にかけ置《お》き汁《しる》を吸《す》ひ実《み》を食《く》ひて、蓋《ふた》をな

【108】盃をやりとりすること

し、箸《はし》を取《と》る毎《ごと》に、更《さら》に蓋《ふた》を開《あ》けて、食《しょく》するのである。

飯椀《めしわん》は、両手《りやうて》に取《と》り、左《ひだり》の掌《てのひら》に据《す》ゑ、右《みぎ》の手《て》を伏《ふ》せて、箸《はし》の中程《なかほど》を取《と》り挙《あ》げ持《も》ちながら、掌《てのひら》を仰《あほ》むけて膝《ひざ》の上《うへ》に置《お》き、左《ひだり》の手《て》に飯椀《めしわん》を持《も》ちながら、箸《はし》さき一寸《いっすん》ばかりの上《うへ》の所《ところ》を、其四五の指《ゆび》の間《あひだ》に挟《はさ》み、能《よ》き程《ほど》に持《も》ち直《なほ》し、椀《わん》は左《ひだり》の手《て》の拇指《おやゆび》を、縁《ふち》へ少《すこ》しかけ、残《のこ》りの四指《し》を揃《そろ》へて底《そこ》を受《う》け、椀《わん》を胸《むね》の辺《あた》り迄《まで》取《と》り上《あ》げ、飯《めし》を二箸《はし》三箸《はし》食《た》べ、右《みぎ》の手《て》に箸《はし》を持《も》ちながら、両手《て》にて、椀《わん》を膳《ぜん》に据《す》ゑ、次《つぎ》に箸《はし》を膳《ぜん》に置《お》くのである。さて、両手《りやうて》にて汁椀《しるわん》を取《と》り、汁《しる》を二口三口《ふたくちみくち》吸《す》ひ、前《まへ》の如《ごと》く箸《はし》を取《と》り上《あ》げ、実《み》を二箸《はし》三箸《はし》食《た》べ、箸《はし》を置《お》き、更《さら》に汁《しる》を吸《す》ひ、椀《わん》を膳《ぜん》に置《お》く。又《また》、実《み》のたゞよひて、汁《しる》が吸《す》ひ悪《にく》いやうならば、箸《はし》にて実《み》を押《おさ》へつゝ、汁《しる》を吸《す》ひて宜《よろ》しい。次《つぎ》に、又飯《まためし》を食《た》べ、汁《しる》を吸《す》ふ。二度目《どめ》からは、実《み》より食《た》べて汁《しる》を吸《す》ふ。次《つぎ》に汁《しる》、次《つぎ》に飯《めし》、次《つぎ》に本膳《ほんぜん》の膾《なます》【110】に移《うつ》る。膾《なます》は膳《ぜん》に置《お》きながら、左《ひだり》の手《て》さきを一寸《ちよつと》ついて、膾《なます》を、はさみ、皿《さら》の内《うち》の横《よこ》の所《ところ》にて、露《つゆ》をきりて食《た》べるが宜《よろ》しい。次《つぎ》に飯《めし》、次《つぎ》に壺《つぼ》と移《うつ》るのである。壺《つぼ》は汁《しる》の無《な》いものは、下《した》に置《お》きながら食《た》べ、汁《しる》のあるのは、壺《つぼ》を取《と》り上《あ》げて、実《み》を食《た》べ、汁《しる》を吸《す》ひて宜《よろ》しい。次《つぎ》に飯《めし》、次《つぎ》に二の汁《しる》の蓋《ふた》を、右《みぎ》の手《て》にて取《と》り上《あ》げ左《ひだり》の手《て》にてあしらひ、右《みぎ》の手《て》に移《うつ》して、右側《みぎがは》に置《お》き、椀《わん》を左《ひだり》の手《て》に移《うつ》して、実《み》を食《た》べ汁《しる》を吸《す》ふのである。次《つぎ》に飯《めし》、次《つぎ》に平《ひら》【111】の蓋《ふた》は、本膳《ほんぜん》の汁《しる》の如《ごと》くにして宜《よろ》しい。さて右《みぎ》の手《て》にて平《ひら》を取《と》り、左《ひだり》の手《て》に移《うつ》して食《しょく》し、汁《しる》のあるのは、箸《はし》を下《した》

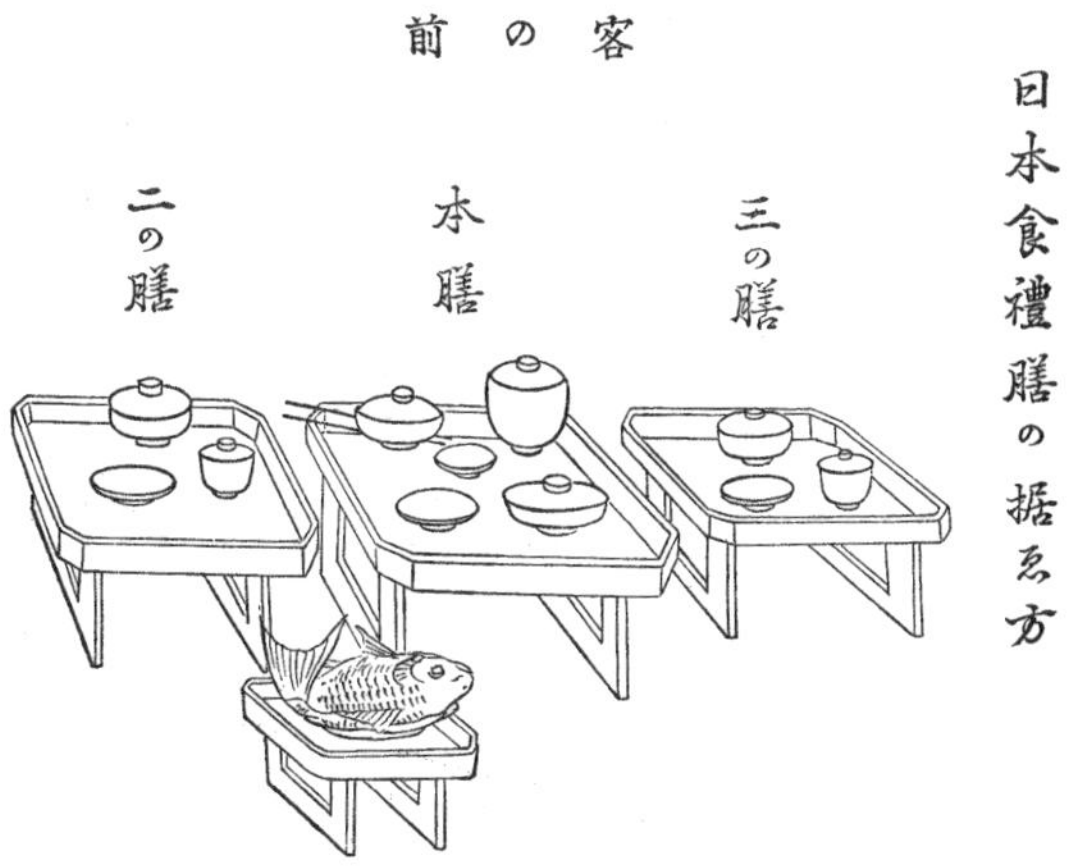

に置《お》いて、汁《しる》を吸《す》ふのである。次《つぎ》に飯《めし》、次《つぎ》に三《さん》の汁《しる》の蓋《ふた》は、左《ひだり》の手《て》にて取《と》り、左側《がは》に置《お》く。食《た》べやうは、二《に》の汁《しる》の通《とほ》りで宜《よろ》しい。さて其次《つぎ》に飯《めし》、次《つぎ》に刺身《さしみ》を食《しよく》す。刺身《さしみ》は箸《はし》にて、醤油《しようゆ》を入《い》れたる器《うつは》の中《なか》に挟《はさ》み入《い》れ、其《そ》れを取《と》り上《あ》げて食《た》べるのである。次《つぎ》に飯《めし》、次《つぎ》に猪口《ちよく》は、右《みぎ》の手《て》にて取《と》り、左《ひだり》の手《て》に移《うつ》し、箸《はし》を取《と》りて食《た》べ、それからは、何《なに》にても、随意《ずゐい》に食《た》べて宜《よろ》しいのであるが、菜《さい》から菜《さい》へ移《うつ》ることは宜《よろ》しく無《な》い。何《なに》にても、菜《さい》を食《た》べたら、必《かなら》ず、飯《めし》を食《た》べるのである。さて、食《た》べ終《をは》る時《とき》は、

【109】下に敷く敷物
【110】魚介・野菜などを刻んで、二杯酢などを加えた料理
【111】平皿、平椀の略

膾《なます》から飯《めし》へ移《うつ》り、飯《めし》は少《すこ》し椀《わん》の中《なか》へ残《のこ》して置《お》いて、湯《ゆ》を受《う》け（略《りやく》しては茶《ちや》）香《かう》の物《もの》【112】を添《そ》へて食《た》べ納《をさ》む。箸《はし》のさきは懐紙《ふところがみ》にてそつと拭《ふ》き、膳《ぜん》に納《をさ》むるのである。若《も》し、箸台《はしだい》を置《お》かれぬ時《とき》は、始《はじ》めは、客《きやく》の取《と》り宜《よ》い様《やう》に、膳《ぜん》の縁《ふち》へかけて出《いだ》さるゝもので、客《きやく》は、まづ其《そ》れを納《をさ》むるには、膳《ぜん》の撤《ひ》き宜《よ》い様《やう》に、膳《ぜん》の縁《ふち》へかけずして、中《なか》へ置《お》くものである。

箸《はし》のさきは、なるべく多《おほ》く濡《ぬ》らさぬが宜《よろ》しい。勿論《もちろん》、箸《はし》を納《をさ》むる時《とき》は、懐紙《ふところがみ》にて、箸《はし》さ

熨斗鮑

銚子

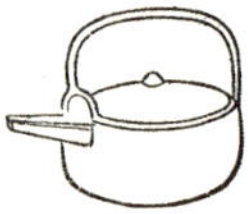

盃

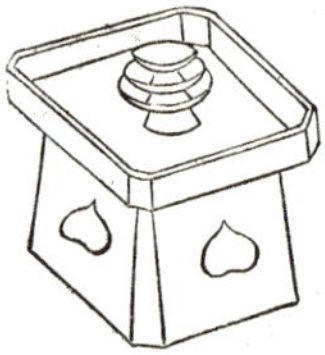

口祝

【112】漬物

式三獻の膳

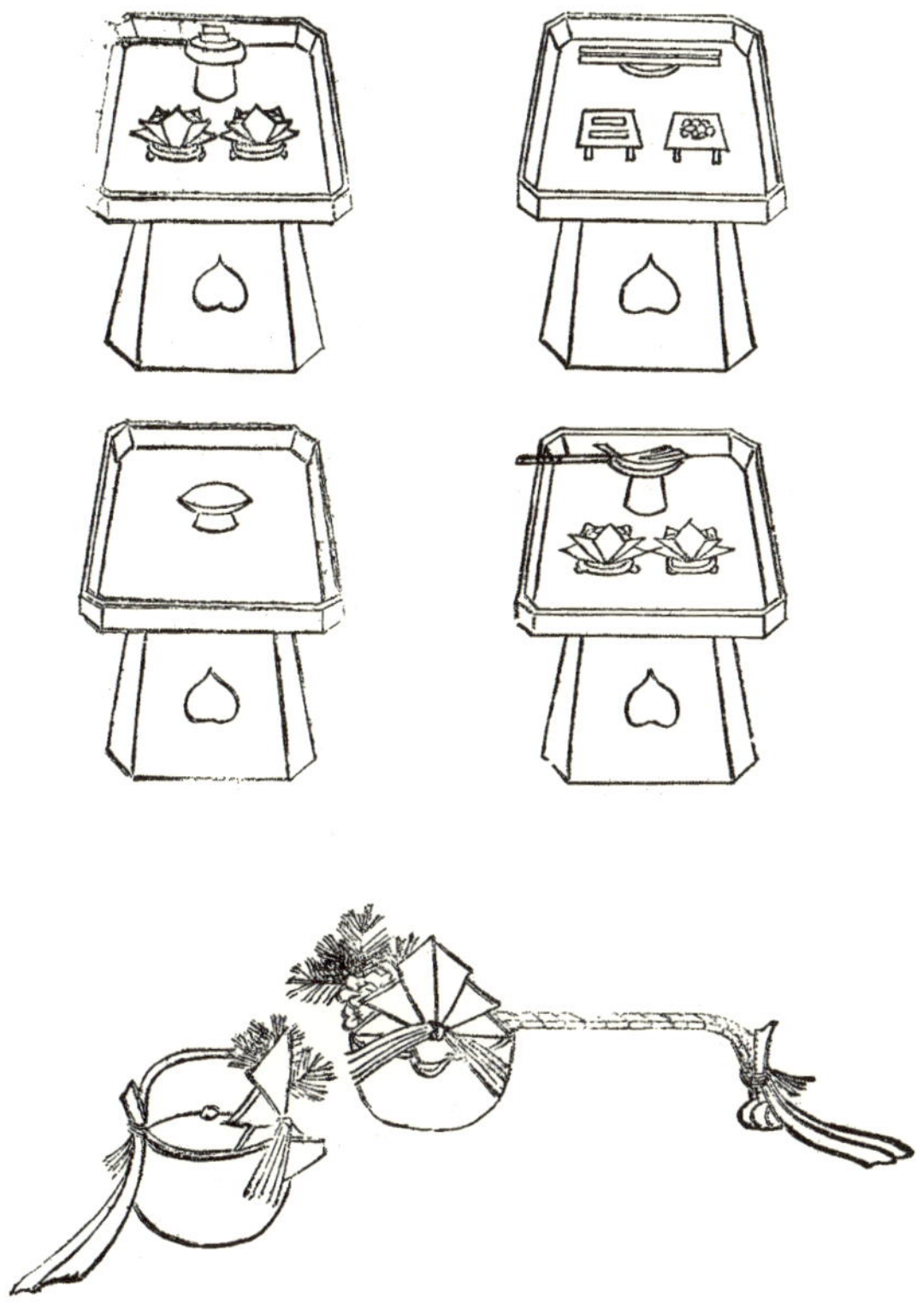

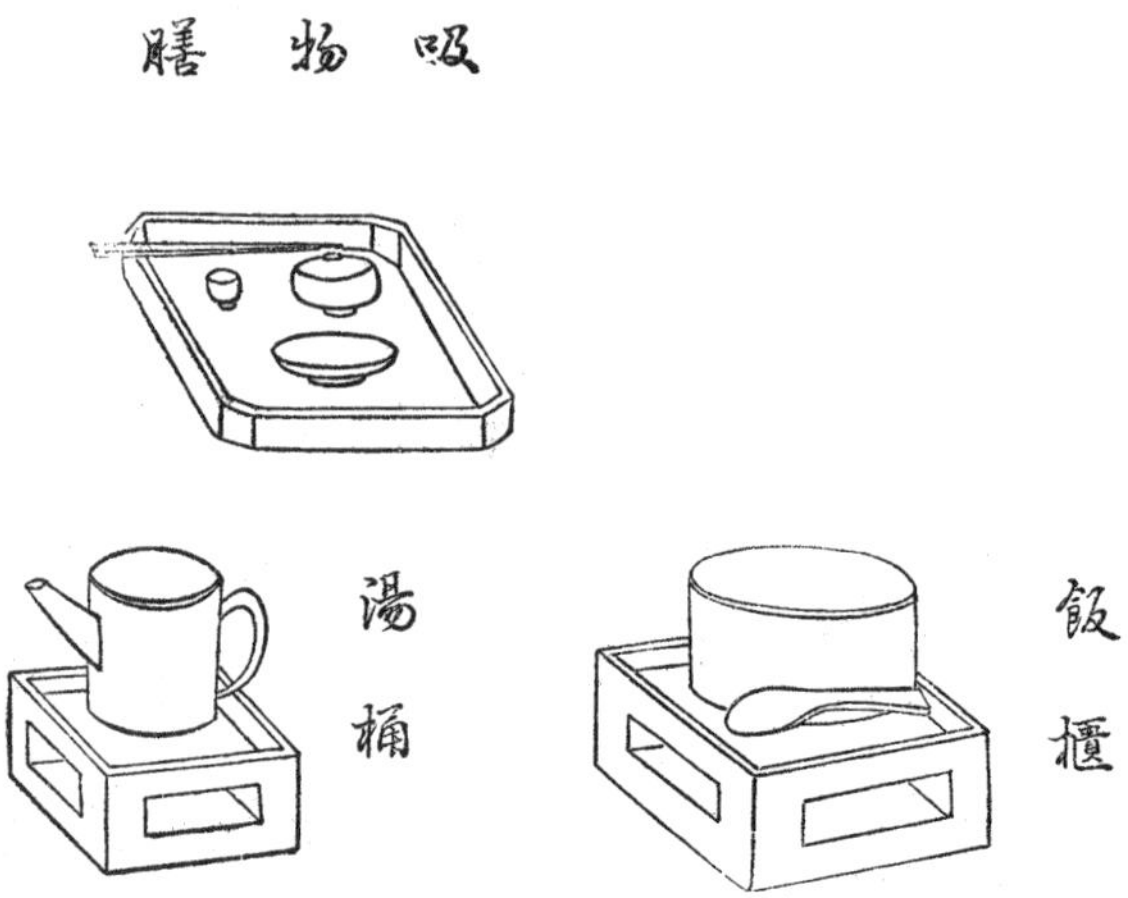

きを拭《ふ》ひて納《をさ》むるのである。

食器《しよくき》は、何《なん》でも手《て》に持《も》つたま丶で、側目《よそみ》をしたり、口中《こうちゆう》に入《い》つて居《ゐ》るものを、箸《はし》にて押《お》し込《こ》み、箸《はし》にて物《もの》を突《つ》きさし、其《そ》れを口《くち》にて取《と》り、右《みぎ》に在《あ》るものを左《ひだり》の手《て》にて取《と》り、左《ひだり》にあるものを、右《みぎ》の手《て》にて取《と》る等《など》の事《こと》はしてはならぬ。すべて、物《もの》を薦《すゝ》めらる丶毎《ごと》に、箸《はし》を休《やす》めて、終《をは》るを待《ま》つのである。物《もの》の口中《こうちゆう》に、在《あ》る間《あひだ》に、人《ひと》から咄《はな》しをしかけられた時《とき》、慌《あわ》て丶答《こた》へやうとすると、不調法《ぶてうはふ》【113】をし出《い》だすことが無《な》いとも云《い》はれぬ故《ゆゑ》、右様《みぎやう》の時《とき》には、一寸首肯《ちよつとうなづ》いて置《お》いて、静《しづ》かに口中《こうちゆう》の物《もの》を噛《か》み呑《の》み、下《く》だして後《のち》に、答《こた》へて宜《よろ》しい。熱《あつ》い気候《きこう》には、湯気《ゆげ》の立《た》つのが見《み》えぬもの

【113】失敗。しくじり

臺肴

で、そして部《ぶ》の厚《あつ》い器《うつは》であると、手《て》にも左様《さう》、熱《あつ》さを感《かん》ぜぬ故《ゆゑ》、不用意《ぶようい》にして、其《そ》れを飲《の》まうとする為《ため》、湯気《ゆげ》を喉《のど》へ引《ひ》き込《こ》みて、咽《む》せぶことがあるから、注意《ちゅうい》せねばならぬ。若《も》し、過《あやま》ちて物《もの》に咽《む》せた時《とき》は、すぐに、半巾《ハンカチーフ》か、懐紙《ふところがみ》にて、口《くち》を抑《おさ》ふべく、それも間《ま》に合《あは》はぬ時《とき》は、袖《そで》にて抑《おさ》へて、物《もの》を口《くち》から吹《ふ》き出《いだ》し、散《ち》らさぬやうに注意《ちゅうい》すべきである。

　飯《めし》の盛換《もりかへ》は、空椀《からわん》を両手《りやうて》にて持《も》ち、給仕人《きふじにん》の手《て》、又《また》は盆《ぼん》の上《うへ》に置《お》き、再《ふた》び持《も》ち来《き》たる迄《まで》、箸《はし》を納《をさ》めて待《ま》つのである。始《はじ》めに、盃《さかづき》を受《う》くる時《とき》、飯《めし》の第《だい》一の盛換《もりかへ》の時《とき》、湯茶《ゆちや》を受《う》くる時《とき》は、左《ひだり》の手《て》さきを、一寸畳《ちよつとたゝみ》に突《つ》いて、下座《げざ》の人《ひと》へ「おさきへ」と挨拶《あいさつ》をすべきである。

立礼《りうれい》の食事《しよくじ》

食事《しよくじ》に招《まね》かれた客《きやく》は、まづ、脱帽室《だつばうしつ》【114】、化粧室等《けしやうしつとう》に入《い》つて、帽子《ばうし》、外套《ぐわいとう》を脱《ぬ》ぎ、容儀《ようぎ》を整《とゝの》へ、接伴掛《せつばんがかり》【115】に導《みちび》かれて客室《きやくしつ》に入《い》る。主人《あるじ》がたは、程宜《ほどよ》い所《ところ》に立《た》つて、客《きやく》を迎《むか》ふるのである。客室《きやくしつ》に於《お》いては、兼《か》ねて知己《しりあひ》の人同志《ひとどうし》は、銘々思《めい〳〵おも》ひ思《おも》ひに挨拶《あいさつ》をなし、談話《だんわ》をも試《こゝろ》み、未《ま》だ知《し》らぬ同志《どうし》は、主人《あるじ》、又《また》は長者《めうへのもの》の紹介《しやうかい》を待《ま》つて挨拶《あいさつ》をするのである。

食事《しよくじ》の支度《したく》が宜《よろ》しいと云《い》ふ報《しらせ》によつて、主人《あるじ》より始《はじ》め、銘々客《めい〳〵きやく》を食堂《しよくどう》に引《ひ》く。女子《ぢよし》は、男子《だんし》が貸《か》されたる腕《うで》に軽《かる》く手《て》を掛《か》け、導《みちび》かれ行《ゆ》くのである。椅子《いす》は、卓《テーブル》に余《あま》り離《はな》れ過《す》ぎても、近《ちか》づき過《す》ぎても、姿勢《しせい》が悪《わる》く見《み》えて、且《かつ》、食《た》べ悪《にく》いものであるから、宜《よ》き程《ほど》に、位置《ゐち》を取《と》りて掛《か》くるが宜《よろ》しい。勿論《もちろん》、同伴《どうはん》の男子《だんし》が、大抵宜《たいていよ》いやうにしてくるゝが至当《したう》なれども、左《さ》も無《な》い時《とき》は、一寸椅子《ちよつといす》を引《ひ》き寄《よ》せ、又《また》は、離《はな》しても苦《くる》しく無《な》い。さて、肉汁《スープ》の配置始《はひちはじ》まる頃《ころ》、洋装《やうさう》ならば、手袋《てぶくろ》を取《と》り脱《の》け、肉汁匙《スープさじ》を取《と》つて肉汁《スープ》を吸《す》ひ、麺麭《パン》をむしりて、食《しよく》しなど適当《てきたう》にして宜《よろ》しい。但《たゞ》し肉汁《スープ》は、音《おと》せぬやうにそつと吸《す》ふべく、そして、余《あま》り俯伏《うつむ》くやうにすると音《おと》がするから、胸《むね》を張《は》るやうに、平《たひら》かに、体《たい》を持《も》ちて吸《す》ふのである。麺麭《パン》は食刀《ナイフ》で切《き》らず、手《て》にてむしるが宜《よろ》しい。

食事《しよくじ》のしやうは、余《あま》り早過《はやす》ぐるも、遅過《おそす》ぐるも宜《よろ》しくない。

肉汁《スープ》は、澄《す》んだ薄《うす》いのと、澄《す》まぬ濃《こ》いのが出《で》る事《こと》がある。左様《さやう》の時《とき》は、女子《ぢよし》はなるべく、澄《す》んだ方《はう》一種《しゆ》を取《と》るが宜《よろ》しい。濃《こ》いのは、兎角《とかく》、唇《くちびる》などを汚《よご》す恐《おそ》れがある故《ゆゑ》。肉汁《スープ》は底《そこ》に残《のこ》つてもあしく無《な》いから、決《けつ》して、皿《さら》を傾《かたむ》けてすくふやうな事《こと》はせぬが宜《よろ》しい。但《たゞ》し、左《ひだり》の手《て》で、一寸《すん》ばかり傾《かたむ》くるは、差《さ》しつかへ無《な》い。さて終《をは》つたならば、匙《さじ》は仰《あふ》むけて、柄《え》の方《はう》は右《みぎ》になるやうに、斜《なゝ》めに自然《しぜん》に置《お》くのである。

すべて、匙《さじ》も食刀《ナイフ》も、食刃《ホーク》も、皿《さら》に触《ふ》れて音《おと》せぬやうに、能《よ》く〳〵注意《ちゆうい》せねばならぬ。

魚《さかな》を食《た》べる時《とき》は、食刃《ホーク》を右《みぎ》の手《て》に持《も》ち、左《ひだり》の手《て》には麺麭《パン》の小片《ちひさいきれ》を持《も》ち、あしらひつゝ、肉《み》を食《た》べて宜《よろ》しい。若《も》し、骨《ほね》と肉《み》とが離《はな》れ悪《にく》い時《とき》は、食刀《ナイフ》と、食刃《ホーク》とにて骨《ほね》を取《と》り放《はな》ち、食刀《ナイフ》は皿《さら》の上《うへ》の隅《すみ》の方《はう》に掛《か》け置《お》き、やはり、食刃《ホーク》と麺麭《パン》とにて食《た》べるのである。物《もの》は総《すべ》て、一片《きれ》二片《きれ》づゝ切《き》りては、食《た》べるが宜《よろ》しい。多《おほ》く一度《ど》に切《き》り溜《た》めて置《お》いて、食《た》べることは宜《よろ》しく無《な》い。

英国風《えいこくふう》の肉皿《にくさら》は大《おほ》きく、仏国風《ふつこくふう》のは小《ちひ》さいのである。英国風《えいこくふう》の食《た》べかたは、食刀《ナイフ》を右《みぎ》の手《て》に、食刃《ホーク》を左《ひだり》の手《て》に持《も》ち、食刀《ナイフ》にて肉《にく》を切《き》り食刃《ホーク》にてさし、左《ひだり》の手《て》のまゝに食《た》べるのであるが、仏国風《ふつこくふう》の皿《さら》は小形《こがた》である。其《そ》れは食刀《ナイフ》にて肉《にく》を切《き》り、そして刃《は》さきを皿《さら》の

【114】帽子やコートを脱ぐ部屋　【115】客をもてなす係。接待係

西洋風食卓

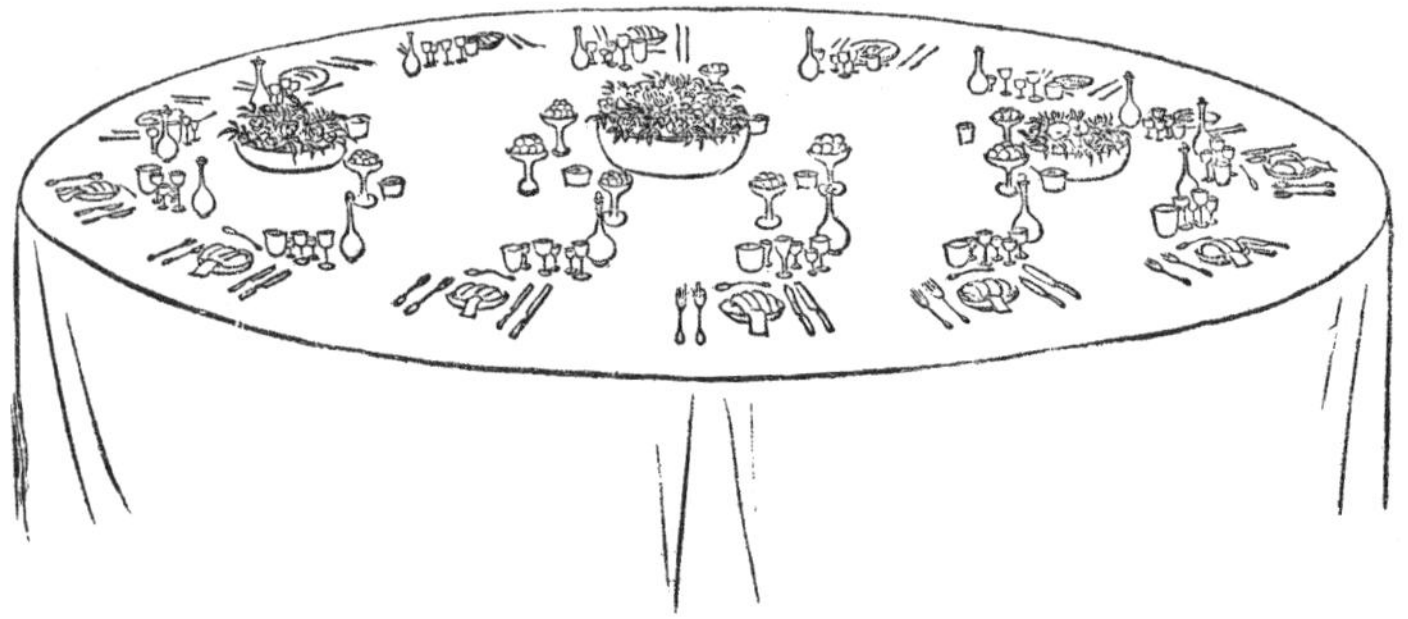

縁《ふち》へ掛《か》け、柄《え》は卓上《テーブルのうへ》へ置《お》きて、食刃《ホーク》を右《みぎ》に持《も》ち換《か》へ、麺麭《パン》をむしつてはあしらつて食《た》べるのである、いづれも食《た》べ終《をは》つた時《とき》は、食刀《ナイフ》と食刃《ホーク》とを仰《あふ》むけて皿《さら》の中《なか》へ、八字形《じけい》に置《お》くか、一所《しよ》に寄《よ》せて、右《みぎ》の方《はう》に斜《なゝ》めに、置《お》くかして宜《よろ》しい。

給仕人《きふじにん》が、まづ食皿《さら》を配《くば》りて後《のち》、大皿《おほざら》に肉《にく》を盛《も》りて、銘々客《めいめいきやく》へ薦《すゝ》むる時《とき》は、其食皿《そのさら》を一寸《ちよつと》見《み》て、食《た》べやうと思《おも》ふ物《もの》は、卓上《たくじやう》の食皿《さら》の中《なか》へ取《と》り、食《た》べたく無《な》いと思《おも》ふものは、軽《かる》く一寸頭《ちよつとかしら》をふり、又《また》は一寸手《ちよつとて》を挙《あ》げて、其欲《ほつ》せざる趣《おもむ》きを示《しめ》すのである。自《みづか》ら取《と》る食品《しよくひん》は、食《た》べらるゝ程《ほど》づゝ取《と》るが宜《よろ》しい。取《と》つた物《もの》は、多《おほ》く皿《さら》の中《なか》に残《のこ》すは宜《よろ》しく無《な》い。又《また》、主婦《しゆふ》の自《みづか》ら盛《も》り分《わ》けて、給仕人《きふじにん》に渡《わた》さるゝ時《とき》は（今少《いますこ》しいかゞ）と換《かは》りを請《こ》はるゝ事《こと》がある。其時《そのとき》は、我《わ》が欲《ほっ》する物《もの》ならば、換《か》へても苦《くる》しく無《な》い。始《はじ》めから、皿《さら》に盛《も》つて、配《くば》らるゝ物《もの》は、欲《ほっ》せざる時《とき》は、多《おほ》く残《のこ》しても差《さ》しつかへ無《な》い。果物《くだもの》も、なるべく手《て》さきを汚《けが》さぬやうにして剥《む》くべく、且其食《かつそのた》べようと思《おも》ふ分《ぶん》だけを、まづ切《き》りて、そして、皮《かは》は剥《む》くべきである。皮《かは》を剥《む》いたのを多《おほ》く残《のこ》して置《お》く事《こと》は宜《よろ》しく無《な》い。

嗽《うが》ひの水《みづ》は、女子《ぢよし》は、ほんの一寸手《ちよつとて》さきを洗《あら》ふに止《とど》めて、口《くち》をゆすぐことはせぬが宜《よろ》しい。これも、英国風《えいこくふう》のは、皿《さら》に美《うつく》しい敷物《しきもの》を敷《し》き、其上《そのうへ》へ、平《ひら》たい硝子《がらす》などの碗《わん》に水《みづ》を入《い》れて載《の》せてあるから、其《そ》れを敷物《しきもの》ながら、取《と》り除《の》けて置《お》くことで、其皿《さら》は、菓子《くわし》や、果物《くだもの》を取《と》つて載《の》する料《れう》である。又仏国風《またふつこくふう》は、前《まへ》の如《ごと》き碗《わん》に、長方形《ほそながかた》のコップに水《みづ》を入《い》れて出《い》ださるゝもの故《ゆゑ》、其《そ》れは、其儘置《まゝお》いて、手《て》さきを洗《あら》ふ時《とき》、水《みづ》を注《そそ》ぎて、平《ひら》たい碗《わん》の中《なか》に入《い》るゝのである。

酒《さけ》は何《なに》にても、まづ、女子《ぢよし》は飲《の》まぬが宜《よろ》しい。若《も》し已《や》むを得《え》ぬ時《とき》には、葡萄酒《ぶだうしゆ》の類《るゐ》を、少《すこ》し用《もち》ふる位《ぐらゐ》に止《とど》めたいものである。但《たゞ》し、シャンパン酒《しゆ》は、上席《じやうせき》の客《きやく》が、祝盃《しゆくはい》を挙《あ》げて立《た》たるゝ時《とき》、持《も》ちてさゝぐるのである。

食事《しよくじ》が終《をは》つたならば、食卓布《テーブルナプキン》は二つばかりに折《を》り、押《お》し丸《まる》めて、卓上《たくじやう》に置《お》いて宜《よろ》しい。

献立書《こんだてがき》の紙《かみ》は、持《も》つて帰《かへ》つて差《さ》しつかへ無《な》い。

食堂《しよくどう》をいづれば、主人《しゆじん》は男子客《だんしきやく》をば、喫煙室《きつえんしつ》に伴《ともな》ひ、主婦《しゆふ》は女客《をんなきやく》をもとの客室《きやくしつ》へ伴《とも》なふ。珈琲《コーヒー》は、大抵客室《たいていきやくしつ》にて出《い》だす。これは喫《の》みても喫《の》まなくても、都合次第《つがふしだい》にして宜《よろ》しい。この時《とき》、出《い》ださるゝ強《つよ》い酒《さけ》は、女子《ぢよし》は手《て》をふれぬものである。

食堂《しよくどう》をいづるには、女子《ぢよし》は、男子《だんし》の伴《ともな》はるゝを待《ま》ちて往《ゆ》くのである。手袋《てぶくろ》は、食事《しよくじ》が終《をは》ると、そろ〳〵嵌《は》むるのであるが、若《も》し嵌《は》め終《をは》らぬ程《ほど》に、男子《だんし》の腕《うで》を授《さづ》けられたならば、手袋《てぶくろ》は持《も》つたまゝで立《た》つて宜《よろ》しい。

立礼《りうれい》の食事《しよくじ》にても、座礼《ざれい》の食事《しよくじ》にても、すべて、招待《せうたい》を受《う》けた者《もの》は、一週間内《しうかんない》に、礼《れい》に往《ゆ》くべきである。若《も》し、已《や》むを得《え》ずして、自《みづか》ら往《ゆ》くことが出来《でき》ぬ折《をり》には、其理由《りいう》を書状《しよじやう》に認《した》めて送《おく》るが宜《よろ》しい。

夜会《やくわい》、園遊会《ゑんいうくわい》の立食《りつしよく》

夜会園遊会等《やくわいゑんいうくわいとう》の時《とき》の立食《りつしよく》は、もと、食事《しよくじ》をするのが主意《しゆい》では無《な》い。たゞほんの、茶菓《ちやくわ》の手重《ておも》い位《くらゐ》の意味《いみ》であるから、思《おも》ひ違《ちが》ひの無《な》いやうにせねばならぬ。其《そ》れ故《ゆゑ》、日本食事《にほんしよくじ》のやうに食物《しよくもつ》を持《も》つて帰《かへ》るなどの事《こと》は決《けつ》してしてはならぬ。

然《しか》し、立食《りつしよく》に馴《な》れぬ客《きやく》が、打《う》ち交《まじ》つて居《ゐ》る時《とき》には、存外《ぞんぐわい》に食品《しよくひん》が多《おほ》く入《い》つて、必迫《ひつぱく》を感《かん》ずることが無《な》いとも云《い》はれぬから、主人《あるじ》がたにては、客《きやく》の種類《しゆるゐ》によつて、其《そ》れらの点《てん》も注意《ちゆうい》して置《お》かねばならぬ。右様《みぎやう》の時《とき》も、女子《ぢよし》の為《ため》には、大抵椅子《たいていいす》の用意《ようい》あるべきなれども、食事《しよくじ》の時《とき》のやうに、人数丈《にんずうだけ》あると云《い》ふ訳《わけ》にはゆかぬものなれば、客《きやく》は、能《よ》くそれらの心得《こゝろえ》もして置《お》かねばならぬ。

男子《だんし》の礼服《れいふく》

十　礼服《れいふく》

公式《こうしき》の礼服《れいふく》には、男女《だんぢよ》ともに、規定《きてい》があつて、濫《みだ》りに、それを変更《へんかう》する事《こと》は出来《でき》ぬのである。然《しか》し、女子《ぢよし》は、朝儀《てうぎ》及《および》外賓《ぐわいひん》などを招待《せうたい》する盛会《せいくわい》の場所《ばしよ》の外《ほか》は、大抵《たいてい》、世《よ》に、白襟紋付《しろえりもんつき》【116】と称《とな》ふる衣服《いふく》にて事足《ことた》るやうになつて居《ゐ》る。右様《みぎやう》の折《をり》には、男子《だんし》も、まづ羽織袴《はおりはかま》を代用《だいよう》して、置《お》く事《こと》が多《おほ》い。但《たゞ》し、爰《こゝ》には、概略《ざつと》、公式規定《こうしききてい》の礼服《れいふく》をも示すであらう。

男子《だんし》の大礼服《たいれいふく》【117】は、有爵《いうしやく》、有位《いうゐ》、有官《いうくわん》の人《ひと》に於《お》いては、文官《ぶんくわん》【118】と武官《ぶくわん》【119】との区別《くべつ》あり。又華族《またくわぞく》の大礼服《たいれいふく》なども別《べつ》にある。これは、みな、黒羅紗《くろらしや》【120】に、金《きん》モール【121】を以《もつ》て縫《ぬ》ひをしたもので、其《そ》れは、一定《てい》の規則《きそく》がある故《ゆゑ》、洋服仕立屋《やうふくしたてや》は、心得《こゝろえ》て居《ゐ》るのである。右様《みぎやう》の服装《ふくさう》をする時《とき》は、白《しろ》のなめし皮《がは》の手袋《てぶくろ》をすることで、文武官《ぶんぶくわん》ともに、帯剣《たいけん》【122】をして、

【116】婦人の和装の礼装で、白襟の襦袢などの上に紋所のついた衣装を着るもの
【117】重大な公式の儀式で着用する礼服
【118】武官でない官吏の総称
【119】軍事に関わる官吏の総称
【120】黒の毛織物の一種で、毛を立てて織目が現れない厚地のもの
【121】装飾用の金糸で織った組ひも
【122】剣を身につけること

そして礼帽《れいばう》を用《もち》ふるは勿論《もちろん》である。

其余《そのよ》の人《ひと》は、燕尾服《えんびふく》【123】を用《もち》ふるのである。また、前条《ぜんでう》の大礼服《たいれいふく》を用《もち》ふる人《ひと》は、燕尾服《えんびふく》は、大抵小礼服《たいていせうれいふく》の所《ところ》に着用《ちやくよう》する事《こと》である、小礼服《せうれいふく》の時《とき》に白麻《しろあさ》の細《ほそ》き襟飾《えりかざり》をする。

フロックコート【124】は紳士《しんし》の通常服《つうじやうふく》である。それに用《もち》ふるズボンは、縞《しま》にても何《なに》にても、なるべく、高尚《かうしやう》なる柄《がら》を選《ゑら》ぶが宜《よろ》しい。

すべて、通常礼服《つうじやうれいふく》とある所《ところ》へは、フロックコートにて苦《くる》しく無《な》い。手袋《てぶくろ》は変《かは》り色《いろ》の皮《かは》で宜《よろ》しい。絹帽《シルクハツト》【125】は、紳士《しんし》は、大抵《たいてい》の時《とき》に用《もち》ふべきなれども、我《わ》が国《くに》にては、大方《おほかた》、山高帽子《やまだかばうし》【126】を代用《だいよう》する、風俗《ふうぞく》になつて居《ゐ》るのである。

通常礼服《つうじやうれいふく》、及《およ》び、通常服《つうじやうふく》の所《ところ》へは、紋附《もんつき》の羽織袴《はをりはかま》を代用《だいよう》して、苦《くる》しく無《な》いことゝなつて居《ゐ》る。

喪《も》の時《とき》には、大礼服《たいれいふく》ならば、帽《ばう》と剣《けん》との柄《つか》を黒紗《こくしや》【127】で巻《ま》き、なほ左腕《さわん》にも黒紗《こくしや》を纏《まと》ふのである。（燕尾服《えんびふく》も同様《どうよう》）日本服装《にほんふくさう》ならば、左《ひだり》の袖《そで》の所《ところ》へ、黒紗《こくしや》の片《きれ》を、袖印《そでじるし》のやうに、針《ピン》でとめて置《お》く。

なほ、喪主《もしゆ》に立《た》つ時《とき》、日本服《にほんふく》にすれば、烏帽子《えばうし》【128】を被《かむ》り、黒色《くろいろ》の麻《あさ》の小忌衣《をみごろも》【129】を着《き》るのである。

女子《ぢよし》の礼服公式《れいふくこうしき》

女子《ぢよし》の大礼服《たいれいふく》は、去《さ》る明治《めいぢ》十七年《ねん》十一月《ぐわつ》に於《お》いて、仰《おほ》せ出《い》だされたものがある。そして、其以後《いご》、洋装《やうさう》の大礼服《たいれいふく》は、用《もち》ひて苦《くる》しからぬことゝ定《さだ》められたのであるが、今《いま》は、大抵《たいてい》、公式《こうしき》には、洋装《やうさう》を用《もち》ひらるゝのである。但《たゞ》し、畏《かしこ》き御《おん》あたりの、御大婚《ごたいこん》【130】の御服装《ごふくさう》は、なほ、本邦固有《ほんぽうこいう》の服《ふく》を用《もち》ひさせらるゝのである。

日本風女子《にほんふうぢよし》の大礼服《たいれいふく》は、即《すなは》ち袿衣《うちき》【131】、袴《はかま》であつて、大礼服《たいれいふく》は、唐織地《からおりぢ》の袿衣《うちき》に、同《おな》じ唐織地《からおりぢ》の単衣《ひとへ》を重《かさ》ぬ。夏《なつ》は紗《しや》の二重織《ぢゆうおり》で、緋《ひ》の精巧《せいご》【132】の長袴《ながばかま》（若《も》しくは切袴《きりばかま》）を用《もち》ひ、内衣《ないえ》【133】は、冬《ふゆ》は、白羽二重《しろはぶたへ》の小袖《こそで》、夏《なつ》は白《しろ》の晒布《さらし》の帷子《かたびら》に、同《おな》じ地《ぢ》の襦袢《じゆばん》を用《もち》ひ、髪《かみ》は垂髪《さげがみ》【134】に櫛《くし》を用《もち》ふ。履《くつ》は、同《おな》じく、緋《ひ》の精巧《ご》にて製す。この時携《ときたづさ》ふる扇《あふぎ》は、檜扇《ひあふぎ》【135】である。

【123】洋装の紳士用礼服の一種。黒ラシャの生地を用い、前丈が腹までで短く、背後を燕の尾のように割った形にしてあるのでこの名がある

【124】紳士用礼服の一種。上衣の丈はひざまであり、チョッキとともに黒の無地、ズボンは縞物を用いる

【125】紳士の礼装用帽子。山の高い円筒形で、表面は黒色の光沢のある絹でおおってある

【126】フェルト製で、山の丸く高い縁付きの帽子

【127】黒く染めた、生糸をからみ織りにした薄い織物

【128】「えぼし」とも。黒塗りの帽子で、元服した男子が用いるかぶり物の一種

【129】物忌みの儀式に用いる白布に草木や小鳥を染めた上衣

【130】天子、君主の結婚の儀式

【131】唐衣《からぎぬ》の内に着る衣

【132】「精好」と表記し、「せいごう」と読むことが多い。絹織物の一種で、精好織りの略。織り方が精密で緻密な美しさからこの名がある

【133】礼服の大袖の下に着る衣

【134】女性の髪形の一つで、束ねた髪を背後に垂れ下げた形のもの

【135】檜の薄板を重ねて作った扇

日本風禮服

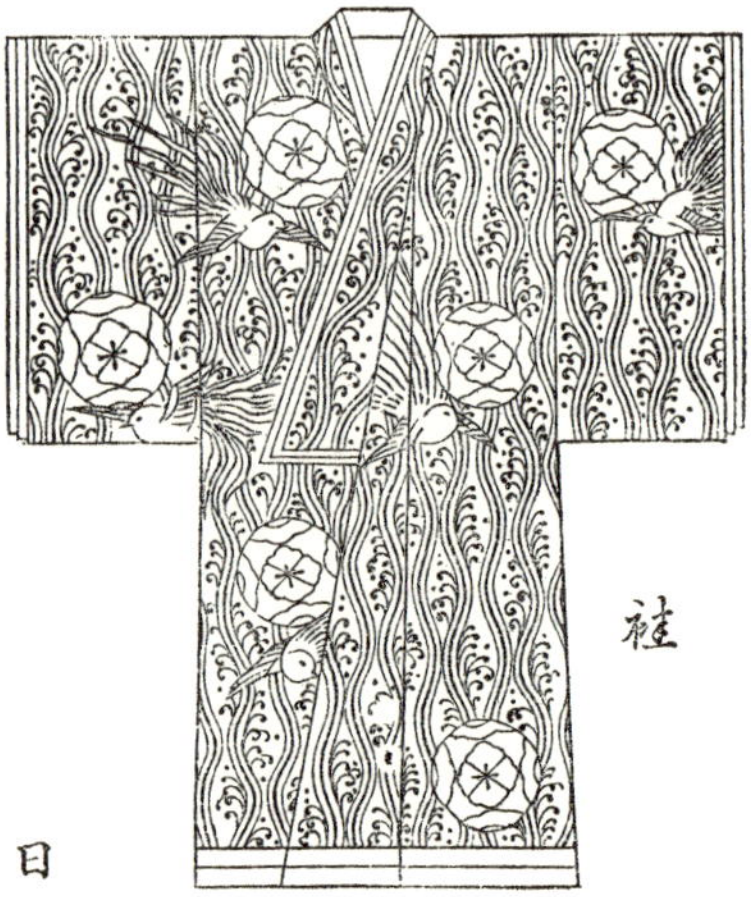

袿

日本風禮服

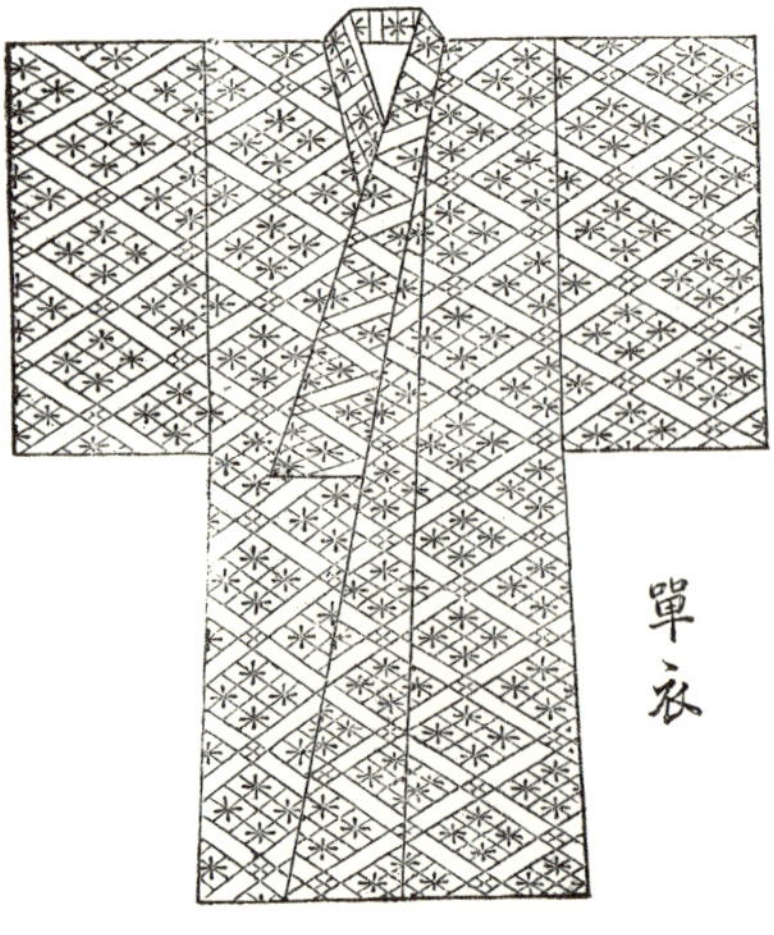

單衣

小袖

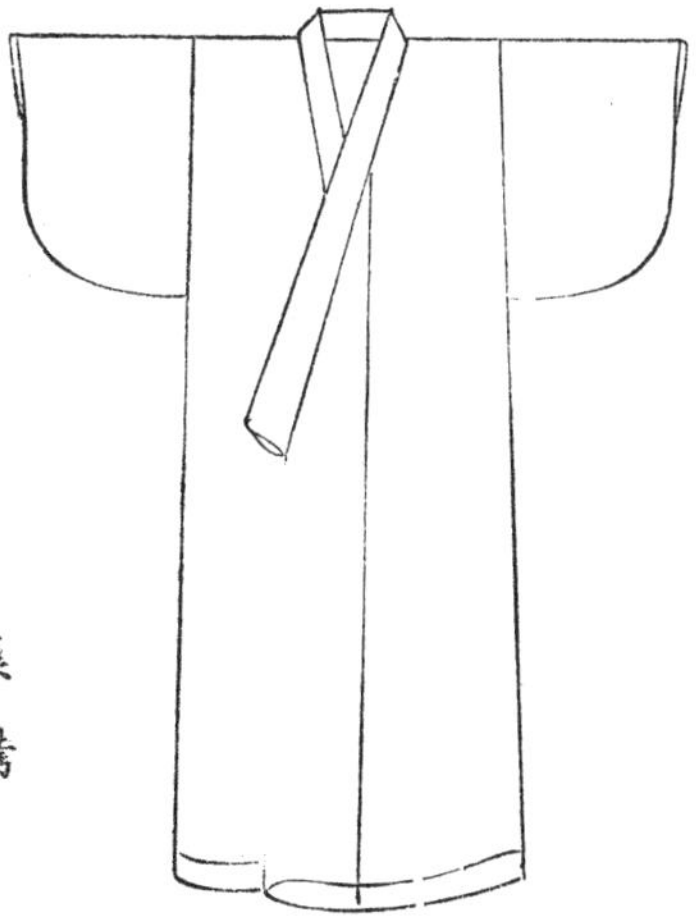

長袴

又《また》、中礼服《ちゆうれいふく》とも云《い》ふべき時《とき》に用《もち》ふるは、同《おな》じく袿衣《うちき》にて、地質《ぢしつ》は、繻珍《しゆちん》、夏《なつ》は紗《しや》であつて、単衣《ひとへ》は用《もち》ひぬ。袴《はかま》はやはり、緋色《ひいろ》で、地質《ぢしつ》は何《なに》にても苦《くる》しからぬのである。内衣《ないえ》は、前《まへ》の如《ごと》く、白《しろ》い晒布《さらし》である。髪《かみ》は垂髪《さげがみ》であるが、扇履《あふぎくつ》も何《なに》にても宜《よろ》しい。

次《つぎ》は、通常服《つうじやうふく》の所《ところ》に用《もち》ふるのである。これは、袿衣《うちき》、袴《はかま》、内衣《ないえ》、履《くつ》、扇《あふぎ》ともに、大抵《たいてい》の地質色目《ぢしついろめ》は用《もち》ひて苦《くる》しからず。髪《かみ》も垂髪《さげがみ》には及《およ》ばぬといふ定《さだ》めである。

さて右《みぎ》の如《ごと》く、日本服装《にほんふくさう》の公式礼服《こうしきれいふく》であれば、喪服《もふく》も無論《むろん》袿衣《うちき》、袴《はかま》である。即《すなは》ち、大喪《たいさう》【136】には。夏冬《なつふゆ》ともに、黒色《くろいろ》の麻布《まふ》にて、袴《はかま》も柑子色《かうじいろ》の麻布《まふ》を用《もち》ふることである。（柑子色《かうじいろ》とは黄《き》に少《すこ》し茶《ちや》のかゝつた色《いろ》）内衣《ないえ》は、やはり、冬《ふゆ》は白羽二重《しろはぶたへ》、夏《なつ》は白《しろ》の晒布《さらし》【137】である。小喪《せうさう》【138】には、袿衣《うちき》は鈍色《にびいろ》の平絹《きぬ》で、袴《はかま》も同《おな》じ地質《ぢしつ》又は精巧《せいご》を萱草色《かんさういろ》に染《そ》めて用《もち》ふるのである。（鈍色《にびいろ》とは、鼠色《ねずみいろ》のことであるが、今《いま》は大抵藍《たいていあゐ》がゝつた鼠色《ねずみいろ》を用《もち》ふ。萱草色《かんさういろ》とは樺色《かばいろ》の黄《き》がちの色《いろ》）右様《みぎやう》の所《ところ》に、持《も》つ扇《あふぎ》は、黒骨《くろほね》にて、鈍色《にびいろ》の紙《かみ》を張《は》るのである。

西洋服装《せいやうふくさう》の大礼服《たいれいふく》は、胸《むね》を開《あ》け、袖《そで》を短《みぢか》くし、其袖《そのそで》は殆《ほとん》ど、肩《かた》にかゝること二寸《すん》ばか

【136】天皇・太皇太后・皇太后・皇后の喪に服すること。その儀式。たいも

【137】さらして白くした木綿

【138】大喪の対象以下の位の皇族及びそれに順ずる人物の喪に服すること。その儀式

りの幅《はゞ》に製《せい》す、腰《こし》には、ツレン【139】と称《とな》ふる、長《なが》き裳《も》の如《ごと》きものをかく。然《しか》し、大抵《たいてい》の時《とき》の、夜食夜会等《やしよくやくわいとう》には、やはり、デ、コルテー【140】と称《とな》へて、胸《むね》を開《あ》け、袖《そで》を短《みじか》くし、裾《すそ》を長《なが》く曳《ひ》いた衣服《いふく》を用《もち》ひて、ツレンはかけぬのである。右様《みぎやう》の時《とき》に用《もち》ふる手袋《てぶくろ》は、まづ長き白《しろ》のなめし皮《がは》にて、時《とき》としては、白茶《しらちや》、とき色等《いろとう》の、極《きは》めて薄《うす》い色のを用《もち》ふることもある。靴《くつ》は、大抵同《たいていおな》じ色《いろ》の絹《きぬ》を用《もち》ふる場合《ばあい》が多《おほ》いが、黒皮《くろかは》の上品《じやうひん》なのを用《もち》ふることもある。頸飾《くびかざ》り、腕輪《うでわ》、指輪《ゆびわ》など、能《よ》く見計《みはか》らひて、色《いろ》と形《かた》ちとの配合《はいがふ》を、過《あやま》らぬやうにせねばならぬ。髪《かみ》には、金剛石《ダイヤモンド》其他《そのた》の宝玉《はうぎよく》をも飾《かざ》り、造花《ざうくわ》、鳥《とり》の羽毛《はね》を以《もつ》ても飾《かざ》る。衣《い》服《ふく》にも、造花《ざうくわ》、羽毛《はね》、其他《そのた》いろ〳〵の、飾《かざり》をつくることが多《おほ》い。花《はな》たばを携《たづさ》へ、又《また》は扇《あふぎ》を持《も》つ。

訪問服《ウィヂッチングドレッス》【141】は、まづ、普通《ふつう》、絹《きぬ》の地質《ぢしつ》の品《しな》の宜《よ》いのを用《もち》ふるのであるが、毛織《けおり》でも、上品《じやうひん》の色《いろ》、及《およ》びかたの物《もの》ならば宜《よろ》しい。裾《すそ》は、まづ短《みじ》かい方《はう》であるが、少《すこ》し曳《ひ》いたのも用《もち》ふることもある。外套《ぐわいとう》は、大抵引《たいていひ》き廻《まは》しがた【142】の物《もの》を用《もち》ふ。すべて、大礼服《たいれいふく》の時《とき》に帽子《ばうし》は被《かむ》らぬは無論《むろん》であつて、訪問服《ウィヂッチングドレッス》にて、外出《ぐわいしゆつ》の時《とき》は必《かなら》ず帽子《ばうし》を被むることである。手袋《てぶくろ》は、衣服《いふく》と配合《はひがふ》の宜《よろ》しい色《いろ》でさへあれば、まづ何《なに》を用《もち》ひても苦《くる》しくない。靴《くつ》は何《いづ》れも、黒い皮《かは》のを用《もち》ふ。

また、喪服《もふく》は、大喪《たいさう》には、黒《くろ》の艶《つや》なきものを用《もち》ひ、黒紗《こくしや》は、帽及《ばうおよ》び、衣服《いふく》の周囲《まはり》など

西洋風の禮服　訪問の服と帽子

【139】「ツレン」の原語は「英語：train（トレイン）」、引き裾のこと

【140】ローブデコルテ「フランス語：robe décolleté」の略。婦人の夜の盛装で、首から肩の部分を大きく開けたワンピース

【141】「英語：Visiting Dress」。他家や他所を訪問するための服。訪問着

【141】袖がなく体を包むような形のもの（丸合羽のような形）

に着《つ》く。手袋《てぶくろ》も無論《むろん》黒色《くろいろ》である。小喪《せうさう》には、黒紗《こくしや》の着《つ》け方《かた》を少《すく》なくし、手袋《てぶくろ》は鼠色《ねずみいろ》に代《か》ふ。

女子《ぢよし》の礼服略式《れいふくりやくしき》

以上述《いじやうの》ぶるが如《ごと》く、女子《ぢよし》の礼服《れいふく》は、日本風《にほんふう》の袿衣袴《うちきはかま》は、西洋風《せいやうふう》の服装《ふくさう》が、公式《こうしき》の礼服《れいふく》であるけれども、大抵《たいてい》は、略式《りやくしき》に従《したが》つて、白襟紋附《しろえりもんつき》を用《もち》ふることである。白襟紋附《しろえりもんつき》といふは、襦袢及《じゆばんおよ》び下着《したぎ》を白羽二重《しろはぶたえ》とし、表着《うはぎ》には、裾模様《すそもやう》の五所紋《いつどころもん》【143】を用《もち》ふ。三所紋《みどころもん》【144】、及《およ》び他《ほか》の地質《ぢしつ》の白小袖《しろこそで》を用《もち》ふるは、略儀《りやくぎ》である。黒縮緬《くろちりめん》の紋附《もんつき》は、もと、諸侯《しよこう》の死去《しきよ》せし時《とき》、喪服《もふく》を調製《てうせい》する迄《まで》、其奥向女中《おくむきぢよちゆう》の重役《ぢゆうやく》が着《き》た衣服《いふく》であつて、（家《いへ》によつては、多少差《たせうちがひ》があれども）今《いま》の西洋服装《せいやうふくさう》の喪《も》に用《もち》ふる黒色《くろいろ》の縮紗《しゆくしや》と同様《どうやう》の品質《しながら》、色合《いろあひ》であるから、同《おな》じくは、吉事《きつじ》には避《さ》けた方《はう》が宜《よ》いけれども、黒《くろ》と白《しろ》との重《かさ》ねは、いかなる人《ひと》にも似合《にあ》ふものなる故《ゆゑ》、其《そ》れが、兎角《とかく》は、最《もつと》も重《おも》だつた時《とき》の礼服《れいふく》のやうになつたのであらう。然《しか》しながら、吉服《きつふく》【145】に、黒縮緬《くろちりめん》を着《き》ようと思《おも》ふならば、喪服《もふく》と紛《まぎ》れぬやうに、必《かなら》ず裾模様《すそもやう》をつけたいものである。但《たゞ》し、未亡人《みばうじん》などの已《や》むなくして、右様《みぎやう》の席《せき》に望《のぞ》む時《とき》は、この限《かぎ》りにはあらねど、同《おな》じくは、地紋《ぢもん》ある黒無地《くろむぢ》を用《もち》ふるとか、又《また》は高等《かうとう》な別《べつ》の無地を用《もち》ふるとかした方《はう》が、先方《せんぽう》を祝《しゆく》する意《い》に適《かな》つて宜《よろ》しからう。

又帯《またおび》も、黒色《すみいろ》の無地《むぢ》は、普通《ふつう》は吉事《きつじ》には憚《はゞか》るが宜《よろ》しい。

白襟紋附《しろえりもんつき》の時《とき》は、帯《おび》あげ、帯留《おびどめ》も、なるべく品《しな》よきものを選《えら》ぶべきである。

髪《かみ》は島田《しまだ》、丸髷《まるまげ》いづれにても、根《ね》には、白《しろ》の葛引《くずひき》やうの紙《かみ》の丈長《たけなが》をかくるが、本儀《ほんぎ》である。場合《ばあひ》により今《いま》は束髪《そくはつ》【146】でも苦《くる》しくない。

白襟紋附《しろえりもんつき》きを今《いま》一つ略《りやく》しては、襦袢《じゆばん》の襟《えり》だけを白《しろ》にして、裾模様《すそもやう》の二枚重《まいがさね》、三枚重《まいがさね》を用《もち》ふ。なほ略《りやく》しては、普通《ふつう》の色《いろ》に染出《そめいだ》し、又《また》は縫模様《ぬひもやう》あるなどの、襦袢《じゆばん》の襟《えり》をも用《もち》ふることである。帯《おび》は、無論丸帯《むろんまるおび》【147】を用《もち》ふ。

其次《そのつぎ》は、小紋紋附《こもんもんつき》である。時《とき》としては、腹《はら》あはせ帯《おび》を用《もち》ふることもあるが、其《そ》れも、両面余《りやうめんあま》りに変《かは》りて、一見腹合《いつけんはらあは》せと見《み》ゆるが如《ごと》きは、避《さ》くるが宜《よろ》しい。又小紋《またこもん》の変《かは》り裏《うら》、花色裏等《はないろうらとう》着《き》る時《とき》の下着《したぎ》は、同《おな》じ裾廻《すそまは》しの八丈絹《じやうぎぬ》【148】琉球紡《りうきうつむぎ》【149】は、用《もち》ふることもあるが、他《た》の縞物《しまもの》は用《もち》ひぬ。但《たゞ》し、他《た》の小紋《こもん》【150】、更紗《さらさ》【151】等《とう》は、勿論用《もちろんもち》ひて宜《よろ》しい。

縞物《しまもの》は、勿論通常服《もちろんつうじやうふく》であるが、柄《がら》によつては、訪問服《はうもんふく》などには用《もち》ひられぬやうな、

【143】羽織や着物につける五つの紋所。また、その紋がついている着物

【144】五所紋に対して紋が三つついている着物

【145】吉事の時に着る礼服

【146】明治時代以降、女性の間で流行した西洋風の髪の結い方。水油を使って髪をすき上げたて、様々な形があった

【147】女帯の一種。帯布地の幅を二つに折って端を縫い、帯芯を入れて半分の幅に仕立てたもの

【148】八丈島産の平織りの絹物の総称

【149】琉球産の平織りの紬の総称。多く紺地で茶縞

【150】細かい模様を染め出した布地

【151】もとインド、ペルシャ、シャムなどから渡来したもので、草花、人物、鳥獣などの模様を染め出した綿布

下品《げひん》の物《もの》もあるから、選択《えらび》に、能《よ》く注意《ちゆうい》せねばならぬ。殊《こと》に夏用《なつもち》ふる木綿《もめん》の類《るゐ》は、全《まつた》く浴衣地《ゆかたぢ》にて、決《けつ》して客《きやく》の前《まへ》には出《で》られぬ類《るゐ》のものがある。其《そ》れらは、常《つね》に心得《こゝろえ》て置《お》かねばならぬ。

喪服《もふく》は、武家全盛《ぶけぜんせい》の頃《ころ》には、全《まつた》く白《しろ》であつたが、我《わ》が国古代《くにこだい》よりの喪服《もふく》は黒色《くろいろ》であつて、朝廷《てうてい》には、維新《ゐしん》までも、やはり黒色《くろいろ》を用《もち》ひられてあつて、今《いま》まだ、日本装《にほんさう》も西洋装《せいやうさう》も、黒色《くろいろ》を用《もち》ひらるゝのであるから、略式《りやくしき》の服《ふく》でも、なほ、大喪《たいさう》には黒色小喪《くろいろせうさう》には、鼠色《ねずみいろ》を用《もち》ふるのが至当《したう》である。髪《かみ》には、丈長《たけなが》【152】も笄《かんざし》も用《もち》ひず、毛巻《けまき》にするのであつて、少女《せうぢよ》などは、黒《くろ》のレブン【153】をかくることもある。

此外《このほか》、学校服《がくかうふく》は、まづ、教員《けうゐん》も生徒《せいと》も、大抵袴《たいていはかま》を用《もち》ふることになつたのである。袴《はかま》は、我《わ》が国《くに》、固有《こいう》の服装《ふくさう》で、其衣装《そのいしやう》といふ方《はう》から云《い》うても、今《いま》の普通《ふつう》の女服《ぢよふく》の如《ごと》く着流《きなが》しに、帯《おび》よりは、衛生上《ゐいせいじやう》にも道理《だうり》にも、適《かな》つて居《ゐ》て、至極宜《しごくよろ》しいと思《おも》はるゝ故《ゆゑ》、与《あた》ふべきだけ、袴《はかま》の用《もち》ひらるゝやうにありたいものである。但《たゞ》し袴《はかま》を着《ちやく》しても、衣服《いふく》は、前述《ぜんじゆつ》のに従《したが》つて宜《よろ》しい。

【152】丈長という和紙を使った元結の髪飾り

【153】「レブン」（英語：ribon）、リボンのこと

解説

湯浅 茂雄（下田歌子研究所所長）

本書は、凡例に示したように明治三十七年一月に「女子自修文庫」の第一編として博文館から刊行されたものである。「女子自修文庫」は五編からなり、二編以下の書名と出版年は、『女子の文芸』（第二編　明治三十七年五月刊）、『女子の技芸』（第三編　明治三十八年一月刊）、『女子の衛生』（第四編　明治三十九年九月刊）、『良妻と賢母』（第五編　明治四十五年五月刊）である。これらは、女性に向けたものであることは勿論であるが、いずれもそれ以前には類を見ない内容と、高度な質を持つものである。なお、このうち『良妻と賢母』は本著作集として続刊の予定である。

以上のように「女子自修文庫」五編は、明治三十七年から明治四十五年にかけて刊行されたが、下田歌子は、明治三十年頃から精力的に女性向けの文庫の執筆、刊行に取り組んでいる。明治三十年十月に第一編が刊行された「家庭文庫」（第一編のみ「家庭叢書」とも）十二編が最初のものである。その内容（書名）と刊行年月は以下の通りである。

『女子書翰文』（第一編　明治三十年十月刊）、『女子普通礼式』（第二編　明治三十年十二月刊）、『詠歌之栞』（第三編　明治三十一年四月刊）、『料理手引草』（第四編　明治三十一年六月刊）、『婦女家庭訓』（第五編　明治三十一年七月刊）、『母親の心得』（第六編　明治三十一年九月刊）、『家事要訣』（第七編　明治三十二年一月刊）、『女子手芸要訣』（第八編　明治三十二年四月刊）、『女子普通文典』（第九編　明治三十二年十一月刊）、『女子作文之栞』（第十編　明治三十三年五月刊）、『女子遊嬉の栞』（第十一編　明治三十三年十一月刊）、『家庭教育：泰西所見』（第十二編　明治三十四年二月刊）

これらの刊行を終えた明治三十四年から「少女文庫」六巻を刊行している。同じくその内容と刊行年月を記すと次の通りである。

『御伽噺教草』（第一編　明治三十四年八月刊）、『庭訓お伽噺』（第二編　明治三十四年十月刊）、『内国少女鑑』（第三編　明治三十四年十一月刊）、『外国少女鑑』（第四編　明治三十五年二月刊）、『家庭の心得』（第五編　明治三十五年五月刊）、『学校の心得』（第六編　明治三十五年六月刊）

これらに続くものが「女子自修文庫」であり、しかも、これらすべてが下田歌子の書き下ろしになるものである。更に、この前後には、下田歌子の重要な（翻訳でなく、女性の手になるオリジナルな家政学書として日本初のもの）著作である『家政学』（全二冊　明治二十六年刊）、『新撰家政学』（全二冊　明治三十三年刊）も著わしている。しかもこの間、明治三十二年には麹町元園町に帝国婦人協会を設立し、自ら会長となり、同所に同会付属実践女学校及び同女子工芸学校（両校は現在の実践女子学園の前身）を創設しているのである。帝国婦人協会の機関誌『日本婦人』を創刊したのもこの年である。この時期に限らないが、下田歌子のこのような精力的な活動に驚かされるが、これらすべてが女性を高みに導こうとする確信的な執筆活動とその内容であったのである。本書もこのような著作の一つであることを押さえておきたい。

本書の内容は上篇と下篇の二部からなり、下田は、ほぼ等分の分量を充てている。上篇は「心のととのへ（整え）と行為と」であり、下篇は「形のととのへ（整え）と動作」とである。まず心のありよう（心の持ち方）が定まって、それが目に見える（所作・動作等の）形になることから、心の整えを説いてから、形の整えを説くという構成になっている。

上篇の「心のととのへ」では「〜なるべきこと」の形で、十のキーワードが示されている。正直・仁慈・恭謙・貞淑・快濶・勤倹・堅忍・沈着・高潔・優雅である。これらを説くにあたって、下田は、四十以上に及ぶ古今東西の女性の逸話を援用する。このことについては、「緒言」で「敢《あえ》て自ら我が意の儘《まま》を、専《もっぱ》らにした訳では無いことをしめした」（決して自分の勝手な思い込みではないことを示した）とするが、この方法は、少女や年若き女性に向けて説く際に、下田が他の著作でも多く用いた方法である。たとえば「二　仁慈なるべきこと」で引く、西洋のフローレンス・ナイチンゲールや、我が国の和気広虫の逸話は、すでにこの著作集として最初に復刊した『婦人常識訓』「第二章　婦人と慈恵」にも取り上げられているが、むしろ重なる逸話は少数である。下田は、意識的に古今東西の優れた女性たちの活動、言動を集めていたと考えられ、これらが多くの著作で取り上げられ、その内容の理解を容易にさせる効果をもたらしている。上篇の内容は、今日においても男女の別に限らず「心の整え」の書として多くのヒントを含むものである。下篇の「形のととのへ」では、座作進退（立居ふるまい）・物品薦撤（物品の出し入れ）・対話・訪問・接待・贈与品・吉事・凶事・食礼（食事の作法）・礼服の事柄に渡る。これらに関する礼法書、作法書というべき内容である。下田歌子は明治五年（一八七二年）に宮中に出仕し、明治十二年（一九七九年）、結婚のため宮中を辞すまで、明治天皇の皇后（後の昭憲皇太后）のお仕えしたことから、誰よりも有職故実、礼法に精通していた。

それらの内容は、下田歌子が学監を務めた家族女学校や、自ら創立した実践女学校でも下田による礼法の授業において伝えられていた。すでに、下田の授業を筆記した内容をもとにした『家政学』にも礼法の部があり「一般の例・尊長に対する礼・賓主の例、及び吉凶事の心得・西洋風賓主の礼」などの項目が見える。下篇の内容全体が下田の授業を彷彿とさせるものである。個々の説明は、「物品薦撤」の「文箱」の記述の一部を示すと、「文箱《ふばこ》は、前《まへ》の方《はう》を我《わ》が前《まへ》にし、左《ひだり》の手《て》の平《ひら》に据《す》ゑ、右《みぎ》の手《て》を持《も》ち添《そ》えて、先方《せんぽう》の客《きやく》の前《まへ》、三尺《じやく》ばかり隔《へだ》て丶座《ざ》し、文箱《ふばこ》を下《した》におき、右《みぎ》より左《ひだり》へ取《と》り廻《まは》し、押《お》しす丶めて、一膝《ひざ》擦《す》り退《しりぞ》いて、立《た》ち上《あが》りて、退《しりぞ》くのである。高貴《かうき》の御方《おんかた》に参《まゐ》らする時《とき》は、立《た》つ前《まへ》に一礼《れい》する」のようであり、極めて具体的書きぶりが全ての項目で行われている。下篇の内容は、明治期の礼法書として最高峰のものと言ってよく、文化史の資料としての価値も大きいものである。

著者紹介

下田歌子［しもだ・うたこ］

1854(安政元)年、美濃国恵那郡岩村(現・岐阜県恵那市岩村町)に生まれる。幼名鉐(せき)。16歳で上京し、翌年から宮中に出仕。その歌才を愛でられ、皇后より「歌子」の名を賜る。1879(明治12)年に結婚のために宮中を辞した後は、華族女学校(現・学習院女子中・高等科)開設時に中心的役割を果たすなど、女子教育者として活躍。1893(明治26)年から2年間欧米各国の女子教育を視察、帰国後の1899(明治32)年、広く一般女子にも教育を授けることをめざして、現在の実践女子学園の前身にあたる実践女学校および女子工芸学校を設立。女子教育の振興・推進に生涯尽力し続けた。1936(昭和11)年没。

校注者紹介

湯浅茂雄［ゆあさ・しげお］

実践女子大学下田歌子研究所所長。1952年、東京都生まれ。上智大学大学院文学研究科国文学専攻博士課程満期修了。実践女子大学文学部国文学科教授。

新編 下田歌子著作集

女子の心得

著者　下田歌子

発行日　二〇一八年三月三一日　初版第一刷発行

発行所　株式会社 三元社
東京都文京区本郷1－28－36　鳳明ビル1階
電話 03-5803-4155　ファックス 03-5803-4156

印刷＋製本　シナノ印刷 株式会社

コード　ISBN978-4-88303-455-0

〔新編〕下田歌子著作集〈第一期〉　監修／実践女子大学下田歌子研究所

既刊

婦人常識訓

校注／伊藤由希子

娘、妻、母そして一個の人として、ほんとうの幸せを得るための心得。

本体四五〇〇円＋税

女子のつとめ【現代語訳】

訳／伊藤由希子

自分と周囲が円満となる、女性のライフステージごとの賢き振る舞い方。

本体三二〇〇円＋税

女子の心得

校注／湯浅茂雄

今も日々の生活に役立つ心の整え方と、その実践のための作法を懇切に示す。

本体一九〇〇円＋税

続刊予定

結婚要訣

良妻と賢母